地铁空间设计

METRO SPACE DESIGN

章莉莉 著

中国建筑工业出版社

序 言

《地铁空间设计》是章莉莉老师参与上海轨道交通设计十余年的设计总结，也是上海轨道交通建设的设计成果。她直接参与了上海轨道交通7号线的总体设计，上海轨道交通网络视觉形象整体规划，上海轨道交通导示规范守则编撰，以及近期完成的上海轨道交通网络"十三五"公共艺术规划项目。她经历了上海轨道交通建设的各个时期，为上海轨道交通建设作出了卓有成效的贡献。

上海轨道交通仅用了20余年时间完成了先进国家花了160余年所实现的规模，目前上海轨道交通的公里数，车站数都成为世界第一。车站的宜人度，科技含量也可以与伦敦、巴黎、纽约等城市地铁相媲美。这是世界城市建设史上前无古人后无来者的奇迹。这些奇迹的发生是上海轨道交通建设的领导、管理者、设计师、一线工人们用无数个不眠之夜，严寒酷暑，辛勤汗水创造的。上海轨道交通从20世纪90年代的1、2、3号线单线性的设计到21世纪初4、6、7至18号线的网络性整体设计，从单纯地满足城市交通功能的功能性设计到以功能性为基础的突显城市文化形象、与城市融为一体的人文设计，体现了设计理念的改变。《地铁空间设计》正是基于这样的背景下，对上海轨道交通空间设计的过程记录与经验总结。

地铁空间是轨道交通与市民乘客直接接触，给市民带来便捷、舒适感体验的界面，也是展示当代城市文化形象的载体。设计这样的空间，除了要考虑空间设施的功能性与舒适性外，同时还要兼顾管理者的意愿、工程造价以及绿色环保的要求。既要考虑空间内人流的通畅安全又要兼顾商业效益。所以，地铁空间设计，实际上是综合性、集成性，系统性的设计，它涵盖了人流组织、空间导示、设施功能、运营管理、乘客体验，商业运作、公共艺术等诸多方面。《地铁空间设计》给我们展示了上海乃至世界在地铁空间设计方面成功的案例，呈现了大量值得借鉴的前沿的设计理念与方法。

地铁空间设计涉及各个工种、各项功能、各类视觉元素，在"一切为乘客"的主旨下将它们有序地梳理并有条不紊地协同管理起来，是能够设计出有品质的地铁空间的关键。上海轨道交通的7、8、9号线的延伸段，10、11、13号线在车站装修设计中采用了总体设计咨询的设计管理模式。它的任务是对全线车站总体设计，在此基础上协调各工种的配合，监督各项施工质量，保障了总体概念、视觉形象、空间功能有机而完整地体现。《地铁空间设计》的突出贡献在于把这些具有创造性的设计管理工作加以分析和总结，为未来的地铁空间设计以及相关的设计研究者提供可供参考与借鉴的资料。

面对信息化时代的到来，城市转型带来的需求变化、审美的变化、观念的变化，重新审视城市地铁功能、空间样式、管理模式，将目前单纯的轨道交通网络转化成为以轨道交通网、信息传播网、生活服务网三网合一的全新概念的地铁网络。以此功能定位，重新构建地铁车站空间功能布局，空间风格样式，以及车站管理模式，这才是当下轨道交通空间设计的设计内容和发展方向。地铁空间设计，不再是简单的空间装饰，而是将功能、行为、管理、装饰融为一体，成为城市人生活不可或缺的一部分，可以说它是城市人们生活方式的再设计。

城市在发展，需求在变化，无时无刻都需要设计。好的设计和设计管理是城市建设提升效率和品质的根本保障。中国的轨道交通正在起步阶段，能更上一层楼，希望《地铁空间设计》能起到抛砖引玉的作用，期待着有更高水平的设计和设计管理。

上海美术学院 执行院长

2017年2月 上海

前 言

中国地铁建设已进入了全速发展期，目前中国已是世界上地铁建设里程最长、建设城市最多、建设速度最快的国家，未来各城市地铁建设还将继续加快加大步伐。我们可喜的发现中国地铁展开全面建设只有短短20余年，相比伦敦地铁、巴黎地铁的百年历史，虽然处于起步发展阶段，却蕴含着无限动力和潜能。

《地铁空间设计》这本书旨在为中国地铁车站空间设计提供系统性指导和借鉴，从全球各城市地铁设计的经典案例出发，结合中国地铁车站建设经验与得失，从地铁网络的设计战略、设计模型、价值取向、组织运作的设计管理角度展开论述，围绕地铁车站的建筑设计、装修设计、导向设计、公共艺术、设施设计、广告及商业设计提供详细介绍，为中国地铁建设助力。

从2005年起我开始从事地铁空间设计相关课题和设计项目，作为上海美术学院地铁设计核心团队的一员，在汪大伟院长的学术引领下，团队共计完成了上海地铁6号线、7号线、8号线、9号线、13号线、2号线东延伸、2号线西延伸、18号线的车站装修设计总体咨询项目，30余个地铁壁画创作项目，以及地铁建设研究课题《上海轨道交通网络视觉形象规范指导手册》（2008年）、《上海市轨道交通运营服务标志设置指导手册》（2007年），《上海市轨道交通网络服务信息管理指导研究课题》（2009年），《上海轨道交通网络线路标志色研究报告及方案》（2010年）、《上海轨道交通车站非固定信息及导向补充信息、车厢各类信息发布指导研究报告》（2011年）、《上海地铁公共文化建设十三五规划研究》（2016年）等9项研究课题，成果已投入建设使用，为上海地铁建设提供了学术智力支撑。

在2010年至2013年期间，围绕中国地铁空间设计的系统性管理和设计要素，我完成了博士学位论文《地铁公共空间设计管理研究》。在研究过程中逐步发现中国地铁建设中面临的"特色危机"问题，不同城市的地铁车站相当雷同，同一城市中不同线路和不同车站之间的车站也相当接近，容易让乘客迷失空间与时间。产生"特色危机"的原因是中国地铁高速发展所采用的标准化车站建设方式和横向外包模式引起的，也是中国用20年时间赶超伦敦地铁和巴黎地铁百年建设付出的代价。

我们越来越清晰地看到今天的中国地铁建设的需求已经从"功能地铁"向"人文地

铁"转变，如何建立地下城市公共交通网络的空间意向，用人文关怀的设计理念去对待地铁空间建设和设计，关照人对自然和艺术文化的需求，将城市可持续发展的理念融入地铁建设，建立起地铁投资方、业主方、设计方和乘客方四者之间的较为合理的关系和价值观，建立起人类与地下空间的亲密关系，始终是今天中国地铁建设所要思考的问题。

本书凝结了十年期间我考察世界各国城市地铁的照片及资料。2007年赴法国巴黎访问学者期间考察的两个半月中，巴黎地铁耗时半月，拍摄照片近万张，同时赶赴柏林、慕尼黑、法兰克福、巴塞罗那、米兰、维也纳等城市进行考察和拍摄。此后，2010年赴美国拍摄华盛顿和纽约地铁，2013年赴英国拍摄伦敦地铁，并前后五次赴日本考察东京和大阪地铁，包括考察了新加坡、首尔、曼谷等亚洲城市的地铁。2016年赴奥地利访问学者考察两个半月期间，再次对欧洲各城市地铁做了深入的体察和研究。这些资料成为我在地铁空间设计研究过程中的重要借鉴线索，也是本书的重要资料来源。

本书的读者对象包括国内从事地铁建设和设计的管理者、建设者和设计者；承接地铁装修设计、导向设计、设施设计、公共艺术设计、广告及商业设计的设计机构；艺术设计类专业的师生；以及关注城市地铁建设的大众"铁粉"，真诚的希望书籍能为您带来一定的参考价值和思考线索。

《地铁空间设计》这本书集合了十多年来实践和研究的感悟和经验，在书籍即将出版之际我感慨万千。本书的出版得到了上海美术学院的研究项目支持，同时也得到了很多朋友的帮助。十年来参与和目睹了中国地铁建设的成长与变化，相信未来的中国地铁空间将充满人文、舒适自如，让城市生活更美好。

章莉莉

2017年1月 上海

目 录

CHAPTER 1 →

第一章　城市地铁发展概况

城市发展从地面到地下，从中心向四周扩散，地铁交通为城市提供了高速高效的运输方式。世界地铁已有百年历史，中国地铁全面建设才迎来二十余载，好像一个充满活力的青年，在未来潜力无限。

第一章　城市地铁发展概况

1.1 地铁建设与城市发展

地铁的诞生是为解决城市交通拥堵的问题。地铁的运输能量大、运行速度快、环境污染小，符合可持续发展的城市战略。因此，地铁逐渐成为现代大都市理想的交通方式。

1.1.1 现代城市构架与地铁网络建设

在城市化进程中，城市密度加大、规模扩大，市民居住空间狭小和交通拥堵等问题日益显现。于是在20世纪初期，一些发达城市开始发展出许多卫星城市，形成"城市群"、"城市圈"，即以中心城市为核心，向周围辐射构成城市的集合区域。目前中国一线城市正在向卫星城市的格局发展。

地铁对于城市发展具有双重意义，第一是加快中心城区的空间利用率；第二是为卫星城的发展提供基础。城市群可以借助高效的轨道交通，来实现卫星城市与中心城市之间的联系，城市轨道交通拥有比公共汽车八倍的运输能力，"1个中心城区+若干个卫星城+轨道交通网络=现代城市发展基本理念"。[①] 因此，地铁建设对现代城市的发展具有重要意义。

1.1.2 地下城市的开发利用

大部分地铁车站采用地下站的建筑方式，特别是在城市中心区域，为地面赢得了更大的发展空间。"地下城市要达成的第一个目标是，重建大多数的地上城市交通网络。尤其是城市中心区部分，将它们设置到地下层。"[②]"地下空间提供了一个新的城市维度，它将大大影响传统的地上城市。这种创新的城市形式是地上城市的补充，而不是要取代它，而且它提供了土地利用的一种新的设想。"[②]

从一定程度上讲，地铁是地下城市发展的骨架，地铁车站形成了地下与地面的连接点，也是地铁网络人流密集的运输点。地下城市往往是从这些人流密集点发展起来的，人流会形成极大的商业价值，可以说地铁站能有效带动该区域的商业发展，因此人们也开始向地下索取更大的空间。

将地下站空间作为主体研究对象，能为地下空间的开发设计提供借鉴。地下空间缺乏自然界要素和城市景观要素，与传统地面空间有很大差异，乘客在空间和时间上很难作出判断。加上地下空间采用人工开挖，空间封闭隔绝，人在其中穿行容易疲劳压抑且分不清东南西北，因此借助空间设计的多种途径，缓解地下空间的压抑感和封闭感，适当创造地下城市的标志性

① 李兆友,王健.地铁与城市[M].沈阳：东北大学出版社,2009.
② [美]吉迪恩·S·格兰尼,[日]尾岛俊雄.城市地下空间设计[M].许方,于海漪译.北京：中国建筑工业出版社,2005.

景观及空间细节设计，并通过与地面的接口设计，有意识地塑造空间印象与方位感，对地下城市的开发具有重要意义。

1.2 世界城市地铁建设的百年历史

世界城市地铁发展已有百年历史。1863年伦敦开通的大都会地铁线，成为人类社会历史上的第一条地铁。从此以后，人类开始迈入了城市地铁交通时代。随着世界城市化进程，地铁建设在世界各国城市逐步走向普及化。

1.2.1 世界上最早的伦敦地铁

伦敦地铁是世界上最古老的地下铁道。总长超过410公里。19世纪50年代，为解决伦敦城市中心街道狭小、交通拥挤不堪的状况，伦敦市组织了交通委员会征集方案，最终将律师查尔斯皮尔森提出的"伦敦中央火车站"与承包商提出的"地下通道"概念结合在一起，从而产生了我们今天所熟悉的"地铁"。

伦敦地铁于1856年开始修建，首条地铁于1863年1月10日开始运营。总长度约7.6公里，隧道横断面高5.18米、宽8.69米，内部为单拱形砖砌结构。当时的地铁以蒸汽作为原动力。随着科技的进步和社会需要，伦敦第二条地下铁道于1890年建成，长5.2公里。值得一提的是，这是世界上第一条电气化地铁。

如今，英国伦敦地铁列车由第三轨供直流电，电压为600伏。列车运行速度约32公里/时，最高时速可以达96公里。并且于1971年开始在维多利亚线区应用遥控和计算机技术操纵列车。

1.2.2 世界城市地铁建设的浪潮

在1900年之前，只有为数不多的欧洲城市拥有地铁，这是地铁发展的探索期。1900年巴黎第一条地铁线开始运营，从1900年到1924年，欧美等国的城市地铁进入了小幅增长期，巴黎地铁和伦敦地铁发展较快。从1925年到1949年，受世界大战的影响，地铁建设放慢了脚步。

01 1854年巴黎地铁的第一个可行性提案
02 伦敦地铁最初运营的景象
03 1890年绘制的巴黎地铁推测图

二次世界大战以后，从1950年到1974年，世界地铁又进入了一个小幅增长期。从1975年到2000年，世界地铁进入了一个相对快速的发展阶段，特别是一些发达国家的地铁建设较为迅速，亚洲城市的地铁发展也较为迅速。2000年至今，第三世界国家的城市地铁发展迅速，中国地铁进入了全面建设时期，并以惊人的速度跃居世界运营总里程排名第一。

世界上较有特色的城市地铁包括巴黎地铁、伦敦地铁、纽约地铁、斯德哥尔摩地铁、香港地铁等，其车站公共空间设计不仅能满足交通功能，还能与城市文化发展相协调，与乘客日常生活紧密联系。其中巴黎地铁以大胆的艺术想象力著称，伦敦地铁富有工业革命的严谨与细腻，慕尼黑地铁兼具了理性与艺术表现力，香港地铁运作高效且空间设计温馨舒适，莫斯科地铁车站宛如一座座地下宫殿，而斯德哥尔摩地铁车站则犹如原始地下洞穴。纵览各国各城市地铁的车站空间设计，相互之间既有共性也有个性，是城市形象的有机组成部分。

1.3 中国城市地铁建设的历史洪流

中国地铁建设至今已有50余年的历史。从国际范围来看，中国地铁建设起步较晚，但是发展速度极为惊人。根据城市地铁建设规划和速度，中国地铁可以大致分为两个发展阶段。第一阶段是1965年至1995年，这30年由于社会大环境的制约，中国地铁在缺乏技术和管理的条件下艰难起步，发展缓慢。第二阶段是1995年至未来的2015年，中国地铁进入了高速发展的"黄金20年"。"截至2011年年底，中国有14个城市拥有56条地铁线路，总里程达1714公里，另有15个城市的首条线路正在建设，在建路线达70条，总里程达2000公里左右。"① 根据规划，2020年中国将拥有超过40个城市建设地铁，总规划里程达7000公里。

1.3.1 北京地铁首开中国地铁建设先河

北京地铁建设历史悠久。1953年下半年，中共北京市委首次提出修建地铁的决议，并在《关于改建与扩建北京市规划草案》中提到，修建地铁的目的是"战备为主，兼顾交通"。因为当时中国没有修建地铁的经验，所以非常依赖苏联和东德的技术指导。随着后来的中苏交恶，中国地铁规划被一再叫停。

直到1965年2月，地下交通的重要性再次被提上议程，毛泽东主席亲自批准了北京地铁建设的项目。从此，北京开始了如火如荼的地铁建设工作。北京地铁一期工程于1965年7月正式开工。经过几年的苦心经营，终于在1969年10月1日完工通车，可以说是送给全国人民的一份国庆大礼。然而在缺乏国外先进技术的支持下，我国建设的第一条地铁在建成十年内事故连连，直到1981年经过专家鉴定和国家批准，才正式对外开放、投入运营。

北京地铁的一期工程共设有17个车站，全长23.6公里，开启了中国交通的新时代。在一期建设的经验积累与鼓励下，北京地铁二期工程于1984年9月20日开通运营。此外，对北京地铁建设推动最大的莫过于北京奥运会了。自2001年中国获得了第29届夏季奥林匹克运动会主办权以来，北京地铁便开始了以绿色奥运为主题的建设活动，为2008年北京奥运的成功举办做出了巨大贡献。

截至2014年，北京地铁运营长度达527公里，排名世界第二。截至2016年4月29日，北京地铁已达到日客运量1269.43万人次，创下了历史新高。

1.3.2 上海地铁建设的高速态势

上海地铁自1990年开始投入建设。1993年上海地铁1号线南段建成进行试通车，1995年4月，上海地铁1号线正式投入运营。从此上海这座城市拉开了地铁建设的序幕。截至2010年世博会，上海地铁已有11条线路，282座车站，运营长度达423公里（不含磁浮），已超越伦敦（408公里）和纽约（370公里），成为世界上运营里程最长的城市地铁网络。截至2014年，上海地铁运营长度达567公里。在上海市拟订的轨道交通近期建设规划（2010～2020年）文件中提到，

---

① 2012～2016年中国城市轨道交通与设备行业投资分析及前景预测报告[R].中投顾问发布.

04 巴黎地铁
05~07 伦敦地铁历史照片
05 1932年旅客正在使用自动售票机购买地铁季票
06 1969年英国女王伊丽莎白二世搭乘Victoria线
07 1968年在伦敦设计中心的"伦敦地铁维多利亚线模型展"向公众展示了新型列车
08 1970年绘制的纽约曼哈顿Bowling Green IRT地铁站现代透视图

至2020年，上海轨道交通将建成877公里，21条线路，543座车站。[①]

值得一提的是，伦敦地铁自通车以来有147年历史，纽约地铁有106年历史，而上海第一条地铁运营至世博会召开只有短短的15年。从建设时间和建设规模上看，上海地铁的建设借助世博会的建设契机，呈现出加速度爆发式的增长态势，这是世界上史无前例的。

1.3.3 目前中国地铁建设进入全速发展期

在中国地铁高速发展的黄金20年，由于其造价高、融资难，国务院曾两次叫停地铁建设。1995年国务院发布第60号文，即《暂停审批快速轨道交通项目的通知》，宣布"不再批准地铁项目立项"；2002年国务院再次决定冻结各城市地铁立项。但是随着中国城市化步伐的加快，城市交通问题的日益凸显，地铁建设的紧迫性促使各城市建设地铁的热情高涨。2008

年受国际金融危机的影响，中国提出扩大内需保持经济增长，政府进一步加大基础设施建设力度，地铁建设开始得到了政府的全面批复。2009年国务院批复了22个城市79条地铁线路规划，总投资8820亿元。2012年国家发改委又公布了25个城市轨道交通建设规划，涉及18个城市，其中23个项目的总投资额高达8326亿元。

截至2015年，中国已有38个城市拥有地铁，中国也已成为世界上地铁建设里程最长、建设城市最多、建设速度最快的国家，可以说中国地铁建设已进入了"全速发展时期"，中国各大都市也随之全面跨入了地铁时代。地铁建设彰显了一个国家的经济实力和发展水平，未来中国地铁将在更加合理的规划中稳步发展，这就需要更加完备的地铁建设方案。总之，纵观世界地铁的发展态势，我国地铁的建设必须结合国情，借鉴国外地铁建设的先进经验，形成一套适合自己的发展方案。

09~12 北京地铁，1969年《北京日报》拍摄

---

① 上海轨道交通网络线路标志色研究课题报告[R].内部资料，2011.

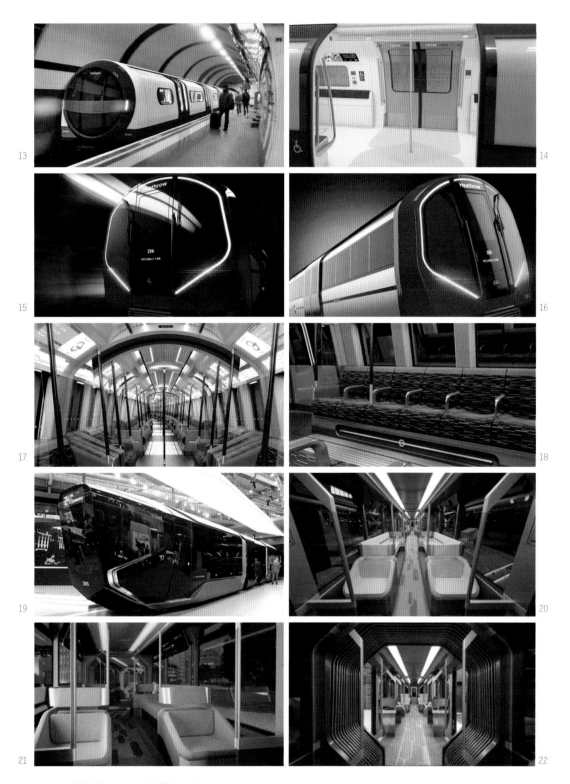

13、14　西门子Inspiro地铁列车车厢
15~18　伦敦地铁无人驾驶列车，预计2020年通车
19~22　俄罗斯最新地铁车辆

CHAPTER 2 →

第二章　地铁空间设计特征与设计模型

从地铁空间设计的概念出发，对地铁空间进行特征分析及内外部环境分析，从而为地铁空间设计获得宏观视野和客观定位。在此基础上提出地铁空间设计理论模型，用系统的方法为地铁空间设计各要素的推进提供支撑，并梳理了目前中国城市地铁空间设计面临的问题及思考。

第二章 地铁空间设计特征与设计模型

2.1 地铁空间的概念界定

地铁空间的概念提出，强调了地铁车站的公共属性，并在人文主义为核心的理念上，展开车站空间设计及设计管理。

2.1.1 地铁及地铁空间的概念界定

（1）地铁的概念界定

地铁属于城市大众运输系统的一种，在现代城市发展过程中，城市轨道交通以其高速度、大运量、低耗能的特征，成为城市公共交通的主动脉。城市轨道交通的功能包括缓解城市交通拥堵、优化城市结构布局、节约能源与改善环境、促进社会经济发展、人防及文化功能等。

常见的地铁是指在地下运行的城市铁路系统，当然也有在地面及地上运行的，这些都属于城市地铁。通常在市中心区域，地铁采用地下运行方式，在近郊采用地面或地上运行方式，这是因为市中心土地利用已经饱和，只有通过地下交通的方式来改善交通问题，但是地下交通建设成本较高、周期较长，因此在近郊区域则采用成本较低的地面或地上的方式来达到节省投资的目的。

严格意义上来讲，地铁较为正式的名称是"城市轨道交通"，但地铁并不等同于城市轨道交通。"城市轨道交通（Urban Rail Transit或Urban Mass Transit）是指利用轨道作为车辆导向的城市客运公共交通方式。城市轨道交通包括市郊铁路、地铁、单轨、直线电机车辆、自动导向系统以及磁浮系统等。"[①] 因此，地铁属于城市轨道交通的一种形式。

地铁在世界各地的名称也有所不同。较常用的是"Underground"、"Metro"和"Subway"三种。英国地铁多用Underground，如伦敦地铁"London Underground"；欧洲大陆的法语和西班牙语地区多用Metro，如巴黎地铁"Métro de Paris"；北美洲地区多用Subway，如纽约地铁"New York City Subway"。在中国大陆地区一般叫做"Metro"，比如上海地铁和广州地铁，北京地铁则采用"Subway"。在中国台湾叫做"捷运"（全称"大众捷运系统"），源于英语"Mass Rapid Transit"（简称MRT）；中国香港地区也叫地铁，但英语采用"Mass Transit Railway"（简称MTR），意为"大众运输系统"。

（2）地铁空间的概念界定

地铁空间是指以地铁车站为主体并对公众开放的空间。这一概念强调了地铁车站空间的公共属性，体现以乘客

① 孙章,蒲琪.城市轨道交通概论[M].北京：人民交通出版社,2010.

为核心的价值观念。"车站是城市轨道交通系统最重要的现代建筑类型，他们除了提供旅客上下车服务以外，还可以具有一系列功能，购物、聚会及作为城市景观。"[1] 可见地铁车站是为广大乘客服务的，除了交通功能属性之外，还有公共空间的基本属性。

地铁车站根据对公众开放的情况，可以分为两部分。一部分是对乘客开放的公共空间，就是我们所熟悉的地铁车站出入口及通道、站厅及站台。另一部分是仅对工作人员开放的车站用房，包括设备用房、运营管理用房和辅助用房，具有监控车站内秩序、控制信号管理、存放工具设备、工作人员休息等功能，分布在车站的通道、站厅和站台空间中。这类车站非公共区域实际上占据了整个地铁车站近一半的面积，但是乘客对此一无所知。此外，与乘客关系不大的非公共区域还包括通风道及风亭，以及车站其他附属建筑物等。

从乘客行为角度来看，地铁公共空间是乘客在进出站、检票、候车、上下车等过程中需要提供的空间体系。根据是否检票情况来看，地铁公共空间可以分为付费区和非付费区两部分，基本以闸机为出入口，以栏杆为分界线。付费区仅对付费乘客开放，非付费区对所有公众开放。一般情况下，出入口及通道都是非付费区，站台都是付费区，而站厅作为售检票的主要行为区域，包括非付费区和付费区两部分，并以闸机和栏杆划分。

此外，还有另外一种地铁空间的划分方式，就是根据乘客与地铁车站的位置关系和动态关系，可以将之划分为行车区域和候车区域。行车区域是列车行驶的轨道空间，即站与站之间供列车行驶区域，当列车在行驶区域内，乘客通常集中在车厢内。候车区域是除了车站用房以外对乘客开放的车站空间，包括付费区和非付费区。因此，车厢作为乘客在行驶区域内的活动空间，也属于地铁公共空间。

综上所述，本书研究的地铁空间不包括以下三类空间：第一不包括车站仅对工作人员开放的各类车站用房；第二不包括车站之间的供列车行驶的区域；第三不包括与地铁相连的独立商业区域或地铁商圈。

2.1.2 地铁网络空间设计的三个层面

地铁网络是一个潜于地面之下的城市空间，乘客对于地铁网络宏观意象的建立，主要通过熟悉的车站作为参照物构建起来，同时与地面中心区域和标志性建筑相对接，以此作为认知地下城市空间的基础。

借用设计学语言，我们可以将地铁网络意象描述成"点线面"的空间意象特征。在地铁网络中，地铁车站好比一个个点，地铁线路好比一条条线。地铁车辆在同一条线的点与点之间穿梭，形成了线路运输的基本功能。

点与点之间特定的方位和逻辑关系，构成了交通运输网络的基本单位。线与线交叉所形成的点，即线路之间的换乘车站。通过两线交叉点、三线交叉点或是更多线的交叉点，实现了线路之间的沟通，使得交通运

表2-1 地铁空间研究范畴

空间分类	空间描述	开放情况
行车区域	车厢	对所有乘客开放
	列车行驶的轨道空间，即站与站之间供列车行驶区域	仅对工作人员开放
候车区域	车站中对乘客开放的出入口及通道、站厅及站台，包括付费区和非付费区	对所有乘客开放
	车站用房，包括设备用房、运营管理用房和辅助用房	仅对工作人员开放
	通风道及风亭，以及车站其他附属建筑物	仅对工作人员开放

---

[1] 毛保华.城市轨道交通规划与设计[M].北京：人民交通出版社,2006.

输的单线概念扩展到网络概念。有时我们通过不同线路的几次换乘到达目的地，实现了城市地铁的网络功能。地铁网络中"点线面"的空间意象特征，形成了地下城市的基本空间构架，也为我们在地铁公共空间设计时提供了宏观依据。

从宏观认知上来看，乘客对于地铁网络空间意象的建立包括三个层次：地铁车站公共空间的意象、地铁线路走向的意象、地铁网络的总体意象。因此，地铁公共空间设计的战略依据，从乘客建立地铁网络意象的三个层次出发，大致可以分为三个层面：车站层面、线路层面和网络层面。

地铁网络三个层次的战略思路，对公共空间设计的研究具有重要意义。不仅对车站的建筑、装修、导向、设施、广告、公共艺术等设计专业的管理具有指导性，对设计管理的运作模式、组织结构、设计流程、内外环境研究方面，同样具有重要突破性。

2.2 地铁空间的特征分析

人们在不断开拓着自身的生存空间，从地面向天空的高度延伸，又向地下的深度拓展。有学者指出，19世纪是桥梁发展的世纪，20世纪是摩天大楼的世纪，而21世纪则是地下空间开发利用的世纪。绝大多数的地铁位于地下，人类的生活空间经历着从地上到地下，从自然到人造的转变。

2.2.1 从地上到地下的空间发展历史

人类的生活空间从地上到地下的转变经历了一个漫长的发展过程，社会生产力的发展和现代科技成果为其提供了必要的可能性，发展基本可以划分为三个阶段。

从远古时代开始，人类就利用天然地下岩洞来抵御自然界的威胁，形成穴居的生活习性。到了中古时代，农业生产力有所发展，人们开始有意识地挖掘小规模地下空间，用于贮藏农产品、宗教和墓穴、抵御外来侵略等用途。也有为帝王挖掘的大规模地下陵墓，以及地球上小部分地区用于居住的地下空间，但由于挖掘技术和生产力限制，该阶段人类对于地下空间的应用仍然十分有限。

直至近代工业革命时期，科学技术得到突飞猛进的发展，各类挖掘技术和结构工程问题被相继解决之后，地下工程的开发利用才正式开始。从交通系统、水利系统、防控军事系统、物资贮藏系统等方面，地下为人类发展提供了巨大的空间资源。

地下为现代密集型城市发展提供了新的生存空间。1863年伦敦地铁开通，标志着地下公共交通系统的建立，开启了人类地铁生活时代的来临。随着城市规模扩大，地铁不断从城市中心向城市郊区发展，从地下浅层空间向深层空间发展。

表2-2 地铁网络公共空间设计的三个层面

	地铁网络基本要素	空间意象特征	地铁网络意象	对应的地铁公共空间设计层面
第一层面	车站	点	地铁车站公共空间的意象	车站层面的公共空间设计管理
第二层面	线路	线	地铁线路走向及车站关系的意象	线路层面的公共空间设计管理
第三层面	网络	面	地铁网络的总体意象	网络层面的公共空间设计管理

2.2.2 从自然到人造的空间特征转变

我们生活的地球是一个连续的自然开放空间，一面有大地的保护和依靠；另一面有天空的浩瀚与无限。人类漫长的历史改变着地貌，形成了多元化的生活空间。借助日月星辰与地面的植物和建筑，我们能判断空间方位和时间流转。地铁网络则是一个完全不同的世界。首先，地下车站是完全人造的封闭空间，其次，车站之间通过隧道的方式连接起来，车站相互之间在空间上并没有延续性。

地下空间在开发设计时具有诸多特征与难点，包括采光、通风、防水、疏散、文化联想、心理感受、空间认知等因素。

第一，采光问题。由于与地面隔绝，地下车站没有自然光线，基本上依靠人工照明。电灯的发明解决了地下空间的照明问题，但是人工照明机械单一，无法模拟日光变化，人在其中也无法感知日夜更替与季节变换，往往形成与世隔绝、枯燥乏味的心理反应。

第二，通风问题。同样由于与地面隔绝，造成自然通风差，缺乏新鲜空气，地下空间需要依靠人工机械的通风方式来保证空气流通，这点在建筑的送风与排风设计上尤为重要。通风设备所发出的噪声，是地下车站较难克服的问题。

第三，防水问题。由于地下空间的埋深问题，地下水位线一旦高于车站空间，便会产生空间结构上的渗漏水现象，加上封闭空间中缺乏日照、水汽较难蒸发，这就要求地下空间应当具有较好的防水技术，同时车站装修设计也与之相匹配。

第四，疏散问题。地下空间与地面隔绝的封闭性，造成灾难发生时的可视性差及人员疏散困难。一旦发生火灾等情况，在烟雾状态下或者人工照明发生障碍时，大批乘客寻找出口是件困难的事情，加上楼梯或通道的狭窄，地下空间的逃生显得十分不易。因此地下车站的紧急疏散预案及安全防御措施，也成为设计中必须考虑的重要方面。

第五，文化联想问题。在人类发展历史上，由于技术限制，地下空间具有潮湿黑暗的特征，通常与墓室、储藏室、战争避难等信息联系在一起，因此人们对地下空间通常带有一定的负面联想和情绪。

第六，心理感受问题。地下空间的建设时间较短，无法像地面空间一样，具有漫长历史积累起来的多元人文气息，同时也没有地面的自然界特征，因而会显得单调乏味。加上大规模工业化建设的因素，使得不同车站空间极为相似，这点更加剧了人们在情感上的焦虑和漠视。

第七，空间认知问题。地下空间的认知与空间意象的建立，与地面城市有所不同。地面上人们能看到建筑物的外观和内部，而在地下人们只能看到建筑的内部，需要凭借空间逻辑能力才能感知整个地下空间。另一个地下空间感知的障碍，就是缺乏地面自然要素的参照物，因此需要通过设计有意识地创造一部分参照物，增加建筑的可读性。

2.2.3 公共交通空间的基本特征

地铁属于城市公共交通系统的组成部分，具有交通运输的基本功能诉求。地铁车站空间作为人们乘坐地铁车辆的空间流动站，应当达到空间结构清晰、行走线路畅通、导向信息科学、设施分布合理等条件，保证大批量人群的快速通过。

人在地铁车站内的行为，应当以"通过"行为为主、"滞留"行为为辅。人的集体性通过行为形成人流，而在售检票区域及候车区域允许有适当的滞留行为。因此，人流组织引导是公共交通空间的重要特征，一般地铁站包括进站人流和出站人流，换乘站还要进行换乘人流的组织设计，枢纽站的人流行为则更为复杂。

地铁车站中的人流拥堵区域，是公共交通空间中应当进一步设计改善的地方，比如楼梯区域狭小导致的人流瓶颈，导向设计不到位引起的方位迷惑，售检票设施设置不科学引起的人群堵塞等。因此，地铁车站空间设计的基本目标是保证人流畅通、消除拥堵现象。

2.3 地铁空间与人的关系——内部环境

根据"人、地铁、城市"三者关系，我们看到人是地铁的建设主体和使用主体，城市是地铁的服务对象和存在空间，因此人和城市构成了地铁存在的内部环境和外部环境。

地铁空间与人之间的关系，从人的行为及心理出发进行分析研究，构成了人感知地铁空间的内部环境。人对于地铁空间意象的建立过程，为地铁公共空间设计管理带来宏观上的指导意义。

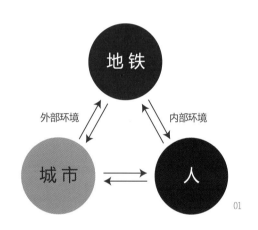

01 "地铁、城市、人"的三者关系图

2.3.1 地下空间意象及乘客心理

由于城市空间有限，地铁车站大部分位于地下。因此人在以车站为主体的地下人造空间中的心理和行为，特别是对于空间的感知过程，对车站空间的策划设计具有重要价值。

（1）人在地下公共空间的心理分析

地下建筑是一种有别于地面建筑的空间，由于缺乏地面自然界的参照物，在空间和时间上都相对封闭隔绝。经过调查，在经过中国地铁车站的过程中，乘客的主要感受是封闭感和拥挤感。

封闭感是地下建筑空间的普遍特征。深埋在地下的车站，在地理位置上缺乏与地面的联系，与地面的太阳、月亮、星星、绿化等自然环境因素完全隔绝，因此不能以此来判断空间方位和时间流转。在全封闭的地下空间内，人在其中穿行，容易疲劳压抑，分不清东南西北，有些人还会产生幽闭恐惧症。

拥挤感在亚洲地铁较为常见，特别在人口众多的中国城市，拥挤是地铁车站的第一空间印象。由于地铁建设时没有充分预计未来人口增长，在车站规模和层高设计上相对有限，造成长久运营过程的狭小拥挤。特别在地铁高峰时间段，高密度人流的拥挤感特别强烈。

李增道在《环境行为学概论》中描述了活动空间密度和人类行为之间的关系，指出公共空间由于生物密

表2-3 地面城市空间意象与地下城市空间意象的比较

	自然环境	基本特征	意象来源	发展历史	空间方位
地面城市意象	与自然接触，自然元素提供了昼夜、方位、季节信息	重视工程设计，装修设计咨询单位承担部分设计管理	多元文化下城市建筑和景观意象，包括道路、边界、区域、节点与标志物五个元素（建筑外部）	千年历史的城市空间	空间的连续性、开放性
地下城市意象	与自然隔绝，完全人造空间	重视建筑设计，建筑师负责制较为典型	空间场景和细节的意象，包括天地墙、设施、导向、公共艺术、广告商业等（建筑内部）	百年来新兴的城市空间	空间的封闭性、逻辑性

度过高会使人产生心理及生理上的障碍，应当引起注意。亚洲城市地铁空间的高密度人流是相当普遍的现象，东京地铁车站的小体量和高密度十分惊人，以此带来人的负面心理和行为是显而易见的。

由此可见，地下空间的封闭感和拥挤感，对于中国未来地铁公共空间设计提出了新的要求，如何营造地下自然舒适的空间感，如何在预测未来人口增长基础上科学制定车站规模及疏散设施，是地铁公共空间设计管理的重要部分。

（2）地下城市空间意象的建立

地下城市空间与地面自然界完全隔绝，其空间全封闭且没有自然采光，因此可以理解为：一个只有建筑内部环境，而没有建筑外部环境的空间。人在全封闭的建筑内部空间，很难对建筑整体规模和形制产生宏观的认知和记忆。

对比之下，地面城市能通过自然界获取时间和空间的信息。比如太阳月亮提供了昼夜信息，星星提供了方位信息，植物提供了季节信息，同时空间在高度上毫无限制，令人心情舒畅。此外，人类千百年来的历史文明形成了多元化的城市空间，交织着艺术文化、科学技术等多种人文元素，结合标志性建筑物和主要道路，共同形成了城市中的方位参照物。凯文·林奇所描述的"道路、边界、区域、节点与标志物"这五个元素，构成了人们对地面城市的意象。[1]

然而在地下空间中，建筑内部成为乘客认知空间的唯一形式，需要依靠空间场景和细节来建立印象，认知要素包括天顶、地面、墙面、柱面、设施、导向、公共艺术等。特别是令人印象深刻的艺术空间及公共艺术作品，能为地下空间提供重要的认知依据。

关于地下城市意象的建立，第一步是从乘客熟悉的车站开始建立，使车站通过地面信息的投射来进行城市空间定位。一般情况下，地铁网络中的大型枢纽站、线路换乘站、市中心区域的重点站，比较容易成为地铁网络中

02~05 斯德哥尔摩地铁蓝线车站空间
（1）车站地面提供了南北方向的指示，建立与地面的联系（2）车站空间采用岩洞样式，与自然景观形成联系
（3）车站空间采用大量公共艺术及色彩，将人文历史信息放入车站环境，建立了空间参照物和印象度，缓解了地下空间的单调乏味。

---

① [美]凯文·林奇.城市意象[M].方益萍译.北京：华夏出版社,2001.

表2-4 乘客在地铁空间中的三种基本行为模式及人流特征

行为模式	行为目标	人流特征
进站模式	到达车厢	好比水流的注入和汇聚
出站模式	到达地面	好比水流的抽空和分流
换乘模式	到达换乘地铁线路的车厢	人流在地铁网络中的不同线路之间进行交换和流转

表2-5 进站乘客心理及行为特征

车站空间	乘客心理	乘客行为目标
通道	比较放松	快速通过
站厅	紧张	寻找售票机（买票）、寻找闸机（检票）、寻找客服中心（问询）、寻找楼梯（进入站台）
站台	放松	等候列车

表2-6 根据地铁熟悉程度划分的三种乘客群体

乘客群体	熟悉程度	乘客群体	乘客行为模式
第一种群体	非常熟悉	固定路线上下班人群	快速进出车站，无需折返
第二种群体	比较熟悉	多次乘坐地铁的人群	较快进出车站，花少量时间了解车站空间
第三种群体	不熟悉	首次或较少乘坐地铁的人群，如外地乘客或外国乘客	需要通过人工问询等方式获取帮助，产生折返及滞留行为

的参照车站。第二步是根据城市地铁网络图中线路及换乘站的逻辑关系，将熟悉的车站意象进一步延伸扩展开来，建立起一张人脑海中的地下城市意象。因此，"空间意识远不止是脑力活动。它占据着意识和感觉的全部范围，要求整个自我介入以期作出全面的反应。"①

2.3.2 乘客行为模式与人流分析

乘客在地铁车站具有进站、出站和换乘三种基本行为模式。不同类型的乘客行为模式略有差异，乘客集体的行为模式构成了地铁人流的整体状态。总体上说，行为模式及人流状态，对车站空间设计的功能性提出了要求。

（1）乘客行为模式与地铁人流特征

地铁作为公共交通空间，人在其中的行为模式，以通过行为为主，滞留行为为辅。乘客在地铁车站内基本行为模式包括三类，即进站模式、出站模式和换乘模式。

从行为心理学角度来看，乘客首先通过眼睛搜索车站空间信息，并根据目标做出信息的选择和方向的判断，最后付诸行为。在进站模式中，乘客的行为目标是到达车厢，一进入车站，乘客的眼睛就不断搜索到达列车车厢的方向信息。在出站模式中，乘客的行为目标是到达地面，一走出车厢，乘客的眼则不断搜索到达最合适出口的相关信息。

① [美]凯文·林奇.城市意象[M].方益萍译.北京：华夏出版社，2001.

在理想状态下，人的流动形成大量密集性动态行为，因而形成人流。如果将人流看作水流，进站人流恰似水流的注入，出站人流便如水流的抽空，不断地重复和循环。换乘人流则在地铁网络中的不同线路之间进行交换和流转。

从进站与出站两种行为模式来看，乘客的进站过程就如水流的汇聚过程，乘客从各个入口流动到站厅的闸机口，再通过站厅楼梯到达站台，此时的候车人流呈现聚集等待、批次疏散的循环状态，最终通过列车流出车站。乘客出站过程便是水流的分流过程，下车人流呈现批次疏散方式，在通过站台楼梯及站厅闸机口的线路过程中，乘客已经在输入并判断车站出口的选择问题，人流最终从车站各个出口分散流出车站。

相比之下，进站模式的乘客行为相对单一，人们的目标集中。但是出站模式的乘客行为较为复杂，乘客必须在了解车站建筑与地面衔接情况的基础上，判断一个最合适的出口，并找到该出口的线路方向。另一种选择就是寻找最近的出口，到达地面再作下一步方向的判断。

换乘模式与进出站模式有所不同，进出站模式是针对一个车站的，而换乘模式是针对整个地铁网络的。在换乘模式中，乘客的行为目标是到达换乘地铁线路的车厢。换乘使得地铁网络具备了四通八达的交通功能，乘客通过换乘模式到达城市的每个角落。

（2）乘客行为模式的差异性研究

在地铁车站中，乘客行为模式不但具有集体性特征，也存在差异性特征。乘客行为模式在分类研究中的差异来自于两方面。

第一，乘客在车站不同区域的行为模式存在差异。实际上，在进站模式中乘客的心理和行为是有变化的。当乘客进入通道，由于通道空间单一，乘客的目标明确，就是快速通过。当乘客进入站厅，眼睛摄取的信息量增大，由于站厅空间较为复杂，买票进站的行为环节较多，因此乘客在站厅一般心理较为紧张，忙着寻找自动售票机买票、寻找闸机进站、寻找楼梯进入站台等。当乘客进入站台，心情相对放松，此时所有

06~09 布拉格地铁站台人流

的进站环节都已完成，等待列车时许多乘客开始环顾四周，或者聊天、看报、看手机等。

因此，乘客在通道、站厅、站台三种车站空间中的心理和行为特征，决定了地铁公共空间设计的功能性及风格特征，也为公共艺术和广告商业的设置提供了设计依据。

第二，不同乘客对象在地铁车站中的行为模式存在差异。"环境是行为模式不可分的部分。"[①]影响乘客行为及车站人流的重要原因，是乘客对车站环境的熟悉程度，包括对乘坐地铁的相关规则及流程、对车站空间功能的了解程度等，这直接决定了乘客是否可以快速进出车站。

根据乘客对地铁空间的熟悉程度，基本可以分为三种群体。第一种群体是以固定路线上下班的人群，对车站空间和进出站路线十分熟悉，可以做到快速进出车站，无需折返线路。第二种群体是经常乘坐地铁但对不同车站的进出站线路相对陌生的人群，他们需要花费少量时间去了解车站空间，能做到较快进出车站。第三种是首次或较少乘坐该城市地铁的乘客，比如外地乘客或外国乘客，他们对地铁空间及乘坐规则较陌生，需要通过人工问询等方式获取帮助，在地铁车站内产生较多折返及滞留行为，对其他人流有所影响。

2.4 地铁空间与城市的关系——外部环境

地铁是城市交通主动脉，城市构成了地铁在空间上的外部环境。地下空间应当纳入整个城市空间体系中宏观设计，研究地铁与城市的空间关系，能为地铁公共空间设计管理带来宏观上的指导意义。

2.4.1 车站空间与城市地面的关系

凯文·林奇在《城市意象》中对地铁网络做出这样的描述，"铁路和地铁是另一种道路与环境分离的实例。波士顿那些深埋的地铁线路，除了在通气孔的位置或是在穿越河流时才与周围环境发生联系。地铁的出入口可以算是城市中的战略性节点，它们之间存在着无形的、概念上的连锁关系。地铁线路是一个缺乏联系的地下世界，如果可能用一种方法将地铁与城市的总体结构结合起来，将会是一个十分有趣的问题。"[②]

从中我们可以看到，从人感知城市的总体印象中，地铁网络和地面城市之间是相对分离的。在地铁为主导的地下空间中，车站是人们的自由活动空间，尚有更大部分列车行驶区域是人们的非活动空间。因此地下空间缺乏一些连续性，呈现出散点式分布状态，更加剧了其封闭性与隔离性的空间特征。

好在地铁车站与地面之间，在实际空间上的垂直距离并不大，可以形成更为紧凑的一体化复合空间，正如林奇所说，"地铁线路是一个缺乏联系的地下世界，如果可能用一种方法将地铁与城市的总体结构结合起来，将会是一个十分有趣的问题。"[②]

地下空间除了地铁车站外，正在向多元化的功能发展，比如"地铁站的车站大厅与周围建筑的地下室连接起来构成了强大的地下人行通道网络"[③]，此外还包括各类地下商业区及地下停车区等。从中看出，地铁空间并非独立于城市空间，而是地下空间的先驱，其成熟将带动地下空间的进一步发展。

地面是人类长期赖以生存的城市空间，其多元化的城市功能跨越了政治经济、历史文化、艺术娱乐等，不同功能的建筑景观构成了城市空间认知的参照物。地铁车站建立与地面城市多元化功能之间的关联性，能使乘客有效判断车站与地面的对应位置，建立起地下城市的方位感。

从另一层意义上理解，地下空间本身就是为解决地面交通问题而产生的新兴城市空间，应当为地面空间服务。因此一个成功的车站设计，与周边地面环境之间发生着有机的联系，形成上下呼应的垂直空间关系。

建立车站空间与城市地面之间的联系性，是地铁公共空间设计管理的重要任务之一。除了导向设计承担了与地面连接的理性引导之外，车站的建筑、装修、设

① 李增道.环境行为学概论[M].北京：清华大学出版社,1999.
② [美]凯文·林奇.城市意象[M].方益萍译.北京：华夏出版社,2001.
③ [美]吉迪恩·S·格兰尼,[日]尾岛俊雄.城市地下空间设计[M].许方,于海漪译.北京：中国建筑工业出版社,2005.

施、广告、公共艺术等，都能提供地面方位的线索。这种信息传递方式更为亲和自然，乘客凭直觉就能判断，我们有时称之为"软性引导方式"。比如美国纽约地铁自然历史博物馆站，车站中到处可见恐龙化石、各类爬行动物的马赛克壁画，地面上还有鱼群图案的镶嵌拼花，人们跟着这些元素自然地就走进了博物馆。可见公共艺术不仅能营造车站人文艺术气息，还能有效地建立起与地面的联系。

2.4.2 地铁出入口与城市地面的关系

地铁出入口是地铁车站与城市一般空间的连接点，正如林奇所说，地铁出入口可以算是城市中的战略性节点。乘客在地下与地面之间穿越，都需要通过地铁出入口来实现。根据出入口与地面空间的关系，基本可以分为两种连接形式。

第一种连接形式直接暴露在城市地面，这类出入口建筑通常设置于人行道或与人行道连接的公共区域，清晰明了，能远距离辨识，方便乘客寻找，是地铁出入口的一种理想的连接方式。在同一条线路或同一时期建设的出入口建筑，具有统一的建筑外观及导向特征，这对于在城市中建立地铁视觉形象具有重要意义。

第二种连接形式是与地面建筑物相连，这类出入口由于不外显于城市地面，往往不容易被找到，对不熟悉城市地形的乘客来说寻找难度较大。形成这类出入口的原因是车站上方的地面空间被已有建筑物占据，因此不得不借助地下通道等形式，与已有地面建筑内部空间相连。

由于地面原有建筑物并没有考虑与地铁空间的连接，造成其建筑空间与地铁空间对接时的种种困难，形成较为复杂地下连接空间。为加强这类出入口的空间衔接程度，车站导向设计的要求相当高，同时对车站空间视觉设计的引导也提出了新的要求。由于对接的城市建筑多为商业空间，适当地凸显地铁空间的公共交通特征，拉开两种空间的风格差异是很有必要的。

2.4.3 地铁网络与其他交通网络的关系

城市交通是多层次的，除了高效节能的地铁网络之外，还有巴士网络、城郊铁路网络、轮渡网络以及自行车和机动车等灵活的出行方式，同时机场、火车站、长途汽车站作为城市对外交通的连接点，与城市内部交通网络相联，构成了全球化的庞大交通运输网络。

在这个多层次的交通网络系统中，人们从出发点到目标点，往往需要转换交通工具。从地铁出发的换乘，包括地铁换乘公共汽车或轮渡、地铁换乘机动车或自行车、地铁换乘飞机或火车等。一方面在公共交通组织设计上应当不断完善，尽量实现地理空间上的"零换乘"；另一方面在地铁车站公共空间设计环节中，也应当将方便换乘作为设计指导思想。

其中，交通枢纽是解决多种类型交通零换乘的重要途径，提高了城市空间和交通的利用率，比如上海的虹桥枢纽和上海南站都属于大型综合交通枢纽。地铁是枢纽的重要交通类型之一，地铁空间如何与枢纽空间科学衔接，是地铁空间设计的重要环节。

表2-7 地铁出入口与地面连接的两种方式

出入口连接方式	优势	劣势
第一种连接形式 直接暴露在城市地面	清晰明了，供远距离辨识，方便乘客寻找，有利于在地面城市空间中建立地铁形象	与城市地面建筑相对分离
第二种连接形式 与地面建筑相连	乘客不必经过户外空间，直接与地面原有建筑空间相连	不外显于城市地面，不容易找到，与原有建筑空间对接时形成了复杂的过渡空间

在中国早期地铁建设阶段，地铁与其他公共交通网络之间的换乘设计考虑较少，一旦进入地铁网络化阶段，其换乘问题就十分突出。因此，在城市地铁规划设计初期，就应当充分考虑地铁与整个城市交通的关系，为在交通网络之间建立起方便快捷的换乘打下良好的基础。

在城市内部交通环境中，地铁与自驾车、地铁与公共汽车之间的衔接最为普遍，值得关注。

（1）地铁网络与自驾车的换乘衔接

地铁加上自驾车，将成为未来中国大型城市的主要出行方式。特别在市中心与卫星城市之间的交通连接上，这一交通换乘方式成为主流。因此位于城市远郊的地铁车站如何与自驾车之间实现零换乘，是需要在建设初期规划的内容。

地铁与自驾车之间的换乘，体现在地铁站周边停车场的设置上。在日本新一代地铁研究委员会的报告中，有关提供乘客便利生活的章节提出了"在与其他铁路及公交交汇的节点上，一定要设置机动车和自行车停车场"[①] 的要求，这点为地铁与自驾车之间提供了换乘可能性。东京新建的地铁线路相当重视停车场的配给，"12号线地铁线有28个车站，其中有5个车站都修建了地下停车场。有17个车站里修建了地下自行车停车场地。"[②]

世界上目前最先进的迪拜地铁，在建设时也相当重视停车场规划，提出了停车乘行（park and ride）的概念。"红线设置两个大型停车场，即Rashidiva和Jumeriah Islands Station站，每个停车场有3000个停车位。为了缓解沙迦市民上班的压力，绿线的起始站AIQusais站设置了一个最大的停车场，可以容纳6000辆车。此外每个地铁站都有小型停车场空间配套，并且与其他交通系统建立了便捷的联系。"[③]

相比之下，中国早期建设的地铁车站与自驾车之间的换乘交接相对薄弱，在地铁站周边并没有规划区域提供自行车与机动车的停放，导致自驾车乘客放弃换乘地铁。近期建设的地铁线路开始对自驾车停放的问题引起重视，比如2010年通车的北京地铁昌平线共设置

8座P+R停车场，每座停车场平均拥有100至200个车位，全线共计1500多个车位，基本覆盖各站，这为周边乘客提供了极大的方便。关于地铁与自驾车的换乘规划，需要不断得到重视和完善。

（2）地铁网络与公共汽车的换乘衔接

地铁与公共汽车之间的换乘，是实现地铁城市交通价值的重要环节。公共汽车弥补了地铁线路无法延伸到的角落，而轨道交通实现了城市高效快捷的交通运输功能。因此，地铁站与公交站的设置应当整体规划，宏观布局。特别是公共汽车枢纽站，更应当与城市地铁网络紧密结合。

今后上海城市交通的发展思路是"地铁为主、公交为辅"，加强地铁站与公交站之间的无缝连接是关键。由于中国各公交网络属于不同管理部门，需要从城市交通管理局的高度规划协调，以达成地铁与其他公交管理部门之间的全面合作，这是相当必要的。上海的措施是以地铁站为主来调整公交线路车站，使换乘不超过500米步行距离。

除此之外，今后地铁站与公交站之间，如何实现更为密切的空间一体化设计，让乘客体验舒适便捷的换乘过程，是地铁空间设计和相关管理部门需要共同探讨的问题。伦敦地铁朱比利延伸线的北格林威治站是伦敦东南部重要的交通枢纽中心，地铁乘客中约有75%会继续搭乘公共汽车到达目的地。该站出入口建筑与公共汽车枢纽站之间通过巨大的玻璃天顶相连，避免了恶劣天气下露天换乘的尴尬，乘客行走过程十分舒适。可以说，北格林威治站实现了地铁与公交之间的零换乘空间体验。

---

① 申力扬.日本新一代地铁系统的车站设计理念[J].中国安防产品信息,2004,2.
② [美]吉迪恩·S·格兰尼,[日]尾岛俊雄.城市地下空间设计[M].许方,于海漪译.北京：中国建筑工业出版社,2005.
③ 贾凡,阙孜.迪拜的地铁系统[J].都市快轨交通,2010,2.

2.5 地铁空间设计理论模型

地铁空间设计影响到地铁内部及外部的外观、交通的便捷度及乘客的心理感官，承载着整个城市的面貌和居民的日常需要，因此，对地铁空间进行合理的艺术性设计尤为重要。只有从实践中总结经验，建立一套完整的地铁空间设计理论，才能指导未来的地铁建设，实现空间的功能性、舒适性和艺术性，体现城市的地域文化，从而满足人们的精神文化需求。

2.5.1 地铁空间的设计要素及相互关系

地铁空间具有公共交通空间和地下人造空间的双重属性，作为城市人们日常生活的重要出行空间，其涉及到六个设计专业环节，即六个设计要素。它们相互之间联系密切，相互影响，并具有各自不同的设计重点及管理特征。

（1）车站空间的六个设计要素

地铁空间设计按照专业划分，主要包括建筑设计、装修设计、设施设计、导向设计、广告及商业设计、公共艺术设计这六个专业方向[①]，也是地铁空间的六个设计要素。

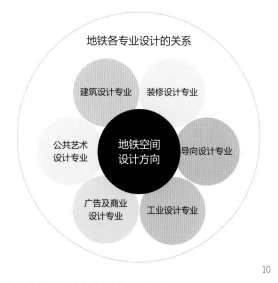

10 地铁相关设计专业及其相互关系

建筑设计：形成整个车站空间的尺度规模和基本形制，决定了车站内部的功能布局和人流引导方案，其设计理念对车站整体空间的视觉效果具有决定意义，是地铁空间设计的第一个重要环节。

装修设计：有时也被称为"地铁建筑室内设计"[②]，可以理解为是车站建筑与人之间的界面设计，重点在于顶、地、墙、柱四大空间的设计，以及与地铁各专业系统和视觉要素之间的接口设计与协调。

设施设计：是车站空间与乘客发生直接互动关系的界面，属于工业设计的专业领域。虽然设施占据的视觉空间较小，却与乘客之间发生着密切联系，关系到乘客进出地铁的便捷性与舒适感，体现了车站空间的服务质量。

导向设计：有时也被称为"地铁标识系统"，是地铁作为公共交通属性的重要环节，具有引导人流快速进出的功能。此外导向不仅为乘客在进出站过程中指引方向，还提供了车站多层次的信息，包括公共设施信息、提示禁止类信息等。

广告和商业设计：不仅是地铁创收的主要来源，还是服务乘客的一种重要途径，体现了地铁空间设计中全方位业态服务的目标管理。车站广告是利用乘客进出站过程中视线所及范围，来发布商业信息进行创收的方式；而车站商业是利用地铁车站内不影响进出站人流的既有空间，提供各类生活服务店铺及自助服务的模式。

公共艺术设计：是创造车站文化艺术氛围的途径，体现了地铁公共空间设计目标管理的最高层次，即对文化艺术建设的目标管理。在当前中国从功能地铁向人文地铁转型过程中，公共艺术设计应当如何全面介入地铁车站空间，成为地铁建设和运营高度关注的问题。

（2）加强各设计要素之间的关系管理

在地铁空间设计过程中，六个设计要素是相互关联并进的。在中国城市地铁建设中，建筑设计首先进入工作流程，此后车站装修设计单位作为总体协调方，同时还承担导向设计、设施设计、广告和商业设计、公共艺术设计的相互协调工作。这一阶段是设计管理的

① 2007年《上海地铁网络视觉形象规范指导手册》中明确提出，地铁公共空间的设计要素分类管理的概念，分别是装修、导向、设施、广告及商业、环境艺术。
② 杨冰.地铁建筑室内设计[M].北京：中国建筑工业出版社,2006.

关键期，如果缺乏管理意识，就会造成各专业之间各自为政、相互冲突的现象，上海地铁建设初期就遇到了类似情况。

在接下来的设施、导向、广告及商业、公共艺术这几个专业设计环节中，地铁隶属于公共交通空间的功能诉求，导向设计在空间中具有首要地位，应当成为车站空间环境的第一视觉元素。在2007年发布的《上海市轨道交通运营服务标志设置指导手册》中，就提出"各要素排序应当遵守导向第一的排序原则"。

此外，地铁空间设计的六大要素之间关系密切，在进行单项专业设计时，应当运用全局观和系统思想，从各设计专业之间的关系研究出发。

第一，建筑设计与其他设计要素之间的关系主要表现为与装修的衔接关系。在中国地铁横向外包模式下，装修设计及早介入建筑设计，能有效改善空间中目前存在的种种不合理问题，比如争取更高的吊顶空间、善用空间中的特殊结构形成良好的空间创意等。国外的地铁在建筑师负责制下，其车站空间基本实现了建筑与装修的一体化设计，使得建筑结构在后期空间设计中充当了结构、装饰、导向等多重功能，车站空间走向个性化趋势。

第二，装修设计与其他设计要素之间的关系主要体现在装修和其他视觉要素（设施、导示、广告、商业、公共艺术）、地铁专业系统（如AFC系统、FAS/BAS系统、PIS系统等）之间的宏观调控与协调关系。装修是车站建筑与人之间的界面设计，也是完成各专业各系统在车站空间中关系调配的环节，因此有专业人士提出"装修设计是一门协调的艺术"的观点具有一定代表性。相比之下，装修与其他要素之间的关系，是设计管理的重点和难点。

比如在车站吊顶设计时，就需要综合多项设备终端系统，比如消防、暖通、弱电、强电等管线，以及悬吊式导向、安全探头等设施。因此，装修设计除了完成吊顶视觉艺术上的设计之外，更大量的工作是协调各系统相互之间的关系，形成功能合理、美观有序的吊顶空间。[①]

在历史悠久的伦敦地铁建设中，装修设计作为总体协调功能逐渐被管理者所认识。1930年，伦敦地铁主席弗兰克·皮克在参观萨德伯里镇车站时发现有太多设计上的遗憾，他如此写道"无端闯入的如同墓碑似的公告栏，随意的管线布局，自动售票机被遗弃在站台，灯具被草草地钉在了混凝土墙上"。当时他给予车站的总体评价是"整体缺少设计和秩序"[②]，此后装修在各设计专业之间的协调性功能开始被得到重视，伦敦地铁在后来的地铁建设中为了达到整齐有序的车站环境做了不懈的努力。

第三，导向设计与其他视觉要素之间的关系，主要表现为导向在视觉上的优先地位。地铁车站作为公共交通空间，具有运输的首要功能，引导人流快速通过是其首要任务，因此导向在车站公共空间视觉传达上应当具有优先地位，便于乘客瞬间识别，快速判断。

一旦导向与其他空间要素发生冲突时，比如导向与广告发生视觉的冲突，应当首先保证导向的视觉传达效果，将广告进行移位、调整或取消设置。此外，导向与建筑之间的紧密关系也相当重要，通常研究车站建筑结构是导向设计的第一步，应当在车站建筑的恰当位置及时的、有规律的提供方位信息，引导乘客在车站中有秩序的流动。当然，对于消防栓和公安摄像头等安全设施，导向应当适当避让，一旦发生空间位置冲突，应当将导向移位或调整设计方案。

第四，设施设计与其他设计要素之间的关系主要表现为与各要素之间的协调关系。其中票务类设施的设置方位，直接决定了车站中的人流组织和人流路径，在空间布局方面占据首要地位；而其他服务类设施在空间中的设置，主要采用相互协调的原则。

第五，广告与商业设计与其他设计要素之间的关系，与车站空间氛围的控制密切相关。由于广告与商业在车站中的视觉表现力较强，适当地控制其发布面积和设置区域，能有效地调节车站的商业氛围，并能为车站导向和公共艺术留出充足的空间条件。比方说，广告与商业在车站中的比例越大，对于导向的冲击越大，不利于形成车站艺术氛围；广告与商业在车站中的比例越小，车站越具有艺术方面的可塑性。

① 李德胜.地铁车站装修细节设计探讨[J].铁路工程造价管理,2010,5.
② [英]肯尼斯·鲍威尔.伦敦地铁——银禧延长线[M].吴晨译.北京：中国建筑工业出版社,2008.

第六，公共艺术设计与其他设计要素之间的关系，在初期主要表现为整体上的相互协调关系，在后期表现为向车站各要素的延伸，以及地铁运营阶段的公共艺术展览和活动。当前中国地铁公共艺术设计主要采用壁画的艺术形式，需要车站空间周边环境的相互配合，与广告、导向和设施的设置空间要相互协调，形成较为独立开阔的空间场域感，避免艺术作品被遮挡等情况的发生。横向比较世界地铁，其公共艺术具有渗透到整个车站空间中的趋势，比如艺术化设施、艺术化广告创意、艺术化引导方式、艺术照明等，可以尝试进行跨越界限的合作；而各类地铁公共艺术展览和公共艺术活动也开始受到越来越多的关注。

2.5.2 地铁空间设计理论模型

在推进地铁车站空间设计时，要兼顾多项设计专业、地铁空间和设计要素，为了使每个部分都充分得到考虑，2006年上海地铁在6号线建设时期，采用了上海美术学院汪大伟院长提出的"地铁车站空间设计理论

模型"，用于指导车站各设计团队的全局设计和相互协调。模型是由三条轴线构成的立方体模型，第一条轴线是五大专业（装修、导向、设施、广告、环境艺术），第二条轴线是五个设计要素（空间、造型、材质、色彩、灯光），第三条轴线是五个地铁空间（出入口、通道、站厅、站台）。模型的三条轴线交叉后得到125个小立方体块，代表125个设计分项，每个分项都有一个特定的编号和设计内容。模型有效地保证了地铁车站空间设计过程中不会遗漏或忽略了某一元素和项目，在当时有效地促进了设计的系统化。

2.5.3 地铁网络设计理论模型

城市地铁网络的空间设计需要一套具有前瞻性和系统性的指导理论模型，2007年上海地铁在推进世博段建设时，上海美术学院设计团队作为5条在建线路的总体设计咨询单位，汪大伟院长提出了"上海地铁网络设计理论模型"。模型由一根主轴线构成，由下至上分别是地铁空间的基本功能、网络特征、网络形象三

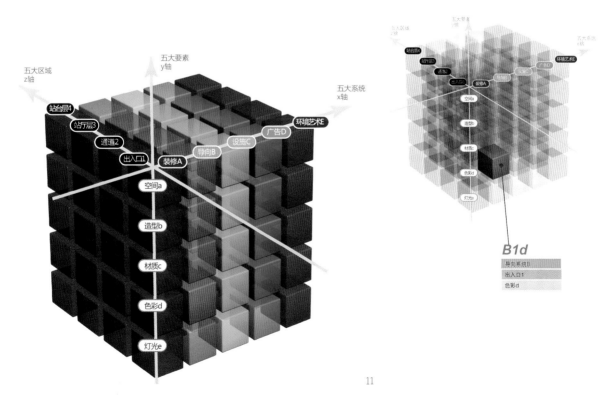

11

11　上海地铁6号线地铁车站空间设计理论模型
摘自《上海地铁6号线视觉形象设计手册.总则》2007.

个设计层面，最终达到"申通地铁通向都市新生活"的目标。（1）第一层面的"基本功能"，是指安全运营的目标。（2）第二层面的"网络特征"，是指互联和换乘的目标。互联和换乘是轨道交通网络的基本特征，创造"一点对多点、多点辐射效应"的交通形式，致使随行所欲成为可能。（3）第三层面的"网络形象"，是指生活方式、服务方式和视觉形象的目标。其中，生活方式是指生活网，轨道交通网络改变了都市人的时空观，提高了人们生活的时间、空间的利用率，从而创造了一种新的生活方式。服务方式是指信息网，轨道交通网络是继印刷、广播、电视、因特网之后又一新媒体形式与信息发布方式，把服务提升为品牌，成为体现上海对外开放的窗口。视觉形象是指13条线的视觉文化主题构建成的整体网络视觉形象。

上海地铁网络设计理论模型，被纳入《上海轨道交通视觉形象指导规范手册》的《总则》部分，是地铁空间设计的指导思想，从基本功能出发，达成目标理念。主轴线为业主方提供了管理设计和规范设计的依据。

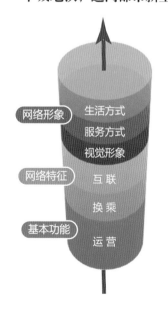

申城地铁，通向都市新生活！

12

12 上海地铁网络空间设计理论模型
摘自《上海轨道交通视觉形象指导规范手册》中的《总则》，2008.

① 吴良镛.广义建筑学[M].北京：清华大学出版社,2011.

2.6 中国城市地铁空间设计面临的普遍问题

当前中国城市地铁车站空间建设，在吸取老线建设的基础上，已经进入一个高速建设的崭新阶段，车站视觉空间及功能设置上有所改善，基本上都能做到明亮宽敞和整洁大方。

但是新建车站仍然存在一系列问题。首先地铁空间中各专业设计（建筑、装修、导向、设施、公共艺术、广告商业）之间的协调关系需要得到进一步完善，形成各自科学合理的设计原则及管理重点。其次在地铁高速建设中产生了千站一面、地下站与地面城市之间缺乏关联性、乘客方与业主方的利益博弈等问题，这些均是困扰当前地铁建设的普遍问题，也是亟待解决的问题。

2.6.1 地铁空间特色危机的问题

所谓"特色危机"，就是空间缺乏视觉特征的问题。1984年马尼拉召开了亚洲建协第一次会议，在亚洲城市特色的讨论中，专家们首次提出了现代城市的这一问题。吴良镛在《广义建筑学》中指出，"现在全世界城市正面临所谓'特色危机'。在中国，城市特色问题现在已渐为人们所认识。几十年来我们一度对巨大的建设量颇为自豪。曾几何时，在全国范围的大兴土木之后，惊然发现，'南方北方一个样'、'城里城外一个样'，对清一色的建筑样式，人们越来越不满，并提出了批评。"①

目前，"特色危机"这一情况不仅发生在中国城市的地面空间，在地铁车站空间中更为严重。首先，当人们置身于地铁车站中，一般很难辨识出所处的城市，比如北京、天津、上海、广州的地铁车站就相当雷同，缺乏各自的地域文化特征。其次，即使在同一城市地铁中，不同线路和不同车站之间也缺乏视觉上的差异性，车站的识别性低，辨识度差，导致乘客对导向牌信息过分依赖。

从人的心理感受上分析，"特色危机"加剧了地下空间的单调乏味以及封闭隔绝，大批量雷同的空间会给人带来一种个体渺小感，以及对生存环境的疏离陌生感，这与人性化空间设计的目标是相违背的。

13~15 北京地铁、上海地铁、广州地铁的站厅极为相似

从城市空间印象上分析，"特色危机"对于建立地下城市意象是不利的。由于地下车站空间无法将地面自然要素及城市景观作为参照物，因此具有较强视觉特征的地铁车站，能帮助人们建立地铁网络中的记忆点和参照物，继而产生地铁网络中的定位、识别、引导等一系列功能。

在中国大力发展地铁建设的政策推动下，各城市地铁的业主方在设计管理模式上，普遍采用了适合大规模、短时期的地铁空间设计与施工方式，比如标准化车站设计模式和以线路为单位的横向设计外包模式，直接导致了地铁公共空间"特色危机"现象的产生。当前中国地铁建设的"特色危机"和文化趋同现象相当严重。高速发展的中国城市地铁，赢得了建设的速度，却付出了城市文化特征的代价。

中国地铁第二轮高速建设正在进行，将有大批中国城市将拥有地铁网络。前车之鉴，后事之师，如何从总体上协调好车站建筑、装修、导向、设施、广告、商业、公共艺术等专业的关系，形成地铁车站特有的文化形象，控制好地铁网络中共性与个性的平衡，对未来中国地铁意义重大，这也是当下有关地铁研究的目标之一。

2.6.2 业主方和乘客方之间利益博弈的问题

地铁建设管理的主体单位是业主方，承担地铁公共空间设计的主体单位是设计方，地铁的服务对象是乘客方。业主方对于设计具有决策权，通常在设计时不自觉地将自身利益作为设计决策的依据。比如在制定商业广告与公共艺术之间比例关系时，广告设置比例过大，造成空间商业气氛浓厚，使得公共艺术空间相当有限，或者失去理想中的艺术氛围。又比如在检票口区域的设施设计，业主方更多考虑方便后期运营管理的设计方案，因此对于乘客进出站的便捷性和人性化有所忽视。

特别在中国地铁建设初期，设计决策的天平倾向于业主方，将方便统一建设、方便运营管理、资产收益最大化作为目标，体现了业主方的意志，导致了地铁车站出现过于商业化、不够人性化等现象。

在目前地铁发展较为成熟的中国城市中，地铁乘客方逐渐成熟起来，在常年乘坐地铁的过程中，地铁空间设计具有极大的发言权。比如上海地铁在网络上形成了诸如"上海轨道交通俱乐部"这样的论坛，聚集了大批地铁粉丝，他们对地铁建设、设计、运营具有巨大的潜在推动力。乘客方力量的成熟，使得设计决策的天平倾向于乘客方具有了前提和基础，同时也促使业主方积极吸纳乘客建议。

在设计中如何纳入乘客方提供意见的环节，以及乘客反馈评估的环节，是以业主方为主导的设计管理工作的重要内容。设计决策的天平究竟应当怎样倾斜，是从业主方出发还是从乘客方出发来进行车站空间设计，这始终是个难题。业主方和乘客方之间利益博弈的问题，始终是地铁公共空间设计中的一对矛盾。

2.6.3 地铁空间与城市建设缺乏有机联系的问题

中国地铁车站在解决了基本交通运输功能的基础上，发现这些地下车站空间与地面区域特色之间缺乏有机的联系。高速建设所采用的工业化建设方式，使得车站在建筑、装修、设施、广告、公共艺术方面，都采用较为通用的方式，这与地面多元化的空间方式有所不同。因此，乘客在地铁空间中除了通过导向信息之外，很难判断地面的情况和方位，造成城市空间在垂直方向上的相对分离。

中国地铁车站多采用壁画作为公共艺术的表现方式，而壁画在车站中的面积极为有限，大部分设置在站厅空间，因此在视觉上对乘客的影响是有限的，仅仅依靠壁画来建立地下与地面空间的联系性是不够的。

此外还有个认识误区，就是仅靠导向系统就能建立起地下与地面之间的有机联系，这一说法并不准确。导向系统从理性的层面为乘客提供了准确的方位信息，但是对于老人、孩子以及不熟悉地形的外国乘客和外地乘客来讲，这种方式过于抽象，人们需要更为感性的、直觉的整体空间引导方式，例如装修设计、公共艺术等方面的"软性引导"，以便形成"有机联系"。因此，如何建立地下车站与地面空间之间的紧密联系，消除城市空间在垂直高度上的隔绝关系，对于城市化发展意义重大。

2.6.4 装修材料建设投入成本与运营成本性价比的问题

在地铁建设时期，车站装修设计环节对装修材料的评估和选择往往更大限度地局限于装修材料的单价上，许多建设单位为了达到限额投资预算的目标，而放弃使用一些价格较高、质量较好、使用周期较长的建筑材料。导致的结果是经过约20年的运营周期之后，装修材料破损老旧程度大，出现断裂、脱落、渗水、变色等问题。

以上海地铁为例，上海地铁1、2号线的墙面采用玻化砖材料，经过约15年的时间开始泛黄脱落，显得十分老旧，因此一号线很多车站在世博前期开始重新装修，耗时耗力，投资巨大。因此装修选材时需要将时间成本考虑进去，选择性价比最高的装修材料，而不能单一的考虑建设投入的一次性成本。

在墙面材料的选择上，搪瓷钢板具有耐久性好、色彩稳定、坚固耐用、防撞防水等性能，虽然单价在千元以上，但是使用周期在50年。中国很多城市受到限额投资的限定，不能采用搪瓷钢板作为墙面材料，转而采用了铝板等替代材料。如果将使用周期平均折算到每年材料运营成本上，我们还是能看到搪瓷钢板性价比更有优势。

2.6.5 地铁空间功能单一缺乏综合利用的问题

在中国地铁网络空间建设中，由于大规模、快速度建设给业主方带来时间上的压力，因此许多地铁在建设时期将注意力集中在交通的基本功能需求上。目前中国地铁车站空间功能较为单一，基本以快速通过、安全运营为目标，对于空间的多元化综合利用考虑较少，因此乘客在空间中缺乏一定的舒适度体验和艺术人文需求，更加剧了地下空间单一乏味的心理感受。除了香港城市地铁在综合利用问题上处理相当成熟，一线城市地铁的重点车站也在逐年改进完善，其他庞大数量的地铁车站在空间综合利用上仍然非常欠缺。

地铁空间是城市发展的"第二空间"，地面人流的快速批量流动依靠地铁网络来实现，因此"大人流特征"构成了地铁空间必须是一个"复合型"空间，集合了交通功能、生活功能、文化艺术功能、信息传播功能、商业休闲功能等。

在地铁建筑设计时，应当充分考虑未来发展的空间规模预留，特别是车站在文化艺术展览及活动方面的延展性，以及乘客生活服务的商业多元化拓展等需求。

16 巴黎地铁12号线Marcadet Poissonniers站
17 巴黎地铁RER B线Luxembourg站
18、19 巴黎地铁RER C线Champ de Mars Tour Eiffel站
20、21 布拉格地铁

CHAPTER 3 →

第三章　地铁空间设计战略

地铁空间是人们日常出行公共交通空间，在推进各项车站设计时，需要有一个共同的战略目标，即设计理念和指导思想，从乘客的需求出发，而不是建设者、管理者、投资者的需求出发，进行判断设计的合理性，决策设计中的一些取舍和深度问题，同步综合考虑不同时代背景和不同地域的文化差异，制定设计策略。

第三章　地铁空间设计战略

3.1 地铁空间设计的战略

战略就是决定全局的策略，中国古代称之为"谋"。地铁空间设计的战略计划为地铁目标管理提供了具体的执行路线，并为地铁建设的不同时期提供了方向。

3.1.1 乘客基本需求理论的四个层次

乘客基本需求理论从乘客出发的地铁公共空间设计，以人的需求为原点，研究人的心理和行为，从而对地铁空间设计产生指导意义。

根据马斯洛的需求层次理论，人的需求由较低层次到较高层次，可以分为生理需求、安全需求、社交需求、尊重需求和自我实现需求五个层次，这五个层次就像阶梯一样从低到高，按层次逐级递升。

乘客基本需求理论以马斯洛关的需求理论为基础，将人本主义思想引入地铁公共空间设计管理，形成了以下四个层次。第一层次是对公共交通功能的需求；第二层次是对空间舒适便捷的需求；第三层次需求是对生活服务的需求；第四层次则是对文化艺术的需求。这是地铁空间中乘客不断增长的需求层次模型，在满足一个功能的基础上，向上一个层次的需求转化。

第一层次即对公共交通功能的需求，是基于最初建设地铁的愿望，这是地铁作为公共交通工具最基本最底层的需求。

第二层次即对空间舒适便捷的需求，基于人们对生活空间的美好愿望，相比空间狭小、灯光昏暗、方向混乱、设施陈旧的地铁车站，人们更愿意行走在宽敞、灯光明亮、方向清晰、设施便捷的空间环境中。当第一层次的公共交通功能得到满足后，人们的需求就转化为对空间舒适度和便捷性的需求了。

第三层次是对生活服务的需求，基于人们已经将地铁公共空间理解为是日常生活的一部分。从一定程度上讲，地铁不仅是城市的交通网，还是人们的一张生活网。人们希望在地铁车站里能买到必要的生活用品、吃到期望的食物、完成日常生活琐事等。由于越来越多的地铁车站与建筑相通，特别在恶劣天气情况下，人们在地下空间行走会方便许多，市民希望在地面完成的事情在地下车站同样能做到，因而人们已经将地铁空间上升到生活空间的需求了。

第四层次为对文化艺术的需求，基于人们对美的终极向往，是一种最高层次的精神需求。这是在满足前三个层次需求的基础上，人们对地铁公共空间所寄予的一种最高期望。

这四个层次的需求可以分为两级，其中对公共交通功能的需求和对空间舒适便捷的需求属于基础需求，在

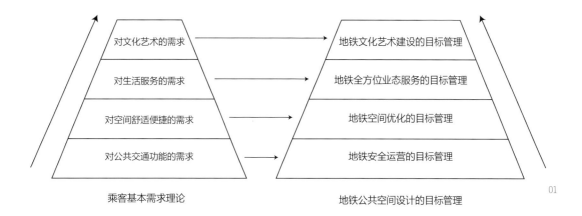

乘客基本需求理论		地铁公共空间设计的目标管理
对文化艺术的需求	→	地铁文化艺术建设的目标管理
对生活服务的需求	→	地铁全方位业态服务的目标管理
对空间舒适便捷的需求	→	地铁空间优化的目标管理
对公共交通功能的需求	→	地铁安全运营的目标管理

01 地铁公共空间的目标管理示意图

地铁建设阶段就能达到满足；但是对生活服务的需求和对文化艺术的需求属于高级需求，需要在地铁长期运营管理服务中逐步得到体现，这个过程并不是一蹴而就的，是一种长期孕育发展的过程。

在乘客基本需求理论的四个层次中，当某一层次的需求相对满足了，就会向更高层次发展。各层次的需求相互依赖和重叠，追求更高层次的需求就是发展的原动力。

3.1.2 地铁空间设计的战略目标及管理

目标管理是地铁公共空间设计的核心理念，指引着地铁建设的四方力量向着一个共同的方向努力。在城市地铁发展的整个生命周期中，为地铁空间设计的发展起到引导和激励的作用。从城市地铁发展的生命周期上看，在不同发展阶段中，地铁公共空间设计管理的目标也有所不同。

地铁空间设计的四个阶段性目标，根据乘客基本需求理论的四个层次，形成了相互对应的具有因果关系的四个层次。

第一层次对公共交通功能的需求，决定了地铁安全运营的目标管理。这是城市地铁建设的首要目标，安全正常的运营保障了地铁公共交通功能的实现。

第二层次对空间舒适便捷的需求，决定了地铁空间优化的目标管理。这是城市地铁建设较高层次的目标，

在安全运营的基础上，业主方和设计方共同的目标就是在相对有限的地下空间条件下，将空间进行一系列优化设计，最大限度地展现车站环境的舒适度，提高为乘客服务的便捷度。

第三层次对生活服务的需求，决定了地铁全方位业态服务的目标管理。在此需求上，地铁业主方和设计方在车站空间设计时，应当考虑必要的商业服务空间及设施，完善商业业态的合理配比，从全局上控制好公共交通与商业服务之间的比例关系，以满足乘客对于生活服务的需求。

第四层次对文化艺术的需求，决定了地铁文化艺术建设的目标管理，这是地铁公共空间设计的终极目标。在地铁发展较为成熟的城市已实现前三个目标的基础上，文化艺术的需求日益受到重视，业主方也逐渐将这一目标提到日程上来。当然，这一目标的实现需要政府方、业主方、设计方和乘客方的共同努力。其中政府方需发挥政策引导和社会扶持作用，乘客方需发挥建议和监督作用协助业主方和设计方这两个主体建设单位，向这个目标迈进。

从总体上讲，乘客基本需求理论的四个层次，形成了地铁公共空间设计总体目标管理的四个阶段性目标，在城市地铁发展的整个生命周期中，为地铁公共空间设计的发展起到引导和激励的作用。

3.1.3 中国地铁空间设计的历史阶段

中国城市地铁建设的速度惊人，以上海地铁为例，仅20年的高速全面建设便赶上了许多发达国家城市百年建设的地铁网络。此外，北京地铁、深圳地铁、广州地铁等，以及大量正在初期建设中其他城市地铁，都具有这样在短时间周期内全面铺开建设的特征。

正是由于这样短平快的地铁建设周期特征，建设初期的注意力基本全部集中在硬件建设上，包括土建、建筑、装修等环节，满足安全运营、人流运输、快速通过等基本功能。且业主方需要实现地铁安全运营的目标管理以及地铁空间优化的目标管理，因而十分关注地铁建设规模的相关数据，如地铁线路数量、地铁车站数量、地铁建设里程数量等。这一阶段就是"功能地铁"建设阶段。

目前，中国城市地铁的建设基本满足了乘客前两个层次的需求，正向着进一步满足乘客生活服务和文化艺术需求的道路上迈进。

目前中国一线城市如北京、上海、广州、深圳等已经基本完成网络化建设，上海地铁已形成14条线、588公里、364个车站的地铁网络，车站空间能做到宽敞明亮、舒适整洁，同时也能满足乘客的一些生活服务需求。这一特征预示着地铁建设成熟期的到来，当建设速度放缓，此时业主方将目标转移到地铁全方位

业态服务的目标管理和地铁文化艺术建设的目标管理上。如何设计出具有艺术化气息的地铁车站空间？如何增强地铁空间中的文化氛围？如何保留车站空间的历史感？这些都是当下地铁建设考虑的实际问题。可见建设重点开始聚焦在软件建设上，关注地铁形象的塑造、人性化服务、文化艺术氛围的营造等，这一阶段就是"人文地铁"建设阶段。

以上海地铁为例，从1995年1号线通车运营到2010年世博会前夕，基本完成了13条地铁线路的建设，标志着上海地铁功能建设阶段的圆满完成。在世博后阶段，上海地铁的建设重点开始有所转向，更关注运营服务的提高、商业业态的完善、文化艺术的建设。2012年3月，申通地铁董事长应名洪发表了"上海地铁公共空间应更好地传播文化"的观点，引起众多媒体关注，在中国文化大繁荣的政策趋势下，上海地铁开始"从功能地铁向人文地铁迈进"。

当然，地铁未来发展将取决于科技发展带来的"高智能、全自动、信息化、云数据"等元素，科技发展带来的是全方位社会进步，当然也包括城市公共交通体系。未来，地铁发展将进入"信息地铁"建设阶段，英国伦敦地铁已率先推出了信息化管理的"地铁引导系统服务"，并与巴士网络、城际铁路网络共同形成了"城市公交系统的整体网络"，方便乘客换乘，初步形成了地铁引导信息化管理。

表3-1 中国城市地铁空间设计目标管理的两个阶段

地铁建设时期	乘客基本需求理论的四个层次	地铁空间设计的目标管理	地铁建设发展阶段
地铁建设初期	第一层次 公共交通功能的需求	地铁安全运营的目标管理	功能地铁建设阶段
	第二层次 对舒适便捷的需求	地铁空间优化的目标管理	
地铁建设成熟期	第三层次 对生活服务的需求	地铁全方位业态服务的目标管理	人文地铁建设阶段
	第四层次 对文化艺术的需求	地铁文化艺术建设的目标管理	
地铁未来发展	高智能、全自动、全网络信息化管理监控		信息地铁建设阶段

3.2 地铁空间设计的策略

城市文化与地铁视觉形象设计的关系密切。从地域和时间两条线索来看，不同地域文化下孕育出来的地铁形象，以及不同时代审美潮流影响下产生的地铁形象是截然不同的。此外，城市地铁品牌形象设计战略为城市地铁的可持续发展提供了突破口，建议地铁线路文化主题及早确立，有助于从宏观上控制各线视觉形象之间的关系。

3.2.1 城市地域文化与地铁视觉形象的关系

丘吉尔说，"我们塑造了环境，环境又塑造了我们。"[1] 塑造了地面城市的人们，被这个城市的文化特质所影响，从而又塑造了具有相似文化特质的地下城市。

所谓城市文化，也称为都市文化，是市民在长期的生活过程中共同创造的、具有城市特点的文化模式，是城市生活环境、生活方式和生活习俗的总和。[2] 城市形象是城市文化的外显，不同城市之间的文化差异性，形成了城市形象的独特性。不同地域文化孕育不同的地区形象，保护地区文化的多样性不仅是联合国教科文组织的重要使命，也是目前中国面临的重要社会文化议题。

地铁作为现代城市重要的基础设施，深刻影响着城市人们的生存环境和生活方式。因此，地铁车站整体公共空间所展现出来的视觉形象，是地铁影响城市人们生活的可视化界面。伴随着人们日常生活，地铁空间潜移默化地对人们发生着文化传播的作用，成为构成城市文化形象的重要部分。目前中国不仅在地面城市建设上遇到"特色危机"问题，地铁公共空间同样面临这个问题。在高速建设的目标下，地铁采用大工业装修设计，直接造成了不同城市地铁车站之间的高度相似性。

02 瑞典斯德哥尔摩地铁　03 德国慕尼黑地铁　04 法国巴黎地铁　05 美国华盛顿地铁

---

① 李增道编著.环境行为学概论[M].北京：清华大学出版社,1999.
② 刘国光.中外城市知识辞典[M].北京：中国城市出版社,1991.

06~08 巴黎地铁Abbesses站新艺术风格出入口，吉马赫设计

因此，如何体现城市地域文化的独特性，是地铁公共空间设计管理的重要方向。塑造中国不同城市文化背景下的地铁车站空间，形成独特文化气质的地铁视觉形象，对中国城市公共空间的文化发展意义重大。

当然，特色危机问题同样发生在许多亚洲城市地铁中，经验丰富的东京地铁在进行12号线规划设计时就提出，"未来车站的设计也应该保留日本历史特征和这些地区的工业和文化特征"[①]。欧美国家的城市地铁，在区域文化特质的保存方面较为成功，值得借鉴。比如巴黎地铁展现出非凡的创造力和浪漫主义特征，与城市艺术气质十分吻合；伦敦地铁的多元化车站和当代艺术展示方式，与新伦敦城市精神十分协调；斯德哥尔摩地铁的岩洞车站和公共艺术，展现出北欧民族重视环保及社会发展的责任感，塑造了斯德哥尔摩开拓型的城市形象。

3.2.2 不同时代审美对地铁视觉形象的影响

地铁公共空间设计不仅受到地域文化差异的影响，还受到不同时代审美和艺术潮流变化的深刻影响。聚焦拥有百年历史的城市地铁系统，在不同历史时期，其车站的建筑样式及尺度、装修风格及材质、导向及设施等方面，都带有当时社会整体审美潮流的风格特征及审美取向。

作为世界艺术中心的巴黎，其城市建设与艺术思想潮流关系紧密。巴黎地铁系统保留了不同历史时期的地铁车站，在不同艺术潮流影响下，其地铁车站空间展现出鲜明的时代审美观。从巴黎地铁各线路通车年份来看，主要有三种艺术风格的地铁车站。

第一类是新艺术运动风格（Art Nouveau）的地铁车站，包括1900年至1910年前后建设的1号线至7号线。当时巴黎是整个欧洲新艺术运动的中心，在1900年巴

① [美]吉迪恩·S·格兰尼,[日]尾岛俊雄.城市地下空间设计[M].许方,于海漪译.北京：中国建筑工业出版社,2005.

09 巴黎地铁Banche站新艺术风格出入口

10 巴黎地铁古典主义风格出入口导向设施

11 巴黎地铁Franklin D.Roosevelt 站古典主义出入口

12 巴黎地铁Franklin D.Roosevelt站站台

黎国际博览会前后阶段，巴黎地铁建设进入高峰期，其地铁空间设计无疑地受到了强烈的新艺术运动的影响，装饰主义意味浓厚，车站墙面多用陶瓷及马赛克。

当时巴黎地铁的出入口建筑成为新艺术运动的最高成就。建筑师吉马赫（Hector Guimard）运用铸铁工艺，模仿植物藤蔓及海洋生物等装饰手法，共设计了141个地铁出入口，今天保留下来的有86个。其中被称为édicules样式的半敞开式出入口，最具有巴黎风情，今天仅存2个，分别位于2号线西端的王妃门站和蒙马特高地的阿贝斯站。王妃门站采用新艺术风格的橙色花草装饰木质围栏，阿贝斯站采用围栏、导向、照明等一体化设计的全铸铁工艺，两个车站的顶棚都采用模仿海贝的玻璃挡雨板，呈现出细腻优雅的自然主义审美情趣。

第二类是新古典主义风格（Neo-Classical）的地铁

车站，包括1911年至1935年前后建设的8号线至13号线。车站体现出新古典主义的审美特质，车站空间典雅大方，装饰成分减少。其中建筑师贝纳德设计了石头材质的全敞开式地铁出入口，风格承袭了希腊罗马式建筑，气质沉静稳重，分布在巴黎歌剧院、马德琳教堂、香榭丽舍大道等区域。

第三类是现代主义风格的地铁车站，包括20世纪90年代末建设的14号线。车站体现出现代主义设计价值观，抛弃装饰性，重视功能性，材质上多用玻璃和不锈钢等现代材质，并突破性地将光的应用从照明拓展到引导功能等更广泛的领域上，营造出未来感的视觉空间。

在中国城市地铁建设历史中，除了北京地铁1、2号线可以追溯到20世纪60年代末，绝大部分地铁车站都是近20年来建设的，因此在车站公共空间设计风格上较为接近。但是关于地铁车站历史风貌保存的问题，也

13、14 巴黎地铁14号线Pyramides站的未来主义风格

表3-2 巴黎地铁线路通车年份一览（数据来源：维基百科）

线路	通车年份	线路	通车年份
1号线	1900年	7号线支线	1967年
2号线	1900年	8号线	1913年
3号线	1904年	9号线	1922年
3号线支线	1971年	10号线	1923年
4号线	1908年	11号线	1935年
5号线	1906年	12号线	1910年
6号线	1909年	13号线	1911年
7号线	1910年	14号线	1998年

需及早提上日程。巴黎地铁今天多元化的人文形象，应当归功于适当保留各历史时期地铁车站面貌的举措。

因此，重视地铁建设历史中典型车站历史风貌的保存，从整体网络的高度进行特定车站的原生态保护，是城市地铁文化历史建设的重要举措。

3.2.3 城市地铁的品牌形象设计战略

地铁不仅是城市文化的有机组成部分，其视觉形象经过长期有效经营，可以形成独特的品牌形象和文化系统，影响着城市人们的生活。

从国际范围来看，伦敦是最早展开地铁品牌形象设计战略的城市，并长期进行着全方位的视觉形象建设活动，涉及地铁标志、地铁网络图、地铁宣传海报、地铁公共艺术、车站建筑及设施等。如今，伦敦地铁已成为世界城市地铁建设史上的品牌形象，其品牌延伸产品也为伦敦城旅游业的繁荣带来了许多生机。

伦敦地铁品牌建设的关键人物，是伦敦地下铁路公司首席执行长官弗兰克·皮克[1]（Frank Pick，1878~1941年），他在20世纪早中期，将先进的视觉设计管理系统思想及相关政策引入伦敦地铁。值得一提的是，皮克采用全局性设计管理战略，组织调动各个领域的

---

[1] 弗兰克.皮克最初担任英国交通执行长官，1906年调任伦敦地下铁路公司，后成为首席执行长官，同时担任伦敦客运交通委员会首席执行长官和副主席。

设计师和艺术家，采取开明的制度及包容的态度，促进各类地铁视觉设计风格及相关设计活动的发展，因此皮克也被人们称为"把大师装入地铁，将设计带向春天的人"。①

第一，皮克委托爱德华·约翰斯顿对伦敦地铁标志进行设计完善及深入。地铁标志作为地铁品牌形象的核心元素，认知度极高。标志前身是1908年约翰斯顿设计的一个形似圆盘的符号，作为当时伦敦公交总公司的标志，也被称为"牛眼Bulls-eye"或"枪靶Target"。1918年皮克再次委托约翰斯顿对标志进行修改，将原来实心圆盘改为圆环，在中央蓝色色条中标出"UNDERGROUND地铁"，当运用于每个车站时，则使用该站站名，并采用简洁明确的无衬线字体"铁路体"，该标志于1920年正式投入车站使用。经过近一百年的经营，伦敦地铁的"红环蓝杠"标志已成为英国的象征，标志结合了车轮和站点符号的视觉特征，在车站的内部空间和外部空间中以系统化传播方式不断出现，获得了巨大的形象认同感。

第二，皮克聘用爱德华·麦克奈特·科夫（Edward McKnight Kauffer），为伦敦地铁前后共设计了141张地铁形象宣传海报，成功地建立起伦敦地铁所承载的城市特质和文化印象。在这期间，很多艺术家和设计师被邀请参与伦敦地铁形象设计中来，其中包括雕塑家亨利·摩尔（Henry Moore）和包豪斯创始人格罗比乌斯（Walter Gropius），伦敦地铁在当时形成了各视觉领域的全面合作状态，这对于伦敦地铁形象建设和城市文化的宣传具有极大推动作用。更重要的是皮克与建筑师查尔斯·霍尔顿紧密合作，形成了"植根于古典主义传统的现代建筑"，"霍尔顿的风格与特定的英国式的现代性相一致，敏感、谨慎、适度。"② 建筑师的职责范围也被拓展到车站细部设计，形成了伦敦地铁车站建筑的独特风格。

第三，皮克聘用亨利·贝克（Henry Beck）设计并绘制了伦敦地铁线路图，开创了现代公共交通信息设计的版图。1931年版的线路图在公共信息组织方面采取了三个变革措施：（1）贝克将每条地铁线路采用一

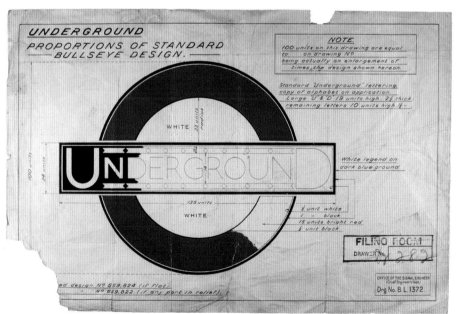

15

15 伦敦地铁标志设计手绘图稿

① 李海平.1933年伦敦地铁系统交通图的诞生及其版面形式[D].杭州：中国美术学院,2008.
② [英]肯尼斯·鲍威尔著.伦敦地铁——银禧延长线[M].北京：中国建筑工业出版社,2008.

16

17

18

19

20

16 伦敦地铁户外标志

17 伦敦地铁站名标志

18、19、20 伦敦地铁标志设计及应用，伦敦交通博物馆

种鲜明的色彩作为标志识别色，这个创新很大程度上方便了乘客查找和识别线路。（2）贝克在图形上做了很大的创新，将原来曲折无规律的真实线路走向简化成直线，采用水平、垂直、45度倾斜的直线来进行表达。（3）贝克借鉴了拓扑学①的思维方式，并没有要求严格按照线路的真实长短比例来绘制，只重视线路走向和交叉位置，抽象的站点关系构成了现代地铁线路图的核心信息，这是从传统地图跨出的重要一步。伦敦地铁线路图的设计影响了整个地铁行业的信息图设计，当然地铁信息图设计也是地铁品牌形象的重要环节。

伦敦地铁的品牌形象设计战略是卓有成效的，在今天伦敦地铁还是世界上最大规模的地铁艺术展览及艺术活动的策源地，此外伦敦地铁标志及线路图等相关地铁符号被印制在各种地铁纪念品上，可以说，"伦敦地铁的品牌形象已提升为城市形象乃至英国人文历史的代表与象征"。②

目前中国城市地铁在全面推进硬件设计的同时，如何同步展开软件建设，对城市未来发展和地铁的可持续发展具有重要意义。城市地铁品牌形象设计战略，是地铁公共空间设计管理的重要内容之一，也是中国城市地铁文化建设的重要任务。

3.2.4 中国地铁的线路文化主题战略

站在地铁网络的高度来看，线路是构成网络交通运行的基本单位。地铁车辆在同一条线路上来回运行，通过线路交叉点实现线路之间的流通，体现了网络四通八达的功能。线路之间的差异性与个性营造，是地铁网络建设的重要环节。

强调线路概念的车站公共空间设计思想，结合城市地域文化特色的概念，形成了线路文化主题战略，目前在中国地铁建设中较为普遍。

确立线路文化主题的依据，包括四方面因素，分别是线路车站的地域特征、线路乘客分析、线路标志色、线路在地铁网络中承担的功能角色。比如上海地铁6号

线的文化主题是"海上霞光"，其确立依据包括：（1）从上海城市地图上看，6号线是唯一一条全线位于浦东的地铁线路，平行于海岸线，从地理位置上看是整个网络中最先照射到太阳的线路，因此迎接着海上第一缕霞光；（2）6号线的线路色彩是品红色，从海上日出的霞光色系来看，品红色是霞光色的主体色彩；（3）6号线的乘客大多是浦东上班族，是充满活力的新上海人安居乐业的地方，日出霞光象征着希望和朝气，与线路地域人文特点相吻合。以此作为6号线文化主题的确立依据。

当然，确立线路文化主题需要依靠社会多方力量，是在进行系统客观地线路实地考察和调研分析的基础上，经过一系列评审和决策机制的流程后确立起来的。2007年在编制《上海轨道交通视觉形象指导规范手册》的过程中，上海大学美术学院经过一系列考察调研以及专家评审和业主决策的流程后，正式为上海地铁基本网络的13条线路分别确立了文化主题，目的是为了更好地指导地铁空间视觉形象建设。13条线路的文化主题，构成了一首上海地铁网络形象的诗歌，形成了上海地铁整体网络的形象，这为世博前上海地铁的全面建设打下了坚实的战略基础，取得了较好的建设成果和社会反响。

北京地铁同样采用线路文化主题的战略方式，例如北京地铁10号线采用都市主题进行设计，一期为"都市前沿"，二期为"都市绽放"。由于10号线沿线大部分是新城区，贯穿了中关村科技园区、CBD商务区、奥体公园、燕莎商圈等新兴商务区，乘客对象主要是高学历、高素质、国际性、充满活力的中青年白领以及在北京生活工作的外籍人士，因此10号线的文化主题采用都市概念是相当贴切的。

线路文化主题应当及早确立，有助于从宏观上确立各线视觉风格之间的关系，这对构建地铁网络视觉形象相当重要。目前中国正在筹备或正在建设的城市地铁数量众多，在地铁线路规划阶段，就导入文化主题战略是相当有必要的。值得借鉴的是，重庆地铁在筹备阶段就确立了未来10条地铁线路的文化主题，为地铁文化建设提供了系统的规划。

---

① 拓扑学，近代发展起来的数学分支。
② 娄文冰.城市地铁品牌识别的整合传播设计与人文价值积淀——从伦敦到东京、香港[J].装饰,2012.

表3-3 上海地铁线路文化主题规划一览（信息来源：《上海轨道交通视觉形象指导规范手册》2008年）

线路	线路色	线路文化主题	线路地域特色	线路空间设计意境
1号线	大红色	南来北往	南北纵贯市中心	
2号线	浅绿色	东行西进	东西横贯市中心，连接两大机场	绿野清风
3号线	黄色	明珠生风	市区西面南北走向，为轻轨站，又名明珠线	璀璨迅捷
4号线	深紫色	四通八达	一条环线，串联各线，通达南北东西	通达祥和
5号线	紫色	紫气凌云	市郊西南方向，为轻轨站	浪漫轻盈
6号线	品红色	海上霞光	全线位于浦东，平行于海岸线	明快洗练
7号线	橙黄色	金橙秋实	通过市中心商业圈和生活圈，穿越世博主会场	辉煌收获
8号线	蓝色	蔚蓝畅想	南北纵贯市中心	舒展气象与轻松活力
9号线	浅蓝色	古道时速	东南走向，线路车站从古镇到现代新城交替出现	历史与现代的时空转换
10号线	浅紫色	申江年华	途径区域的城市人文底蕴丰厚	怀旧与时尚
11号线	深红色	斜阳映红	西北至东南走向	华美温润
12号线	深绿色	翠染春华	西南至东北走向	欣欣向荣
13号线	浅品色	桃红柳绿	途径区域充满城市活力	雅致飘逸

表3-4 重庆地铁线路文化主题规划一览

线路	规划线路文化定位	规划线路文化特色
1号线	人文风情线	展现重庆人文风情
2号线	巴蜀文化线	展现重庆悠久的历史文化
3号线	寻常百姓线	展现重庆市井百态，真善美和健礼
4号线	友好城市线	展现开放的重庆、友好的重庆
5号线	印象重庆线	展现重庆经典的城市形象
6号线	巴蜀山水线	展现重庆秀美山水
7号线	群英荟萃线	展现具有代表性的历史事件和英雄人物
8号线	古镇映辉线	展现重庆古镇形象
9号线	民间文化线	展项重庆非物质文化遗产
环线	重庆记忆线	展现老重庆的历史沉淀

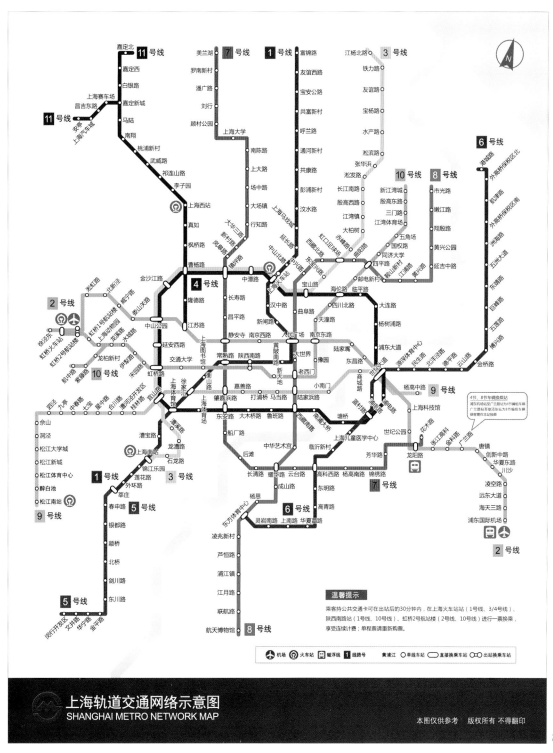

21 上海轨道交通网络示意图 2010版

CHAPTER 4 →

第四章　地铁车站建筑设计

地铁车站的建筑设计，决定整个车站空间的尺度规模和基本形制，也是车站内部功能布局和人流引导的基础，对车站整体空间感受具有决定性意义。不同时期的车站建筑，反映了当时的技术发展和对交通运能的判断，更需要有前瞻性的考虑，为地铁百年发展做空间规划。

第四章 地铁车站建筑设计

4.1 地铁车站建筑规模设计

地铁车站的规模，主要指车站建筑面积及实际面积的大小，以及车站容纳的客流量及列车停靠的轨道数量。与乘客相关的车站规模，主要是指车站长度、站厅宽度、站台宽度、楼梯宽度等指标。

4.1.1 地铁车站规模设计的决算

由于地下空间建筑具有不可逆的特性，车站规模与建筑主体结构直接相关，一旦建成则基本无法改变。加上地铁使用年限基本要求百年以上，因此，在车站规模设计敲定之前，需要对地铁目前及未来客流量做好准确预测，充分考虑地铁未来百年运营的发展需求。而影响客流量的要素包括城市规模的扩大、城市人口的增加、车站密度的提高、其他公共交通设施的变动等。

早期建造的地铁车站规模一般较小，随着城市发展过程中的人口暴增，往往显得狭小压抑、拥挤不堪。伦敦地铁大都市线（帕丁顿至法灵顿）。在1863年建成之后，伦敦地铁人流量就达到900万人次，由于设计时没有正确预测人流量，造成后期无法负担。伦敦地铁建设此后吸取经验，相应扩大了车站规模，但是仍然没有充分预估到未来庞大的人流增长量。因此，在20世纪

上半叶建设的伦敦地铁车站规模都偏小，且通道结构复杂，犹如地下迷宫，容易引发幽闭恐惧症。伦敦地铁公司董事长丹尼斯·滕尼克利夫评价道，"大多数旧车站的问题出于它们的基础箱体过于狭小。"[1]

1987年，伦敦国王十字圣潘克拉斯站的火灾使31名乘客丧生，人们开始意识到在紧急疏散时，狭小车站空间特别是楼梯和通道，在一定程度上加剧了疏散的困难，间接导致了火灾惨重的伤亡人数。火灾事件后，伦敦新建地铁的车站规模开始明显增大，比如北线的天使站开始采用大尺度宽阔空间，还增设了地下广场空间用于人流集散。2000年通车的朱比利延伸线，其11座车站拥有极为高敞宽阔的车站空间，总建筑师罗兰·鲍莱蒂（Roland Paoletti）说，"我们的车站足够大，能够满足未来100年伦敦人的需要。"[1] 加纳利码头站的车站规模设计依据是，预计每天高峰时段内将有5万人次旅客由此通过，其充分考虑了车站未来可持续发展的需求。

中国人口增长和城市化问题，关系到未来城市地铁客流量的准确预测。北京与上海的常住人口都已突破2000万，超大客流导致地铁负重累累。2012年上海地铁一季度日客流量578万人次，单日客流2016年5次超过700万人次。在上下班高峰运营时段，特别是换乘站和枢纽站中，超大客流与车站规模之间的不匹配

---

① [英]肯尼斯·鲍威尔著.伦敦地铁——银禧延长线[M].北京：中国建筑工业出版社,2008.

存在着种种安全隐患。虽然城市地铁线路不断增多，能分流部分乘客，但从总体上说，客流增长趋势仍是必然的。因此，国内地铁建设需要广泛吸取国际上地铁发展的经验，在车站规模设计上充分做好未来地铁百年运营的基本需求，创造一个宽敞舒适的地铁车站空间。

4.1.2 地铁车站层高设计的权衡

在车站面积限定的前提下，车站层高的设计受到两方面的限制。以人为尺度来看，车站层高过低会令人感到压抑；但是层高越高，投资就越大。综合考量空间效果和经济投资之间的关系，根据时代需求设定一个相对合理的车站层高，是值得探讨的问题。

中国地铁车站多为矩形箱式结构，通常情况下，减去天顶管线等设备空间高度，站厅、站台和通道的净高为3米左右。除了北京地铁早期建设的车站出现过高达10米的站台中庭式空间以外，其他城市地铁都严格按照这个高度设计。

中国地铁的层高设计规定如此严格，主要是为了控制造价。"埋在土层中的地铁车站，侧墙要承受相当大的水平荷载，层高越大意味着墙板的跨度越大，结构工程量、造价和工期都会随之相应增加，此外层高还涉及空调等运营成本的控制问题。"[1]　因此，加大车站层高必然带来加大站体的埋置深度，从而加大建造成本。一般情况下，中国地铁建设通常采用限额设计

的投资管理方式，控制车站层高能有效地控制车站经济建设成本。"我国的城市地铁造价平均每公里为6亿~7亿人民币，即平均每米的建设费用为60万~70万人民币，其中车站土建造价约占总投资的13%，因此车站建筑设计在满足功能的前提下，应尽量压缩车站的长度及控制车站的埋深。"[2]

在《建筑设计资料集》中，专家建议地铁车站"平面和空间布局应紧凑合理，在满足功能的前提下，降低空间高度，节省空调费用。站台站厅净高一般为3米左右。"从日常使用的基本功能及人体工程学来看，3米的层高完全可以满足地铁车站人流的一般行为需要。但是从公共空间设计的视觉角度来讲，层高越高，空间越显得敞亮，地下空间的压抑感和拥挤感越能得到缓解，车站装修设计也能有更大的创意空间。例如：2008年通车的北京奥运支线，在车站空间设计上取得了良好的视觉效果，其重要原因之一就是车站平均净高达到了3.6米左右，高于中国城市地铁的大部分车站。此外，站台等候区宽度从一般车站的12米扩大到了14~16米，为塑造赋有创意的车站公共空间提供了很好的空间基础。"奥运支线高大的建筑空间是室内创作的源泉，有了空间，有了高度，才有设计发挥的余地。"[3]

从一定程度上说，在地铁大量人流运营状态下，中国地铁3米标准层高显得过于局促，同时限制了车站空间设计的发挥。因此，辩证地考虑车站空间高度与经济投资之间的关系，在当前中国新线建设时适当放宽投

01

02

01 上海地铁高峰时段的客流情况

02 北京地铁高峰时段的客流情况

① 罗玲玲,吴向阳,程皖宁.深圳地铁车站空间高度最优设计研究[J].地下空间与工程学报,2011,3.
② 庄荣.城市地铁车站设计[J].时代建筑,2000,4.
③ 叶宁.北京地铁奥运支线空间设计[J].世界建筑,2008,8.

资限额，提高车站层高，在满足地铁运营的基本功能的基础之上建设舒适宽敞的人性化车站空间，是当下国内地铁建设中不可忽视的一点。

4.1.3 提高车站视觉层高的方式探讨

中国地铁车站在建筑完工时，从地面到结构顶板的高度基本都在4米以上，有时竟达到8米，但是经过管线布局并装修吊顶后，通常净高只有3米左右。因此，优化管线布局，达成地铁各专业系统的相互配合，压缩从结构顶板到装修吊顶之间的设备管线高度，就能争取到更大的车站净高。即使在车站规模和层高限定的前提下，通过部分建筑空间结构的优化设计，也能在视觉上做到提升空间高度的效果。具体详见以下三种方法：

第一种方法，将站厅与站台的局部空间连为一体，形成中庭，将无障碍电梯作为垂直方向的流动景观。这种车站结构使乘客能从站厅俯瞰站台，也能从站台观望站厅，使原本两个分离的扁平空间形成局部连接，提升空间高度上的开阔感。国外地铁车站中不乏这样的案例。

第二种方法，提升车站局部净高。在一个双层三跨式标准车站中，将主管道排列至左右两跨，尽量提高中跨的净高，形成高低错落的层高效果。此外还可以通过局部下挖地面，来取得更高的空间层高，增添公共空间的视觉丰富性。

第三种方法，将设备管线进行梳理，赋予其秩序和美感，采用裸露吊顶方案，或半敞开式吊顶方案，从视觉上提升空间高度。

4.2 地铁车站建筑形制设计

地铁车站建筑形制是指地下建筑由于施工方式和设计理念等因素，决定的车站基本建筑结构。

4.2.1 地铁车站建筑的基本形制

地铁车站的土建结构主要分为"明挖式"和"暗挖式"，这两种隧道施工方法形成了车站公共空间的两种基本形制。

明挖式车站的基本站体为矩形箱体结构，以平顶为主，中间采用立柱承重，站体与地面由通道连接，有时候被形象地称之为"火柴盒结构"，具有理性的秩序特征。"这类车站的施工基本采用地下连续墙，大开挖的现浇钢筋混凝土结构，施工时对周边的环境影响较大，土方量也大。"[1]

暗挖式车站的基本站体为圆形或椭圆形隧道式结构，以拱顶为主，侧墙与天顶连为一体，侧墙一般也为弧形，中间没有立柱遮挡视线，在视觉上有开阔自由、流畅舒展之感。一般情况下，车站装修时都会尽量保持土建原断面的空间特征。"这类车站的施工基本采用盾构掘进的施工方式，土方量较少，对周边环境影响较小，但是带来的技术要求更高，需要更大的盾构掘进机械。"[1]

在《城市地下空间设计》中，格兰尼将地铁两种建造形式描述为箱形和圆形，"通常来说，对采用开挖建造时，箱形是最实用的。采用盾构施工法时，圆形是较好的。"[2]

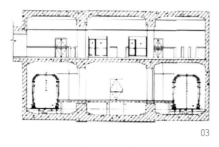

03 明挖式车站剖面图

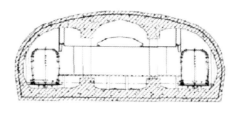

04 暗挖式车站剖面图

① 庄荣.城市地铁车站设计[J].时代建筑,2000,4.
② [美]吉迪恩·S·格兰尼,[日]尾岛俊雄.城市地下空间设计[M].许方,于海漪译.北京：中国建筑工业出版社,2005.

中国及亚洲的城市地铁绝大部分车站采用明挖式，只有极少数车站采用暗挖式，比如：北京地铁10号线的金台夕照站和国贸站，采用暗挖式结构，为车站提供了大曲面空间，显得格外与众不同。[①] 此外，北京地铁5号线的16座地下车站中，有4座车站采用暗挖法施工，另有5座车站采用明暗挖结合的方法实施。[②]

在欧洲城市的地铁中，暗挖式更为普遍。其中较有代表性的是巴黎地铁和伦敦地铁，圆形或椭圆形隧道式结构一般出现在站台，隧道式结构创造了一种独特的地铁建筑空间语言，区别于其他建筑内部公共空间特征。伦敦地铁与巴黎地铁建设百年以来，始终采用暗挖法施工，形成独特的隧道式站台结构，包括最新建成的巴黎地铁14号线以及伦敦地铁朱比利延伸线。

相比之下，明挖车站多为三跨两柱的空间形式，柱体是不可或缺的承重结构，柱阵在一定程度上阻挡了乘客视线，空间感较小。暗挖车站没有柱体，由圆弧顶形成承重结构，空间通透开阔。由此可见，地铁车站建筑的基本形制，决定了车站公共空间的整体氛围，对公共空间的装修设计及最终视觉效果，具有决定性意义。除了以上两种目前国际上较为普遍的车站形制以外，东欧国家还存在着一种特殊的地铁建筑形制，即"端厅式车站建筑"。在端厅式车站建筑中，车站中部是站台，两端是小型站厅和设备用房，人流从车站两侧进出，站台中庭式空间相当高敞，并具有疏散线路顺畅、站台空间开阔的优势。中国最早建设的北京地铁1、2号线，就采用了端厅式车站，原因是20世纪五六十年代，中国的地铁建设是在学习苏联建筑技术的基础上起步的。与双层三跨式标准车站相比，端厅式车站人流组织更为简单，乘客在站厅行径路程较短，交叉人流情况较少，空间紧凑。但是中国早期建设的端厅式车站站厅太小，无法适应自动售票系统引入之后人们对站厅空间的需求。

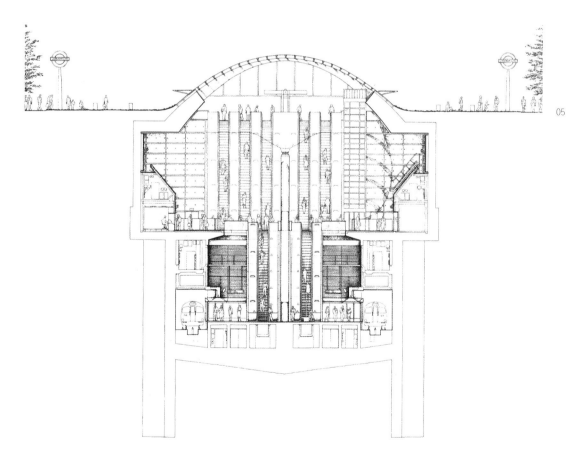

05

05 伦敦地铁朱比利延伸线加纳利码头站建结构筑剖面图

① 汪晓蓉.浅析近期法国、英国地铁车站装修[J].现代隧道技术,2008,1.
② 杨秀仁.北京地铁五号线地下车站暗挖工法综述.中国城市轨道交通网,2004.

06~10 伦敦地铁朱比利延伸线Westminter站内部建筑结构

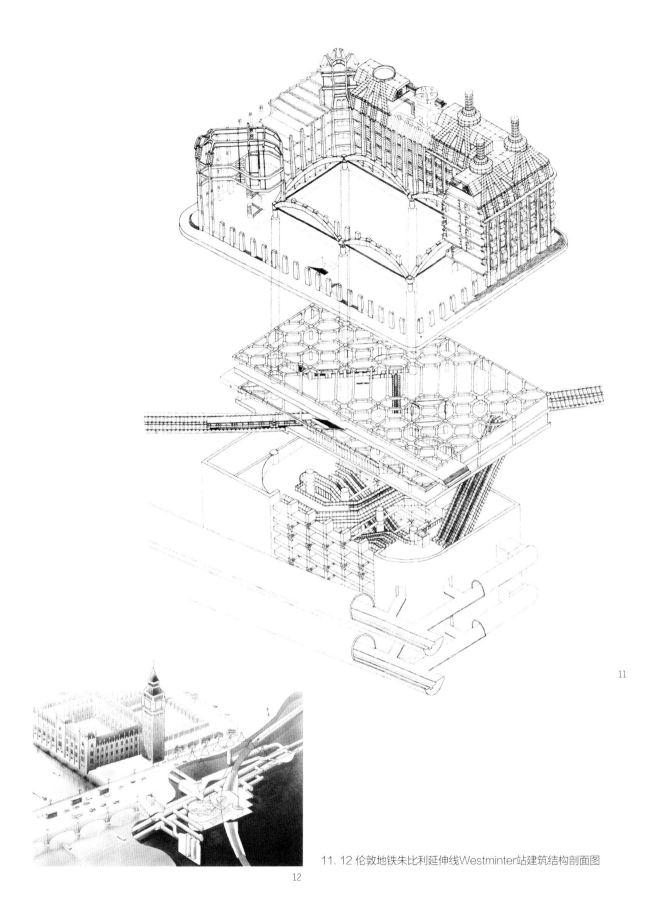

11

12

11、12 伦敦地铁朱比利延伸线Westminter站建筑结构剖面图

13

14

15

13~15 暗挖式地铁车站的圆形及椭圆形隧道式结构站台建筑空间
13 伦敦地铁　　14 巴黎地铁　　15 华盛顿地铁

16~18 明挖式地铁车站的矩形箱体结构站台建筑空间
16 纽约地铁　　17 维也纳地铁　　18 上海地铁

4.2.2 中国地铁标准站建筑形制

中国地铁车站建筑绝大部分采用明挖式箱式结构车站，即所谓的"双层三跨式"车站。这一车站形体最初是从东京地铁和香港地铁的建筑形制借鉴而来，体现了亚洲实用主义的地铁建筑理念。车站分为上、下两层，上层为站厅层，提供售检票及客流疏散等功能，下层为站台层，提供乘客候车及列车停靠等功能，车站从剖面空间上看有两排列柱。

中国选择双层三跨式车站作为标准车站的原因有两个：第一，这类车站形制简洁大方，功能性强，空间形态认知度高；第二，这类车站投资成本较低，在中国目前快速发展城市轨道交通的政策目标下，更适合现代批量式设计和施工，方便设计施工管理，适合短时期大规模建设。在上海2010年世博会前夕的地铁大建设时期，上海地铁顺利建成了8条线路的116个这类形制的标准车站。

同时，双层三跨式标准车站也有其不可忽视的缺陷，比如箱体式结构过于理性，柱体阻挡视线等。与欧洲地铁圆形及椭圆形隧道式结构相比，不免缺少了公共空间柔和的一面。加上目前大规模复制建设，地铁建筑空间在中国形成了千篇一律、千城一面的趋势。

4.2.3 中国地铁标准站内部功能布局

中国地铁标准车站包括双层岛式车站和双层侧式车站两种类型，其中双层岛式车站应用更为普遍。从乘客角度来看，岛式站台乘客在中间候车，列车在两侧运行，便于乘客在站台上互换不同方向的车辆；而侧式站台则是列车在中间运行，乘客在两侧候车，乘客一旦走错列车行驶方向的站台，则必须通过一系列通道和站厅等空间，才能走到另一侧站台空间。从经济型角度来看，侧式站台轨道布置集中，有利于缩小地下工程，节约投资。[1]

以地下双层岛式标准车站为例，地铁车站根据功能可划分为公共区、设备及管理用房区、轨行区三个基本部分。

车站公共区是指对所有乘客开放的空间，主要包括站厅层、站台层、通道、出入口。其中站厅层功能结构较为复杂，又分为付费区和非付费区，两区之间用栏杆分隔。公共区的设计要点有：设置足够数量和宽度的楼梯和自动扶梯，以及足够数量的自动售票机和闸机设备；公共面积应适应人流数量，避免堵塞拥挤；形成有序、高效的人流，避免交叉碰撞，满足正常情况下和紧急状态下的流动疏散；重视售票机、闸机、楼梯及自动扶梯之间的位置关系，以形成简单快捷的人流路径；尽量压缩站厅付费区的面积，以扩大非付费区面积等。

设备及管理用房区，是指提供地铁车站设备及运营管理的区域，不对乘客开放，主要包括环控机房、站控室、站长室等。空间应当紧凑合理，一般分布在站厅和站台两端，以使公共区域布局集中。轨行区是指站台中地铁列车停靠的区域，中国地铁一般采用屏蔽门分隔，以防止事故发生，降低空调损耗。

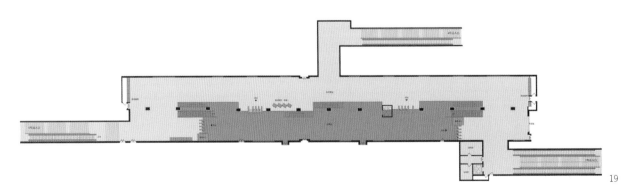

19

19 上海地铁2号线张江高科站站厅公共区平面图（深色区域为收费区，浅色区域为非收费区）

---

① 庄荣.城市地铁车站设计[J].时代建筑,2000,4.

20、21 上海地铁2号线东延伸线
　　　川沙站内部空间
22、23 上海地铁11号线
　　　上海西站内部空间

4.2.4 地铁出入口建筑设计

地铁出入口是与地面城市衔接的重要战略性节点，出入口布局以充分吸纳地面人流和发挥地铁功效为目标。一般设置于道路交叉口的车站，且均匀布局在路口的四个角，以方便乘客进出。

根据与地面的位置关系，可以将车站出入口分为直接暴露在城市地面的出入口和与地面建筑物相连的出入口。暴露式出入口位置清晰明了，方便乘客寻找，根据其建筑形制，又可以分为无盖出入口和有盖出入口两种样式。而与建筑物相连的出入口，适用于车站位置上方已有建成建筑物的情况，通过与建筑物地下空间的合理对接，也能很大程度上方便乘客在地面与地下城市之间的转换。

根据地铁出入口建筑本身特征，又可以将之分为无盖出入口和有盖出入口。

无盖出入口也叫做全开放出入口，在早期的欧洲地铁和美国地铁中运用较为广泛，比如巴黎地铁、纽约地铁等大部分早期建设的地铁线路都采用了经典的无盖样式。无盖出入口在防洪、防水、节能等方面都有所欠缺，乘客进站过程也较为局促，但是乘客进入其中往往产生潜入地下的心理感受，强调了地面与地下之间的空间感受。

有盖出入口也叫做半开放出入口，在亚洲城市地铁中较为普遍。中国一般采用有盖出入口居多，香港地铁的出入口就十分具有代表性。有盖式出入口建筑为乘客进入地下城市提供了一个过渡空间，使之心理较为缓和舒适，并具有防雨、防风的特性。

近年来国际上新建的地铁大多为有盖式样，其中建筑师福斯特设计的全玻璃出入口建筑最为典型，这种出入口通过玻璃折射最大限度地引入地面采光，节能环保、造型轻盈。例如：西班牙毕尔巴鄂地铁出入口，如同一条玻璃管道从地面潜入地下；2000年通车的伦敦地铁朱比利延伸线的加纳利码头站以及1998年通车的巴黎地铁14号线的圣拉扎尔站，都采用了经典的玻璃球体造型。

当然，出入口建筑的体量与城市街道体量是相匹配的，较为典型的是日本地铁的小体量出入口。东京和大阪的地铁出入口建筑占地面积相当小，接近报亭宽度，楼梯最窄区域只有1.5米左右，但是胜在出入口数量众多，与地面城市道路的各个方位相连接，当然这与日本地铁防灾要求有关，方便乘客紧急疏散。[1]这种便捷的出入方式对于当前中国地铁出入口的建筑设计来说，是相当具有借鉴意义的。

24

---

① 曲淑玲.日本地下空间的利用对我国地铁建设的启示[J].都市快轨交通,2008.

24 巴黎地铁4号线Cite站新艺术运动风格出入口

25 东京地铁银座站的有盖式出入口

26 香港地铁旺角站的有盖式出入口

27、28 伦敦地铁无盖式出入口

29 纽约地铁与建筑相连的Times Square-42 Street站出入口

30 伦敦地铁与建筑相连的St. James's站出入口

31

32

33

34

35

36

37

38

39

31 维也纳地铁Herrengasse站出入口

32 柏林地铁U-Bahn出入口

33 柏林地铁S-Bahn出入口

34 巴黎地铁2号线Porte Dauphine站新艺术运动风格出入口

35、36、37 波士顿地铁MBTA出入口

38 蒙特利尔地铁出入口

39 苏格兰格拉斯哥地铁出入口

40~49 纽约地铁出入口
40、44、45 Wall Street站
41、42、46 Bleecker Street站
47 51 Street站
43 Chambers Street站
48 47~50 Sts Rockefeller Center站
49 34 Street-Herald站

4.2.5 高架及地面车站建筑设计

由于高架及地面车站建设投资较低，因此在城市远郊地区地面空间充足的条件下，政府往往选择接近民用建筑的高架及地面车站，而放弃投资较大的地下车站。例如，北京地铁13号线和八通线、上海地铁3号线和5号线就是高架车站线路的典型代表，还有一大部分地铁线路在市区采用地下车站形式，而在市郊则采用高架及地面车站形式。

高架车站一般建于路中或路侧，需要考虑与已有的城市高架道路的空间关系。高架车站建筑一般为2层或3层，最高一层为站台，站厅居于站台下一层；地面车站建筑较为灵活，通常一层为站台，二层为站厅或过道。此外，车站内部功能布局与地下站相对比较接近。

高架及地面站与地下站最大的不同在于采光条件：地下站无采光，空间封闭；高架站采光良好，空间通透，白天能充分利用自然采光，夜晚采用人工照明，这也是内部空间设计需要考虑的要素。

由于高架及地面车站建筑属于城市环境的一部分，因此车站建筑外立面的设计尤为重要。比如北京地铁八通线北苑站就采用了独特的仿山体岩面的效果，层面巍峨起伏，十分壮观；上海地铁8号线南二期高架车站，在建筑材质上有所突破，采用清水混凝土作为建筑外立面材质，结合璃幕墙的通透感，形成视觉上的对比，既起到巩固结构的作用，又达到朴素的装饰效果。[1] 国外地铁在高架站外观设计上更为大胆，其中阿联酋迪拜的地铁高架站采用金属仿生壳状结构，其站体侧立面与顶棚自成一体，将金色铝板作为装饰性材料，充分展现出未来的时代气息。[2] 此外，高架及地面站建筑顶棚也是建筑外形的重要设计要素，中国地铁目前流行使用膜结构（Membrane），因其具有良好的透光性、自洁性、防火性、隔热性等特征，且施工速度快、结构轻巧优美、适合大跨度空间，因而成为当代地铁设计师首选的顶棚设计方案。比如，上海地铁6号线、2号线东延伸线、8号线南二期等都采用了结构优美的膜结构，其造型各异，为建筑师提供了很大的创意空间。

50

51

50 巴黎地铁5号线Gare d'Austerlitz站（高架站，玻璃和钢材结构）
51 大阪地铁JR线Universal City站（地面站，膜结构顶棚）
52 慕尼黑地铁U6线Frottmaning站（地面站，膜结构顶棚）
53 上海地铁8号线江月路站（高架站，膜结构顶棚，清水混凝土车站建筑）
54 维也纳地铁U1线Alte Donau站（高架站，模数化板材立面）

① 方迎利.上海轨道交通8号线南二期高架车站设计[J].建设科技,2010,14.
② 贾凡,阙孜.迪拜的地铁系统[J].都市快轨交通,2010,2.

52

53

54

4.2.6 换乘车站建筑设计

"换乘"是地铁乘客出行常见的行为方式，"据调查，市民出行乘坐公共交通约有一半以上的人，要通过两条或两条以上的公共交通线路，才能到达目的地。也就是说，通常乘坐公共交通出行人数的50%以上，至少要通过一次公共交通线路的换乘。"[①] 而换乘站则是换乘过程中必不可少的环节，因此，换乘站在地铁网络及地铁空间设计中均担任着重要的角色。

所谓换乘站，是指可提供乘客搭乘两条或两条以上线路的地铁车站，是轨道交通的专有名词。例如当A和B两条地铁线路发生交叉时，产生了换乘站C，乘客如果需要从线路A的D站出发抵达线路B的E站，就必须经过换乘站C，实现从线路A车厢进入线路B车厢的过程。

当城市地铁形成网络后，换乘站数量将呈几何级增加，目前上海地铁已形成"四纵三横一环多射线"的地铁网络格局。据国家发改委及上海市交通运输和港口管理局相关义件估测，至2020年，上海将拥有4个四线换乘站、18个三线换乘站以及79个二线换乘站。

第一种为通道换乘站，是在两条线路的车站站体结构完全脱离的空间情况下，采用通道将两个站厅连接起来的换乘空间设计。这种换乘站的特征是：前期车站预留工程少，后期线路位置调节灵活性大。因而，对两个不同时间段建设的车站是极其有利的，但设计时要注意不能将通道距离设置过长，否则会导致换乘路径过长。

第二种为站厅换乘站，是指两个不同线路的车站在相互连接的过程中所产生的共用站厅空间，当然两条线路具有各自的站台空间。因此乘客必须从线路A的站台经过楼梯或电梯到达换乘站厅，然后经过另一部分楼梯或电梯，到达线路B的站台，实现换乘。这种换乘方式对站厅与站台之间的楼梯或自动扶梯要求较高，只有保证充足的数量和空间，才能防止换乘人流的间歇性拥堵。此外，根据线路车站的交叉形态又可以将站厅换乘站分为"十"字形、"T"字形和"L"字形三种类型。

第三种为站台换乘站，在站台换乘站中，两条线路的站台直接相连，乘客只需经过较短的路径就可实现换乘。相比前两种换乘站中的换乘方式，站台换乘路程最短，是最便捷的换乘方式。此外，根据两个车站的埋深和相互位置，还可将之分为并列站台换乘站和垂直站台换乘站。并列站台换乘是指两个车站处于同样埋深，行径路线是通过平行实现交叉的，乘客从线路A的车辆下车至站台后，直接步行到对面线路B的站台乘坐车辆，中途无需转换楼梯而实现站台换乘，比如香港的旺角站和金钟站。垂直站台换乘站是指两个车站处于不同埋深，行径路线是通过不同深度实现交叉

55 上海地铁徐家汇换乘通道（1号线和9号线之间）

55

① 蒋永康.城市轨道交通换乘方式探讨[J].铁道勘测与设计,2004,1.
② 顾伟华.上海轨道交通网络化建设与地下空间的开发利用[J].民防苑,2006.

的，乘客必须从线路A的站台通过楼梯、自动扶梯或垂直电梯，到达另一楼层的线路B站台，实现换乘，比如上海陆家浜路站、西藏南路站。由于站台换乘对于两条线路的位置和预留空间要求较高，这要求先后建设的两条线路都要有足够的设计深度，避免先建线路预留工程不合理带来的问题。

第四种为同站台换乘站，是同一个车站行驶两条不同线路车辆的特殊情况，在此站中乘客无需更换站台即可实现换乘，比如上海地铁3、4号线从宝山路站到虹桥路站之间的车站都属于同站台换乘站。

第五种为出站换乘站，此类站台需要乘客离开付费区，走到地面上实现换乘。这种站台中的换乘方式会带来站内外人流交织、步行距离长等不便因素，是极不合理的。比如，在北京地铁东直门站和西直门站换乘13号线时，不仅要走一段相当长的通道来到地面，还要在地面行走一段距离，十分不便。实际上这也是网络规划不完善造成的后遗症，或者是地铁网络建设阶段中的临时运营情况。因此，在进行换乘空间设计时，应当尽量避免这种换乘方式。

此外，在地铁网络中，还有一种由三条或三条以上线路相交形成的大型换乘站，称为地铁枢纽站。"枢纽站"一词最早来源于铁路系统，是公共交通网络中横向沟通的重要方式。"上海地铁经历了单线建设、二线的换乘通道长距离换乘、三线及三线以上的立体换乘、多条地铁线路与铁路等多种交通方式的换乘，共同形成城市大型综合交通枢纽的发展历程。"[2]比如，世纪大道站的"卅"字形布局形成四线三层换乘空间、人民广场站三角形的大型换乘空间等。由于枢纽站空间线路交叉的空间关系各不相同，建筑结构复杂，枢纽站适合作为独立的设计项目进行发包设计管理。

总体来说，确定换乘车站形式设计原则有三点：一是根据线路交叉情况和车站位置，来确定换乘车站的合理布局形式；二是在换乘空间设计上，尽量缩短乘客行走距离和换乘时间；三是由于换乘站上两条线建设时间不同，先建线路车站应当充分考虑并预留换乘空间条件。相较后期的导向设计，前期的换乘空间设计尤为重要。优质的换乘空间本身就应具有引导性，空间设计简单清晰、一目了然，具有良好的导向作用。

表4-1 上海地铁网络2020年规划换乘站一览

相交线路	换乘车站
4线换乘 （共计4个站）	世纪大道、龙阳路、虹桥火车站、曹杨站
3线换乘 （共计18个站）	人民广场、上海体育馆、上海火车站、上海南站、莘庄、徐家汇、陕西南路、汉中路、中山公园、静安寺、南京西路、镇坪路、宜山路、虹桥路、金沙江路、虹口足球场、济阳路、上海西站、常熟路
2线换乘 （共计79个站）	漕宝路、黄陂南路、上海马戏城、上海火车站、通河新村、南京东路、江苏路、陆家嘴、娄山关路、淞虹路、宝山路、龙漕路、长江南路、蓝村路、东安路、西藏南路、海伦路、大连路、大木桥路、浦东大道、鲁班路、高科西路、港城路、巨峰路、东明路、云山路、民生路、耀华路、肇嘉浜路、船厂路、长寿路、长清路、祁华路、新村路、陆家浜路、老西门、四平路、曲阜路、成山路、大世界、江浦路、嘉善路、金海路、马当路、碧云路、桂林路、合川路、七宝、杨高中路、金桥、交通大学、天潼路、新天地、豫园、伊犁路、龙溪路、国权路、龙华、隆德路、上海西站、南翔、御桥路、罗山路、桂林公园、顾戴路、七莘路、长阳路、申江路、武宁路、大渡河路、祁连山南路、华江路、莲溪路、华夏中路、铜川路、真新新村、星华路、巨野路、老沪闵路站

信息来源：上海申通轨道交通技术研究中心，上海大学美术学院编制.上海轨道交通网络线路标志色研究课题报告[R].2011.

4.3 地铁车站建筑内部人流引导设计

4.3.1 车站人流节点设计

从行为学角度来看，人在地铁车站中以通过行为为主，滞留行为为辅。在理想状态下，人的大量密集性流动会形成人流，这是一种集体动态行为。地铁网络解决了人从A点到B点的运输过程，通过车站建筑本身结构、导向系统等空间要素，实现对人流的通过、分流、集中及疏散控制。如果将人流看作水流，进出站人流就好比水流的注入与抽空，在地铁车站内不断重复和循环。

人流在整个地铁网络中流动时，往往会因为时间节点在某些功能区域遇到瓶颈，变得流动缓慢，线流不畅。在地铁车站中容易形成人流阻塞的几个节点，分别是楼梯、自动扶梯区域、售票机区域、闸机区域和上下车区域。

中国地铁车站中的楼梯和自动扶梯区域，通常是产生拥堵等候的主要区域。在列车到站后，由于到站人流批量疏散，上行电梯变得拥挤不堪，这与车站内尽量保持人流快速流动的原则是不符的。尤其是高峰时段，上下行电梯都会变得十分拥挤，楼梯与自动扶梯口顺势成为人流流动的瓶颈。由此，楼梯和自动扶梯区域的设计应当提供足够数量和宽度的楼梯和自动扶

梯，来应对地铁车站批次疏散的特征，提高高峰时段的大人流通过率。

尽管目前的中国地铁车站建设中已经加大了楼梯宽度并大量增加了自动扶梯数量，但对于庞大的人流来讲仍然是不够的。例如，在一般换乘站中，一些车站的换乘通道及楼梯宽度过于狭小，加上来往双向人流交织在同一条通道和楼梯中，运营时不得不在中间加设栏杆扶手，来划分两股人流，这就导致扶手两边空间狭小，每股人流只能一人行走，乘客前后排队移动，如有一人行走缓慢，将延迟所有人的行进速度，十分不便。

伦敦地铁在楼梯数量设置上就充分吸取了之前的经验教训，在朱比利延伸线车站中设计了充足的自动扶梯，11座车站共设有118座自动扶梯，比早先建设的地铁车站增加了40%的数量，考虑到了未来一百年的需求。[①] 在加纳利码头站，建筑师福斯特为每个通往站厅的出入口区域设置了5排自动扶梯，使快速到达的人流能保持高效流动，从站厅观望气势十分壮观。而威斯敏斯特站更像是一个装载自动扶梯的容器，在通往40米深的车站箱体路程中，自动扶梯是空间唯一的建筑要素，从而保证了人在地铁公共交通空间中高速流动的状态。相比之下，中国地铁车站人流量大，每个出入口所设置的自动扶梯和楼梯相对较少，从站厅通往站台的楼梯也相对较少。

56、57 里斯本地铁站台人流

56

57

---

① [英]肯尼斯·鲍威尔著.伦敦地铁——银禧延长线[M].北京：中国建筑工业出版社,2008.

关于售票机和闸机区域的人流拥堵情况，可以通过增加售票机和闸机数量来改善。目前中国地铁车站的闸机口数量仍然偏少，致使进出人流出现短暂停留。而在伦敦加那利码头站，每个扶梯出入口设有22个进出闸机，使得人流大量通过。[①] 因此，提高地铁车站里这几个关键点的通过率，是保证人流快速流动的重要手段。[②]

4.3.2 车站人流组织设计

车站公共空间的人流组织，主要通过设施布局来实现。栏杆划分了付费区和非付费区，售票机和闸机的位置决定了进出站人流行走路径。一般情况下，非付费区面积应大于付费区面积，因为乘客进闸机后直接进入站台，因此付费区面积可尽量缩小，以提供足够的非付费区面积。此外非付费区应该尽量将几个通道口连成一片，方便乘客出闸机后自由选择通道口。

公共区的主要设备是AFC系统终端设备，即售票系统设备和检票系统设备。售票系统设备包括售票机、充值机等，设置时应顺应进站人流路径布局，避免干扰和阻碍出站人流路径。检票系统设备包括进站闸机、出站闸机、进出站闸机和宽闸机。闸机的布局位置对人流路线组织起着关键作用，因此在设计时应综合考虑售票系统设备的位置、通往站台的楼梯的位置以及各出入口的位置，以形成简单顺畅的进出站人流路径，避免人流交叉。中国标准车站在进出闸机布局时，通常在车站中央设置进闸机，两端设置出闸机，便于出站人流疏散，较为合理。

从进站与出站两种行为模式来看，乘客进站的过程如同水流的汇聚过程，从各个出入口汇聚到站厅，最终到达站台，通过列车流出车站；而乘客出站的过程如同水流的分流过程，从列车流出的乘客到达站厅后，便从各个出口流出车站。根据人在车站空间中的行为模式，可以将其分为通道人流组织、站厅人流组织和站台人流组织。

人在通道中的行为是通过（英文为Pass），即选择正确的路径到达站厅、站台或者出站。通道的人流组织分为单向人流和双向人流，相比之下，单向人流的流动率更为高效。巴黎地铁的通道在站厅和站台连接部分就采用了单向人流的方式，即进站人流与出站人流采用不同的通道。由于大部分车站为侧式车站，进站人流通道分别通往两个不同的方向，出站人流也分别连接两个不同的出口通道，因此一个车站共有四条单向人流通道。虽然通道空间结构更为狭小，但是人流却十分有序，乘客只要进入通道，只需简单的心理动机和行为模式，就可以快速通过，因而人流流动较快。而中国城市地铁通道大部分采用双向人流，考虑到中国乘客的数量庞大，通道空间相对宽阔，虽然地铁运营部门向乘客宣传了靠右行走的行为规范，但是双向人流不免出现一些非规范行为，产生人流冲撞的现象，或者在转弯或分流处产生交叉人流。为避免这种情况，建筑师往往在通道的中间增设护栏，将进站人流和出站人流划分在固定的行走空间，做到进出站人流的分离组织，使人流更为高效畅通。

站厅人流组织是整个车站中最为复杂的区域，因为乘客在站厅中实施的行为较多，包括买票、进闸机、问询、出闸机、寻找出口等。因此中国地铁车站采用进站闸机和出站闸机分开设置的方式，将进出站人流分为不同路径，使人流路径做到不交叉、不干扰，顺畅有序、秩序井然。国外有些地铁则采用进出站闸机并用的方式，闸机数量较多，位置也与整体站形相适应。

站台人流组织较为简单，候车人流呈现聚集进站、批次疏散的循环状态，而出站人流则呈现批次到站、分流疏散的循环状态。在高峰时段，候车人流量变大，出站人流量也同时变大，产生站台拥挤的状态，因此合理分布站台人流是缓解人群拥挤的方法。

① 朱小雷.地铁车站高效空间环境的导向性和易识别性设计初探[J].南方建筑,2002,3.
② 张获帆.浅谈上海地铁乘客人流的导向作用[J].艺术与设计(理论),2009,9.

CHAPTER 5 →

第五章　地铁车站装修设计

地铁车站的装修设计，有时也被称为"地铁建筑室内设计"，可以理解为是车站建筑与人之间的界面设计，重点在于顶、地、墙、柱四大空间的设计，以及与地铁各专业系统和视觉要素之间的接口设计与协调。车站装修是乘客感受不同车站视觉风格的重要环节，也是乘客在城市地铁网络中建立印象度和识别度的重要阶段，同时装修设计建立了建筑、设备、导向、设施、广告与商业、公共艺术的系统性联系。

第五章 地铁车站装修设计

5.1 地铁车站装修设计思路

从城市地铁网络来看，地铁车站装修设计思路包括"一站一景装修"、"一线一景装修"、"全网络标准化装修"三种不同的设计思路。

5.1.1 地铁一站一景装修设计

所谓一站一景的地铁装修设计战略，就是同一条地铁线路上的车站装修风格各不相同，强调车站个性，淡化线路形象。从地铁发展历史来看，采用一站一景装修设计战略的情况通常有两种。

第一种是城市早期建设的地铁线路，地铁管理方和设计方均站在线路角度展开设计管理，比较关注站与站之间的差异性。其中典型的是巴黎地铁1号线，其每个车站的装修风格都十分大胆，风格各异，比如卢浮宫站、市政厅站等，都凸显了车站地面信息特征，但忽视了车站之间的相互关系。中国城市地铁建设情况相似，比如广州和上海地铁1号线的装修风格，其基本设计理念追求一站一景的视觉效果，"广州地铁1号线，装修设计及施工由各工点在总体控制下自行完成，形成一站一景的主体脉络。"[①]

第二种是城市中具有特殊功能或地位的地铁线路，例如为迎接2008北京奥运会所建设的奥运支线和机场快线，与城市中承担一般交通运输的线路有所不同，是体现中国形象的国门线，采用了超过一般地铁投资限额的设计装修标准，形成了装修空间的艺术化效果，是非标准施工的一站一景艺术化景观车站。其中森林公园南门站结合柱体和天顶结构，形成了站台的森林空间；北土城站将青花瓷视觉元素运用到车站的墙柱、楼梯、导向等令人印象深刻。

地铁一站一景装修设计战略，使线路车站视觉效果丰富活泼，创造了多元化的地铁视觉文化，其优势包括以下几点：①车站识别性强，为乘客潜移默化地创造了乘坐过程中的参照物；②车站个性强，视觉差异性大，在乘客心理上增加了一份新鲜感，从一定程度上消除了地下空间的单调乏味感；③能充分体现车站与城市地面之间的关联性，最大限度地表现车站周边的地域文化特色；④为车站公共艺术与装修设计的结合，提供了自由空间和发展前提。

01~10 巴黎地铁各车站空间装修设计
01 4号线Saint-Michel站
02 7号线Pyramides站
03 7号线Villejuif Leo Lagrange站
04 1号线Hotel De Ville站
05 12号线Assemblee Nationale站
06 1号线Louvre Rivoli站
07 1号线Franklin D. Roosevelt站
08 7号线Pont – Neuf站
09 4号线Saint Germain Des Pres站
10 1号线Concorde站
（图片来源网站：metrorama.free.fr）

---

① 陈惠娟.广州市地铁线网车站装修设计概念研究[J].南方建筑,2006,8.

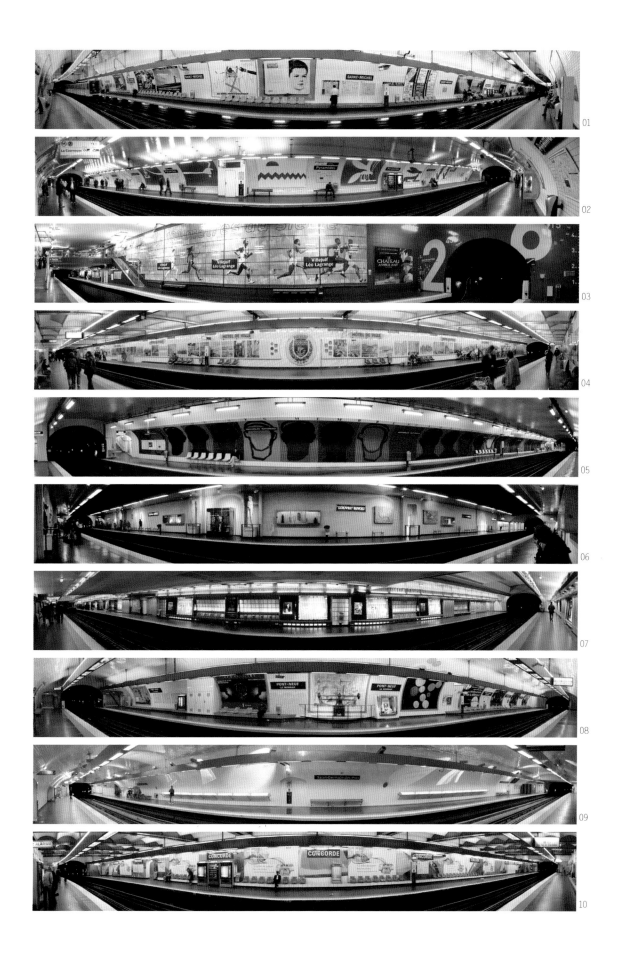

11

12

13

14

15

11、12 巴黎地铁11号线
Art et Metiers站装修设计

13、14、15 巴黎地铁1号线
Tuileries站装修设计

16、17 上海地铁13号线江宁路站装修设计
18、19 上海地铁9号线松江南站装修设计
20、21 上海地铁11号线龙华站装修设计
22、23 北京地铁奥运支线北土城站装修设计

但是站在地铁网络高度的角度来看，一站一景装修设计战略由于车站个性过强，使得站与站之间的相互关联性较弱，从而弱化了线路视觉风格的确立，不利于地铁网络化建设的整体性和延续性。此外，目前车站装修普遍采用工业化方式，一站一景的装修方式提高了装修成本和后期维修成本；在装修设计管理机制上，一站一景增加了设计管理和施工管理的工作量和时间周期，无法适应中国地铁大规模高速建设的要求。

5.1.2 地铁一线一景装修设计

所谓一线一景的地铁装修设计战略，就是一条地铁线路上的各车站在装修风格上呈现出很强的视觉关联性，强调线路整体识别，淡化车站个性。在线路文化主题战略的指导思想下，形成了一线一景装修设计战略。

从地铁发展历史上看，一线一景更适合地铁网络化建设，原因在于线路概念是形成整网概念的基础，强调线路之间的识别性，为线路之间的换乘提供了基础。使乘客实时明确自身所处的线路位置，是形成地铁网络空间概念的前提。

从设计的角度来看，一线一景更符合当前中国地铁建设的实际情况，原因在于地铁建设和运营都是以线路为单位进行的，线路构成了地铁设计的基本单位。在地铁建设阶段，以线路为单位的设计，工作量相对较小，程序相对简化，设计周期相对缩短；在运营阶段，由于全线主材和工艺基本统一，维护成本较低。最后，站在网络高度来看，一线一景装修设计战略更有利于城市地铁网络形象的建立。

目前，中国城市地铁大部分采用一线一景的装修设计战略。上海地铁从4号线就采用了一线一景的设计战略，其线路装修设计以确立线路文化主题为开端，继而演绎空间视觉特征，而后围绕线路的文化特质展开设计。广州地铁从2号线开始，采用一线一景的设计战略，"各站装修风格完全一致，装修材料基本相同，采取业主统一材料与施工招标的模式。"①

当然，一线一景也存在着一定的弊端。由于线路中车站数量众多，在强调线路形象的同时，也带来车站风格的雷同，造成车站识别性不强，空间单一乏味。在一线一景的设计战略下，设计师统筹兼顾线路特征因素较多，车站创意设计因素较少，因此很难产生个性强烈、创意大胆的车站空间设计。

5.1.3 地铁全网络标准化装修设计

地铁全网络标准化装修设计，是在中国城市地铁高速建设的特殊时期、多条线路同步展开装修设计和施工的情况下产生的一种设计方式。通过建立一个标准化车站装修设计样板，快速复制到多线各站的具体装修设计中，并确立一套控制线路共性与个性的装修设计规范，以及一般站、重点站和特色站之间的装修标准差异关系。

2010年世博会前夕，上海地铁面临大规模高速建设的压力。"从2007年年底开始，上海轨道交通2号线向东延伸，2号线向西延伸，7、8号线二期，9号线二期，10、11号线北段一期，13号线世博段，共8个项目、119个车站全面进入装修阶段。"② 为了确保这一

表5-1 两种地铁装修设计战略比较表

地铁装修设计战略	优势	劣势
一站一景装修设计战略	车站识别性强，消除地下空间的单调乏味感；体现车站与城市地面之间的关联性；为公共艺术提供了广阔的空间	站与站之间的联系较弱，线路整体视觉风格较弱；设计及管理工作量大；装修及后期维修成本较高
一线一景装修设计战略	设计及管理工作相对简单；方便维护，成本较低；有利于城市地铁网络形象的建立；设计及管理工作相对简单	车站识别性较弱，车站风格较为雷同；较难产生设计个性强烈的车站

---

① 毛翠萍.广州地铁2号线车站装修的共性与个性[J].都市快轨交通,2005,2.
② 上海申通地铁集团有限公司研究编制.2007至2009上海轨道交通车站装修工程工作总结报告[R].2011.

特殊历史阶段的建设要求，上海地铁业主方采用了地铁全网络标准化装修设计，最终完成了地铁建设的目标。

地铁全网络标准化装修设计的优势是：强调线路之间、车站之间的共性，设计及管理工作效率高，易形成城市地铁的统一视觉形象。申通集团为此专门成立了车站装修的统一管理机构，即装修设计小组，通过对各线项目公司、装修设计总体咨询单位实现总体协调管理，并调动装修设计各分项单位、各系统专业单位，落实具体设计，确保了大规模建设时期的设计规范。

当然，全网络标准化装修设计也有不可忽视的缺陷，过于统一的标准化设计，严重束缚了空间设计的创造力，使得站与站之间、线与线之间的差异性较小，识别性较弱，单调乏味，这也是导致地铁空间特色危机问题的重要原因之一。

通过国家范围不同历史时期地铁空间设计的综合比较可以得出：线路车站之间的共性控制与个性营造，形成了城市地铁空间的整体印象。较为合理的设计思路是"共性为主、个性为辅"，也就是通过调节共性与个性之间的视觉比例关系，形成差异性标准化设计装修体系。

24

25

24、25 上海地铁9号线徐家汇站装修设计，站厅和站台采用全网络标准化装修设计

26~29 斯德哥尔摩地铁T10线Huvudsta站

30、31 斯德哥尔摩地铁T10线T-Centralen站
32、33 斯德哥尔摩地铁蓝线（T10、T11线）Radhuset站
34~37 伦敦地铁Piccadlly线Piccadlly circus站，采用墙面红绿双线贯穿车站形成装修风格

5.2 地铁车站装修设计原则

5.2.1 车站分类分级分层原则

从地铁网络的角度来看，车站就像构成地铁网络的"点"，根据网络功能和建筑形制等因素，可以将其分为多种类型、级别和层次，这对于每种车站的设计要求是不同的。

根据地铁车站建筑类型，可以将其分为地下站、地面站和高架站三种。绝大部分城市地铁车站采用地下建筑形式，即站厅与站台位于地下，车辆也在地下运行。地下建筑无需设计外部空间，但是对于内部空间设计要求较高，由于地下全封闭的建筑空间条件的限制，照明设计尤为重要。此外，如何缓解地下建筑空间的封闭压抑感，对装修设计提出了更高的要求。地面站和高架站是在城市空间允许的条件下，所采用的一种建筑形式，需要占用城市地面空间，其站厅、站台、列车运行均位于地面或高于地面。这两类车站具有外部建筑设计的要求，在内部空间设计方面，可适当强调公共交通空间的流动感和速度感。

根据地铁车站的网络功能，又可以将其分为单线站、换乘站和枢纽站三种。单线站是一条地铁线路上单一车站，结构功能相对简单。换乘站是两条地铁线路交叉或平行时形成的站点，结构功能相对复杂，应当强调不同线路车站空间的差异性，来提高换乘效率。枢纽站是三条或三条以上地铁线路交叉或平行形成的站点，结构功能相当复杂，不同线路车站空间的引导是其设计重点，空间尺度应当根据预测的换乘人流量来确定，并设置一定的人流集散区域。

根据地铁车站在城市地面空间的重要性，还可以将其分为一般站和重点站。重点站是线路中地理位置较为重要的车站，比如城市中心区域的车站、特殊文化历史区域的车站、与其他公共交通系统连接的车站等。

表5-2 地铁车站的分类分级分层管理一览表

	类型	定义及空间特征	设计管理要求
分类设计	地下站	站厅、站台、列车运行均位于地下	内部空间设计要求较高，重点在于如何缓解地下空间压抑感
	地面站	站厅、站台、列车运行均位于地面	具有外部建筑的设计要求
	高架站	站厅位于地面或高于地面，站台和列车运行高于地面	具有外部建筑的设计要求
分级设计	单线站	属于一条地铁线路上车站，不与其他线路发生连接	结构功能相对简单
	换乘站	两条地铁线路交叉或平行时形成的站点	结构功能相对复杂，应当强调不同线路车站空间的差异性
	枢纽站	三条或三条以上地铁线路交叉或平行形成的站点	结构功能最复杂，不同线路车站空间的引导及车站规模成为设计重点
分层设计	一般站	线路中相对于重点站的其他车站	装修等级一般
	重点站	线路中地理位置较为重要的车站	适当放大建筑尺度，提高装修标准，可结合公共艺术和广告商业，完善引导信息和服务功能

38~42 上海地铁13号线重点站—淮海中路站
墙面采用翻模防红砖饰面和搪瓷钢板；吊顶采用铝方通，局部为铝板吊顶；地面采用花岗石

43

44

45

46

43~46 上海地铁13号重点站—自然博物馆站
主墙面采用抽槽锈石花岗石凿毛，装饰墙面部为陶土板，形式色彩取自于丹霞风貌的地理特征；局部造型
吊顶为防陶土铝吊顶；灯具定制带柔光板LED平板灯。

重点站可根据人流量预测，适当放大建筑尺度，提高装修标准，并可结合多种形式的地铁公共艺术和广告商业形式，完善周边地域的引导信息和服务功能。比如北京地铁10号线的重点站是金台夕照站和国贸站；北京地铁8号线的重点站是美术馆站、什刹海站和南锣鼓巷站。当然，不同城市在划分车站重要程度方面，具有不同思路，"深圳地铁根据车站规模，分为一级站（大站）、二级站（中等站）、三级站（小站）。装修档次有所区别，一级站多位于城市人口集中，商业繁荣，交通发达的市中心，因此装修档次较高。二级站为普通站，装修等级一般，三级站多位于城市郊区，客流量及车站规模较小，装修档次较低。"[①]

5.2.2 线路文化主题的视觉演绎原则

车站装修设计的首要环节是概念设计，即在确立线路文化主题的基础上，进行从抽象到具象的视觉演绎，并形成指导车站装修具体可实施的设计方案。视觉演绎的过程不仅要具有创造性，还贯穿了设计的可实施性思想，要求对车站具体空间设计要素了如指掌，明确其可操作性。

上海地铁6号线的装修设计，就将线路文化主题和视觉演绎这一环节放到了重要位置，其围绕"海上霞光"这一文化主题，表现霞光色的色相及节奏变化，演绎空间照明设计及墙面装修模数设计的视觉特征，从而获得了较为统一的线路空间效果。上海地铁之前的线路车站均采用冷色光源，强调明亮清冽的照明感受，而6号线的霞光色属于暖色光，其照明首次引入色温较低的暖色光源，以及泛光效果的间接照明方式，形成了温暖柔和的环境色调。此外，该线路的设计还将霞光色谱的渐变光色节奏变化，运用在墙面装修上，特别是通道转角区和分叉区，在乘客走到转角的过程中，墙面板材的宽度越来越小，节奏越来越快，既是一种墙面装饰，也是一种心理暗示。

再看北京地铁10号线，全线采用了"都市前沿"作为文化主题，因此采用都市特征的黑白灰色系作为车站空间选材的基础色调，"传达了中国传统文人画简

约质朴而细腻的风格，又具有较高的国际性色彩认知度，表达出现代科技与商务的理性与务实。"[②]

线路文化主题的视觉演绎过程，是装修设计的重要指导环节，对空间整体风格的塑造具有重要意义。

5.2.3 车站空间模数化设计原则

地铁空间的各专业设计要素（设施、导向、广告、商业、公共艺术等）如果没有统一的空间设置标准和规范，就会产生相互冲突或不协调的空间视觉效果，而车站空间模数化设计恰恰为解决此问题而生。

模数化设计理念最早发源于欧洲国家，在建筑学中自古有之，现代社会中的模数化设计更多运用于公共空间设计中，"模数化和系统化设计的源头，是在德国包豪斯时期乌尔姆造型学院提出的。"[③]

所谓模数化设计原则，是一种通用性标准化设计方式。操作方法是：在设计初期确定一个模数尺寸作为基本单位，然后车站空间中的各要素都按照这个模数单位的整数倍来设定尺度和位置关系。比如，设定车站墙体板材结构宽度为1个模数，那么车站墙面就由无数个模数单位构成。以此类推，嵌入式自动售票机宽度便占了1个模数，吸墙式导向平面图宽度占2个模数，广告宽度占3个模数，且相互之间至少间隔1个模数。在模数化设计的车站空间内，车站要素之间拥有空间和尺度上的关联性，从而形成空间的整体感与秩序性。

当然，模数化设计与现代大工业生产的装修方式是相适应的，在地铁装修中具有很强的应用性：墙面和吊顶采用模数化板材有效地降低了成本；现场拼装的施工快捷方便、保证施工时间；模数化板材在后期拆装和维护方面相当便捷等。

在国际上，空间模数化设计原则的应用相当普遍，慕尼黑地铁、维也纳地铁、芬兰地铁都采用了这一现代化工业的装修方式。上海地铁从6号线开始采用标准化装修通用图集，为车站各要素制定了空间模数关系，进行线路的共性设计。

① 许哲.关于地铁车站内部装修设计考虑[J].科技风,2011,2.
② 刘弘,王彤亮.北京地铁10号线地下公共空间室内概念设计综述[J].铁道标准设计,2008,12.
③ 陈圻,刘曦卉等著.设计管理理论与实务[M].北京：北京理工大学出版社,2010.

47~51 维也纳地铁模数化车站装修设计

47 U1线Alte Donau站

48 U1线Schwedenplat站

49 U4线Landstrabe站

50、51 U1线Stephansplatz站

52~57 慕尼黑地铁Marienplatz站（U3线和U6线）模数化车站装修设计

58、59 巴塞罗那地铁L4线Jaume I 站模数化车站装修设计
60、61 巴黎地铁RER B线Saint Michel站模数化车站装修设计
62、63 芬兰地铁Sornainen站和Hakaniemi站模数化车站装修设计
64、65 法兰克福地铁Hauptwache站模数化车站装修设计

5.2.4 装修与建筑的一体化原则

在中国地铁建设的设计过程中，车站建筑设计与装修设计两者之间的关联性还有待提高。国外一些相对成熟的地铁线路建设中，建筑和装修早已形成一体化设计模式，车站建筑结构本身就已成为空间装修语言，而装修则是建筑的延伸和功能补充。

伦敦地铁朱比利延伸线的11个车站就是建筑与装修一体化设计的典型，其装修理念是使车站尽量简朴，让建筑结构发挥出其特有的魅力。其中，威斯敏斯特站装修保留了大空间中银灰色混凝土的建筑表层结构，只在乘客活动空间中配置了银灰色系的金属板材，形成车站空间中错综交织的混凝土管道结构，成为地铁网络中的一道风景线。加纳利码头站同样充分保留了车站建筑结构，站厅中央列柱与顶面的结构如同展开的鸟翼，舒缓开阔，无需多余的修饰。因此，朱比利延伸线的设计总监鲍威尔说，"建筑与装修之间的携手合作，十分巧妙并注重实际，装修中单纯的美化和装饰只显得多余和愚蠢。"①

相对而言，中国地铁车站在土建完成后，建筑空间视觉效果相当粗陋，需要依靠后期装修形成空间顶、地、墙柱的装饰面，包括将柱头及综合管线用吊顶板材遮挡等手法，基本用装修板材将公共空间与建筑空间完全隔开。此外，建筑与装修之间几乎不存在设计上的关联性，地铁公共空间的设计还局限于装修设计层面，仅将建筑视为开辟地下可用空间的功能性需求。

中国城市地铁目前很难采用装修与建筑的一体化设计的原因有以下几点：第一，从设计方来看，中国地铁装修设计团队和建筑设计团队是两批设计人员，相互之间没有太大联系；第二，从设计流程来看，中国地铁装修设计是在建筑设计完成后介入的，前后存在时间差异；第三，从地铁建设目标来看，中国地铁要求短时期内大规模建设地铁，需要严格控制时间，很难从建筑开始实施创意设计。

当然中国地铁建设必然会跨越这一历史阶段，进入精细化设计的阶段。从伦敦和巴黎两条线路的建设实例来看，建筑与装修一体化的理念，能为地铁车站带来空间设计上的突破，是极其具有借鉴价值的。

66~68 伦敦地铁站朱比利延伸线Westminter站
69 伦敦地铁朱比利延伸线London Bridge站

① [英]肯尼斯·鲍威尔著.伦敦地铁——银禧延长线[M].北京：中国建筑工业出版社,2008.

5.3 装修主材及通用图

地铁装修主材指的是车站公共区域的装修材料，主要包括车站的墙、柱、顶、地四大空间区域的材料甄别及选择。上海地铁世博前建设时期，为保证装修质量、控制造价、实现简单化模式和集约化管理，以及高效维护的设计原则，采用主材比选办法统筹各线路项目公司完成车站墙、地、顶、柱、灯具、防火门六大主材的招标比选工作，并确定主材供应商和单价，同时装修材料的运用逐渐达到了标准化和模数化的设计理念。[1]

5.3.1 车站墙面及柱面装修主材

国内地铁车站墙面及柱面装修主要材料有搪瓷钢板、烤瓷铝板、氧化铝板、水泥预涂装板、陶瓷马赛克、半钢化夹层彩釉玻璃、纤瓷板、陶土板、陶铝板、木质纤维板、微晶石、花岗石等。上海地铁世博前建设阶段车站墙面主要采用搪瓷钢板、烤瓷铝板、水泥预涂装板。

搪瓷钢板采用钢板为基础，并利用超强耐磨的搪瓷附着能力，色彩图形表现效果很好，各项理化指标最佳，无疑是站墙面最理想的装修材料，但是综合价格较高，自重大，对背钢架要求高。香港地铁多采用搪瓷钢板，北京、上海、广州的地铁车站装修也越来越多地开始使用搪瓷钢板。特别是在柱面的使用，由于柱面所处的位置比较容易遭到冲撞和刮碰，因此易采用牢固耐用的材料，搪瓷钢板是很好的材料。

烤瓷铝板作为一种新型材料，总体性能与搪瓷钢板较为接近，优势是价格适中，规格尺寸更大，但在涂层的细腻度和十字接缝处理等方面需要进一步改善。上海地铁7号线、9号线均采用烤瓷铝板，此外天津地铁1号线、苏州地铁1号线、北京地铁5号线均采用烤瓷铝板。

水泥预涂装板的各项指标虽比不上搪瓷钢板，但也基本能够满足车站装修要求，较为低廉的价格使其综合指标得分较高，因此在上海地铁世博前建设阶段也成为车站墙面的主要材料。

半钢化夹层彩釉玻璃是在玻璃釉面上丝网印刷所需的图形色彩，并烧制在玻璃面中，形成半钢化的装饰材料，价格适中，视觉上具有玻璃的高反光性。广州地铁5号线、深圳地铁3号线、北京地铁故宫站的墙面和柱面均采用半钢化夹层彩釉玻璃。

5.3.2 车站吊顶装修主材

国内外地铁车站空间吊顶主要材料以铝合金为主，型材有平板、穿孔板、网板、圆通、方通、挂片等，铝合金相比钢材更轻巧且抗腐蚀，更适合地下空间长期使用，吊顶系统多采用配套轻钢龙骨，此外吊顶线以上空间部分采用防潮防霉涂料。吊顶材料用于车站的站厅、站台、通道、换乘区域。

吊顶要求悬挂系统与各吊挂设备设施相协调，每块板材能独立拆卸维护，视觉上做到平整清晰，无变形或毛

表5-3 地铁车站墙面及柱面装修材料性能比较表

	硬度	环保性	价格	色彩	缺点介绍	主要使用部位
搪瓷钢板	优	中	高	彩色板颜色饱和度高，表面亦可图片打印处理	价格较高	重点车站墙面、标准车站易碰撞的立柱装饰
烤瓷铝板	中	中	中	彩色板颜色饱和度高，表面亦可图片打印处理	各方面都比较均衡的材料	标准车站墙面
石材	优	低	低	色彩较单调	材料损坏后局部更换有很大的色差问题	车站的出入口通道及出地面建筑的外立面
陶土板	中	优	高	彩色板颜色色饱和度高	供货速度较慢	重点特色车站的墙面装饰

---

[1] 上海轨道交通车站2007-2009装修总结[C]，2010.

刺等现象。国内各城市地铁均采用过铝合金型材。香港地铁港岛线多用网板，采用模块化方式排列维护，吊顶视觉效果更通透。上海地铁在世博前8条线路车站装修时，从吊顶中的不同型材的耐火耐久、加工生产、安装维护、平整美观、经济价格等多方面因素比较后，最终确定标准车站采用U型方通，重点车站采用圆通。南京地铁1号线、广州地铁2号线多采用穿孔铝板。天津地铁1号线、北京地铁10号线多采用平板。苏州地铁1号线、西安地铁1号线多采用方通。

5.3.3 车站地面装修主材

国内地铁车站的地面材料主要有花岗石、人造石、水磨石。上海地铁世博前建设阶段的地面材料为天然花岗石及预制水磨石地坪，此外也采用玻化砖、人造石、水泥固化剂、柔性卷材等材料。地面材料适用于站厅、站台、通道的地面及楼梯踏步、踢脚线等区域。

天然花岗石来源于岩浆在地表下凝结而成的火成岩，具有耐磨抗污的优势，综合性能指标最佳，技术也十分成熟，是车站地面的首选材料，其缺点是有色差且容易泛碱。花岗石有多种花色和色泽，地铁车站多采用色彩淡雅的麻石。

水磨石是将碎石、玻璃、石英石等拌入水泥粘接料混凝制成的表面研磨抛光的材料，包括预制水磨石和现场浇筑水磨石。预制水磨石地坪与天然花岗石相比具有防滑、无色差、价格低廉（同比价格下降1/3～1/2）、节能环保等特点，总体使用效果良好。此外，人造石英石的优势是环保性高，色差小，深圳地铁4号线、苏州地铁2号线采用石英石。

5.3.4 装修通用图设计要点

通用图是适用于同一情况下的标准图设计，在充分理解线路车站总体设计的基础上，深化延续形成提供具体应用设计的标准化文件。车站建筑结构是通用图需要具体设计的部分，通用图主要包括顶面、墙面、地面。

顶面通用图主要通过模块化材料的设计组合，变化形成丰富的顶面效果，主要解决的衔接问题，包括通信、信号、安防、环控、灯具等设备，以及悬挂式导向牌、PIS屏、挡烟垂壁、摄像头、扬声器等。墙面通用图通过材料的模块化分隔组合设计形成装修特征，主要解决的衔接问题，包括吸墙式导向、广告灯箱、照明系统、排水与消防系统、FAS/BAS等，提高安装及维护的效率。地面通用图主要解决盲道、紧急疏散灯、AFC等衔接问题，便于标准施工及管理。

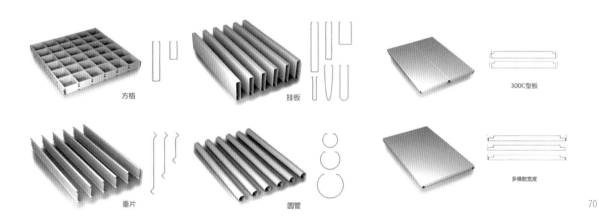

方格　挂板　300C型板

垂片　圆管　多模数宽度

70

70 上海地铁车站吊顶主材

71 上海地铁7号线常熟路站吊顶采用U型方通和平板，地面采用花岗石，墙面采用烤瓷铝板

72、73 上海地铁13号线南京西路站吊顶采用喷黑涂料及条板，地面采用花岗石，墙面采用翻模仿石库门饰面和搪瓷钢板

74~76 上海地铁车站吊顶挂板、水磨石材质地坪、水磨石踢脚线

77、78 香港地铁港岛线上环站站厅，吊顶采用网格板，墙面采用搪瓷钢板及马赛克贴面
79 香港地铁中环站通道，吊顶采用特殊型材挂板，墙面采用搪瓷钢板

5.4 车站照明设计

5.4.1 车站照度和色温的控制

照度是光源亮度的指标，是指每单位面积所接受的光通量。在地下全封闭的黑暗空间里，照度要保证人们正常活动的基本要求，但是并非照度越高越好。在《地下铁道照明标准》（GB/T 16275-1996）和《建筑照明设计标准》（GB50034-2004）中对中国地铁空间照度有明确规定。标准规定站厅和自动扶梯的照度需控制在150~250勒克斯范围内；站台、出入口通道和楼梯照度需控制在150~200勒克斯范围内。

中国地铁车站的光环境照度普遍较高，多采用直接照明，会产生略带紧张的心理感受。事实上，高照度具有提醒人们集中注意力的功能，在中国地铁车站大人流量巨大的情况下，高照度在一定程度上提醒了乘客不要逗留、快速通过。日本城市地铁的照明标准就很高，"东京地铁照度高达400勒克斯，站内环境明亮的多"①，目的是通过高照度来减小地下建筑与地面自然光照之间的差距，使人精神振奋，产生更多的安全感。相比之下，欧美国家城市地铁的照度较低，乘客心理较为放松舒适，"巴黎地铁照度只有100勒克斯左右，纽约地铁的照度也在200勒克斯上下"①。

其实，照度与公共交通空间中的人流量和人流速度有密切关系。高照度适合大人流空间，比如人口密度大的日本和中国城市地铁；而低照度适合人流较少的空间，比如人口密度小的欧洲城市地铁。在乘客行为上，高照度促使人们精神紧张，行走速度不由加快；而低照度使人们放松自在，行走速度不由放慢。中国地铁空间的照度标准也在发生变化，相比早期地铁建设标准有所下降，并跟随时代需求发生着潜移默化的转变。

色温是光源颜色的指标，低于3000开尔文为暖色光，高于5000开尔文为冷色光。从车站空间的实际情况来看，色温与空间氛围具有直接联系。在中国早期地铁建设中，由于灯具的限制，车站光环境色温普遍较高。在逐渐积累地铁设计经验和向国外城市地铁交流借鉴的过程中，中国地铁车站光环境的色温开始降低，向冷暖相间的色温靠近。"香港地铁选用色温在3500~4200开尔文之间的荧光灯和筒灯，保证良好的显色性，整体光环境均匀度较高。"② 2006年，上海地铁6号线装修设计时，在原有冷色调日光灯的传统照明基础上，增加了暖色调漫射光灯带，车站整体光源色温介于冷暖之间，变化丰富，气氛生动。

80 巴黎地铁10号线Cluny La Sorbonne站，车站空间照度整体较低
81 上海地铁8号线杨思站，车站空间照度整体较高

① 李承来,赵欣.地铁车站内部空间装修与装饰设计初探[J].林业科技情报,2003,3.
② 李艳.地铁内部空间照明设计研究[J].山西建筑,2010,34.

5.4.2 车站光环境层次的控制

地铁车站与一般的城市公共空间有所不同，具有快速疏导人流实现运输的功能。在较成熟的城市地铁中，光环境分为环境照明和功能照明两个层次。欧美城市地铁环境照度较低，但是功能照度极高，比如警示照明和提示照明，其照度大大超出环境照明，形成车站中的若干高照度区域，具有提示乘客引起注意、快速通过的视觉效果。

警示照明一般设置于站台上下列车区域，这也是人流密集的事故高发区，在此设置一条高亮度光带，可以起到警示作用。"上车区域的灯光设计强化了屏蔽门上方的线路指示信息和地面上车区域的警示作用，提升人的视觉感知度。"②　因此，地铁站台的光环境可以分为光线柔和的等候区环境照明层次，以及照度极高的上下车警示照明区域。

提示照明是局部提高车站照度，对乘客起到引导和提示的作用，一般分布于闸机区域、售票区域、楼梯及自动扶梯区域、通道口区域、客服中心区域等，这些功能区域是乘客乘坐地铁过程中的关键行为区域，因此较高照度能够促使人流加快流动速度。比如伦敦地铁朱比利延伸线中自动扶梯的提示照明设置于自动扶梯两侧扶手立面，而巴黎地铁14号线在吊顶区域设置了一条贯穿乘客进出车站的管道结构灯带。

相比之下，早期建设的中国城市地铁车站中光环境只有一个层次，缺少功能照明和提示照明的层次，站厅和站台的光环境虽然明亮，但是比较呆板单一，与地面自然光的丰富生动性差异很大。加上暴露的荧光灯管所造成的直射眩光，以及玻璃、金属、光面石材的大量运用所产生的反射眩光，以及大面积的灯箱广告，会使人产生视觉疲劳、心理焦虑。因此车站眩光和光污染的控制，是车站照明设计亟待解决的问题。

表5-4 地铁车站光环境的两个层次

光环境层次		设置区域及分布情况	光源设置情况
环境照明层次		整个车站公共空间	照度低，光线柔和
功能照明层次	警示照明	站台上下车区域	照度极高，引起注意
	提示照明	闸机区域、售票区域、楼梯及自动扶梯区域、通道口区域、客服中心区域等	照度较高，起到引导和提示作用

82 奥地利维也纳地铁站台，上下车区域采用高亮照明
83 西班牙毕尔巴鄂地铁站台，导向信息采用红色高亮灯光

首先，在车站照明方式上应当避免直射光，广泛采用各类漫射光，通过调整光源的位置和照射方向、设置光源遮挡物等方式，将光线射在墙面、顶面或特定的建筑结构中，再通过反射、折射、散射等方式进入乘客眼睛，这样才会形成柔和的漫反射环境灯光。

上海地铁车站在空间照明上逐步优化改善，在6号线建设阶段开始采用漫射光，光源射向顶部墙面和顶面，减少直接照射在乘客身上的光源，使得空间产生柔和均匀的效果。作为线路车站装修总体设计咨询单位，上海美术学院汪大伟院长提出"改变地铁车站中传统直射光源的照明方式，采用'见光不见灯'照明设置原则"，最终使6号线的灯光设计突破了以往单一直接的灯光效果，从乘客观看舒适度出发变得更为人性化。此后上海地铁车站的灯光设计不断探索完善，形成丰富多元的车站空间光环境。

其次，灯具的更新换代能排除眩光的产生。传统的荧光灯具照度偏高，光线均匀度差，易于产生眩光。而

新型的LED灯具配合高效导光板，形成表面亮度低、光感均匀、光效高的照明优势，并具有省电、使用寿命长、结构轻巧、光色变化多等特点，在未来应用前景十分广阔。上海地铁徐家汇站的换乘大通道内，就采用LED灯具照明，光线柔和舒缓，并富于色彩变化，成为换乘过程中一道亮丽的风景线。

北京地铁从奥运支线、机场线、10号线装修设计开始，在照明设计和整体空间艺术装修效果上有了突破。机场快线T2站采用吊顶不规则形态与灯光照明结合，形成视觉上的速度感与现代感。奥运支线的森林公园南门站和奥体中心站，将灯光照明与森林和水滴的视觉元素结合起来，形成空间的艺术想象力。10号线的金台夕照站将照明与空间装修艺术紧密结合，照明从顶面到墙面，既是照明又是装饰。

84

84 上海地铁13号线上海自然博物馆站的站台灯光照明
    站台灯光强调上下车区域，候车区域采用柔和舒适的低亮度灯光。

85~92 北京地铁灯光艺术照明设计
85、86 奥运支线森林公园南门站灯光（装修主题：白色森林）
87 奥运支线奥林匹克公园站灯光（装修主题：水）
88 奥运支线奥体中心站灯光（装修主题：三角形）
89 机场快线T2站灯光
90 机场快线三元桥站灯光
91、92 10号线金台夕照站灯光

CHAPTER

第六章　地铁车站导向设计

地铁车站导向设计，也被称为地铁标识系统，是为乘客在进出站过程中指引方向、提供各类车站空间信息的重要功能要素。地铁车站作为大众公共交通环境，具有快速运输和引导人流的职能，而导向系统对车站的人流组织和引导具有直接作用，是体现地铁功能的首要视觉要素。导向设计是功能地铁阶段的重点设计要素。

第六章 地铁车站导向设计

6.1 地铁导向设计原则及标准

6.1.1 地铁导向设计的三个原则

（1）车站中导向第一的排序原则

在地铁空间设计的六大视觉要素（建筑设计、装修设计、设施设计、导向设计、广告及商业设计、公共艺术设计）中，导向设计作为地铁公共交通空间的首要功能需求，在空间设计时具有优先地位，视觉效果可以相对强势，达到一定的空间视觉识别力，便于乘客在大人流及复杂空间中快速识别并判断方向。（参见本书"2.5.1 地铁空间的设计要素及相互关系"章节）一旦发生导向设计与其他专业设施之间发生冲突的情况，应当首要保证导向设施的准确设置。当然地铁导向设施的设计也要充分考虑与车站整体空间的协调性，做到美观大方，并保持一定的主体性和首要性。

（2）快速人流疏导原则

快速人流疏导是公共交通空间的基本功能需求，导向设计担任了人流疏导中的关键角色，帮助乘客识别空间方向和位置并快速判断目标行走方向，人流的快速准确地移动也是体现公交系统运营效果的重要依据。在上下班高峰期间的大人流运营情况下，需要确保乘客的安全性，因此高效的人流疏导要依靠科学合理的导向系统，如何做到乘客在行走过程中的瞬间识别、快速判断，是地铁导向设计最重要的目标。

（3）信息分层设计管理原则

导向信息分层管理，主要将车站空间中引导乘客进出站的导乘类信息从庞大繁琐的车站信息中分离出来，作为视觉信息传达的第一层次。这些信息包括自动售票引导及定位、检票进站和验票出站引导、列车行驶方向引导、客服中心定位、出口方向引导、换乘线路方向引导等，设置必须鲜明醒目，因此被保留在悬吊式导向牌上，这样才能发挥大图标、大字体的作用，达到简明清晰的视觉设计效果。其余服务类信息及导向辅助信息是视觉信息传达的第二层次，一般在乘客需要时提供服务，设置于墙面辅助信息带及各类导向图中。

此外，地铁导向信息设计内容，基本可以分为导向图形符号设计、导向版面设计、导向信息图设计这三部分。

第一，导向图形符号首先应当根据国家相关规范标准文件来执行，如《标志用公共信息图形符号系列标准规定（GB/T 10001）》等，准确规范地使用国家统一标准的图形符号，不得有拉伸变形等情况出现。其次，根据地铁实际运营管理的需求，如地方相关规范标准，还可增设一些国标中没有的图形符号，如果地方有所规定，即采用该规定，否则就需要沿用国标视觉设计的方式适当补充。

由于地铁导向图形符号较为庞大繁杂，因此各城市地铁基本采用分类管理的办法。比如，上海地铁在《上海市轨道交通标志设置指导手册》中将导向图形系统分为三类，分别是安全类、导乘类和其他类。其中，安全类符号是指警告和禁令标志，以及紧急情况下的标志符号；导乘类符号是提供乘客方向及与进出站直接相关的标志符号，设置时应当清晰明了，占据空间的第一视觉层次；其他类符号是指车站服务设施标志和无障碍设施标志，设置时不宜过于醒目。又比如，台北地铁在《台北大众捷运指标规范手册》中将导向图形系统分为五大类、36种标识来管理，即系统线路标识、引导标志、咨询标志、辅助性标志、禁止与警告性标志。

第二，导向版面设计应当从乘客观看导向牌的视角出发，以距离、角度、运动状态等为依据，将某一空间下必要的导向图形符号有效地组织起来，并将导乘类符号纳入第一视觉层次，在尺寸规格、大小比例、间距位置、组合方式上做研究和设计。

第三，导向信息图提供乘客对车站空间的宏观认知，根据其所处位置，了解到周边及整个车站空间结构，以及地铁网络的基本运行情况。导向信息图主要包括全网络线路图、车站周边区域图、车站站层图、本线上下行线路图。导向信息图对于城市地铁形象的建立也是极为重要的，应当在地铁全网络统一，视觉上简洁明了、美观大方，信息表现上有所选择，能提供当前位置信息。

箭头图形符号规范

往前(上) 往下 往左 往右 往左下方 往右下方 往左上方 往右上方 往前右转 往前左转 往前左调头 往前左调头

交通信息图形符号

出租车 Taxi | 长途汽车 Coach Bus | 公共汽车 Bus | 人行天桥 Overpass | 自行车租赁 Rent Bicycle | 自行车停车场 Parking For Bicycle

轨道交通 Rail Transit | 飞机场 Aircraft | 火车 Train | 磁悬浮 Maglev | 停车场 Parking

车站设施图形符号

服务中心 Service Center | 进站检票 Entrance Gate | 出站验票 Exit Gate | 售票处 Tickets | 上下楼梯 Stairs | 自动扶梯 Escalator

无障碍电梯 Accessible Elevator | 公用电话 Phone | 洗手间 Toilet | 男性 Male | 女性 Female | 地下通道 Underpass

废物箱 Rubbish Receptacle | 无障碍设施 Disabled Facilities | 等候室 Waiting Room | ATM设施 ATM | 安全保卫 Security Police | 购物 Shopping

消防及安全设施图形符号

紧急出口(向左) Emergency Exit | 紧急出口(向右) Emergency Exit | 火警报警设施 Fire Alarm | 消防水带 Fire Hose | 灭火器 Fire extinguisher | 消防警铃 Fire Alarm

警告标志图形符号

当心夹手 Caution,Risk of Pinching Hand | 小心站台间隙 Caution,Gap | 注意安全 Caution,Danger | 当心触电 Danger!Electric Shock | 紧急呼救设施 Emergency Signal

禁令标志图形符号

禁止通行 No Entry | 禁止非机动车通行 No cycling | 禁止跳入 No Jumping-in | 禁止携带易燃易爆物品 Carrying Flammable, Explosive Materials Prohibited | 禁止吸烟 No Smoking | 禁止倚靠 Leaning on the Door Prohibited

禁止穿旱冰鞋 No Putting On Roller Shoes | 禁止携带宠物 Carrying Pet Prohibited | 请勿吸烟 No Smoking

01 上海地铁导向图形符号

表6-1 上海地铁导向图形符号分类管理

分类	图形信息内容
安全类符号	警告标志、禁令标志、安全疏散图形符号、消防设施图形符号
导乘类符号	方向标志、与乘客进出站相关的标志（售票、进出闸机等）、交通信息图形符号、线路信息标志
其他类符号	车站服务设施标志、无障碍设施标志

02~04 爱心座位图形符号　02 香港地铁车厢　03 香港地铁车厢　04 维也纳地铁车厢

6.1.2 地铁导向设计的工作步骤

导向设计的工作步骤包括：第一步，导线布点。第二步，导向定位。第三步，导向设施设计，第四步，导向信息设计。

第一步，导向布点，是将导向信息根据地铁车站空间特征进行空间分布。布点前的准备工作包括：①充分理解整个车站建筑空间的结构特征；②画出主要人流路径加以分析；③画出乘客需要导向的关键区域。导向布点关键区域包括：地铁出入口、通道分岔口和转弯口、楼梯口和自动扶梯口、站厅售票点和闸机口区域、站厅与通道相连区域、站厅与商业相连区域、站台上下车区域、站台候车区域、车厢区域等。在进行导向布点时，要注意导向信息的预告和连续性。

第二步，导向定位，是在每个布点区域中，把导向的具体空间落点位置确定下来。比如导向牌是紧靠墙面还是独立于空间中，导向牌设置在墙面还是地面。在导向定位时，需要考虑的人文因素有：①人们看到导向牌的距离、方向、高度；②人们看到导向牌到行进速度；③特殊人群的局限性，如老人、儿童、残障人士；④大人流拥挤情况下人们的观看效果；⑤紧急状态下人们的行为心理和观看情况。需要考虑的空间因素有：①现场勘探环境，避免其他设施阻挡导向牌的观看；②导向设施的空间设置高度保持一致，提供人们寻找信息的规律性；③保证从多个方向的观看效果。

第三步，导向设施设计，导向设施的功能需求、结构风格、视觉风格，进行设施的具体设计，整体车站的每个导线设施之间在视觉上应具有一定关联性，功能上有所定位和区分。导向设施的设计依据来源于：①建筑空间特征、装修风格特征；②线路整体视觉形象特征；③个性化特征，包括新材料和高科技的运用；④与车站装修环境、其他公共设施相融合的导向设施设计。

第四步，导向信息设计，是将导向设施中的导向版面进行图标、文字、版面、信息图的具体设计。如何做到视觉传达力强、信息直观准确、视觉特征鲜明、与环境设施相协调，是导向信息的重要设计原则。同时要考虑信息传递的国际化，如何跨越语言进行信息传达。因此导向信息设计既要符合中国国家图形符号相关标准，又要兼顾美观大方、地域特色，以及当代感和国际化。

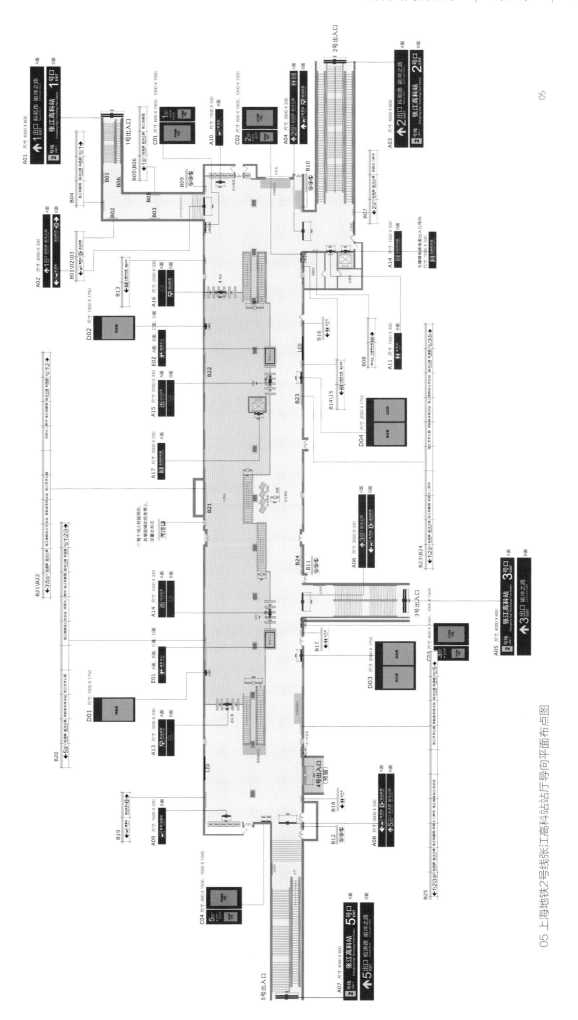

05 上海地铁2号线张江高科站站厅导向平面布点图

6.1.3 地铁导向的依据标准和设计规范

城市地铁导向设计是一项庞大的视觉信息设计及传播设计工作。在城市地铁进入网络化阶段，为确保全网络地铁导向设计的统一规范，通过编制地铁导向设计手册，来指导各车站的具体导向设计工作，是一种较为有效的实施方法。

香港地铁就采用手册的方式，对车站导向设计展开了具体设计规范的描述，有效地控制了车站导向的统一面貌，手册将乘客分为进站乘车、下车出站、换乘三种基本模式，作为导向设计的基础。台北捷运通过编制《台北大众捷运指标规范手册》对车站导向设计进行规范，从色彩体系、设置方式、标志图形等方面做了明确的规定。"手册中将地铁车站使用者的行为动线划分为两类，即乘车动线与离站动线，并将每一行为动线划分为不同的行为过程，依次确定了各种类型标识的设置地点、设置方式与设置方向。"在一定程度上，导向系统的功能性远远超越了其美观性和艺术性，因此，对车站人流组织和引导的科学性与合理性，是地铁导向设计质量的主要判断标准。

上海地铁在2004年和2008年分别发布过两本导向设计管理手册。第一本是《上海城市轨道交通运营服务标志设置规定》，服务于1~5号线地铁建设。第二本是《上海市轨道交通标志设置指导手册》，于2008年5月由上海市城市交通局正式发布，在上海地铁全网络中严格执行。新手册对车站导向的图形标志及版面设计、导向设施的各类形式和布局等进行了全方位的规范和管理。手册对新建线路和已建线路提供了相关的设计指导，对2010年上海世博会前的地铁大规模建设带来了极大的帮助。

当然，地铁导向设计管理首先要符合国家相关标准文件以及各类地方规范标准文件。地方标准文件包括上海公布的《上海市轨道交通管理条例》、《上海市公共信息图形标志标准化管理办法》、《上海市轨道交通标识、线路车站命名和线路识别色方案》等。

车站各类悬吊式导向牌

站台屏蔽门区域导向

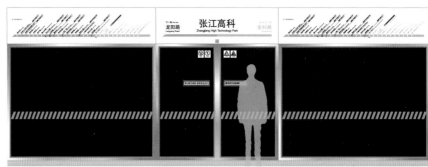

06、07《上海市运营服务标志设置指导手册》 导向设计规范示意图

表6-2 与地铁导向设计管理相关的国家标准文件

编号	国家标准文件
GB/T 18574	《地铁客运服务标志》
GB/T 10001	《标志用公共信息图形符号系列标准规定》
GB/T 10001.1-2006	《标志用公共信息图形符号 第一部分：通用符号》
GB/T 10001.3-2004	《标志用公共信息图形符号 第三部分：客运与货运》
GB 1252-89	《图形符号 箭头及其应用》
GB/T 15566-1995	《图形符号使用原则与要求》
GB/T 14543-93	《标志用图形符号的视觉设计原则》
GB 7093	《图形符号表示规则》
GB 15630-1995	《消防安全标志设置要求》
GB 13495	《消防安全标志》
GB 5768	《道路交通标志和标线》
GB 2893	《安全色》
GB/T 16275	《地下铁道照明标准》

出入口站名牌

地铁出入口导向

站厅墙面信息带导向

地铁标志灯箱

07

08

09

10

11

12

13

08~18 上海地铁7号线车站导向设计

08 地铁出入口灯箱标志
09 换乘通道导向牌
10 出口区域悬吊式导向牌
11 出口区域吸气墙式导向牌
12 站厅信息带及吸墙式导向牌
13 站厅无障碍电梯悬吊式导向牌
14 站台站立式导向牌
15 站台上下车区域站名信息牌
16 售票区域导向牌
17 闸机口导向牌
18 换乘站台导向牌

6.1.4 地铁车站空间的导向信息需求分析

从乘客的心理和行为出发，地铁车站的导向设施所提供的信息应当满足乘客进入地铁和离开地铁过程中所需的可能发生的需求。从站外空间寻找出入口，到通道、站厅、站台、车厢、换乘空间，直至离开地铁车站到达目的地，导向系统始终指引着乘客的行走方向，并提供各类基本服务和安全行为信息。

（1）站外导向信息需求

乘客需要寻找地铁车站出入口，在地铁周边约100米开始乘客需要远远能看到地铁标识，走近后需要看到线路名、站名、出入口编号，同时需要看到列车首末班运营时间等信息，如出站乘客需要看到车站周边环境信息。

（2）通道导向信息需求

通道是出入口连接站厅的过渡空间，一般采用单一狭长的管道连接，有时会有分岔口和转弯口，并可能与其他建筑物相连，通道中要求乘客快速判断方向并通过。乘客在通道中需要间隔一定距离获得进入站厅的信息，确认行走无误，在分岔口和转弯口提前做好信息预告。对于出站乘客来讲，需要提供通道所连接的出入口编号、路名及标志性建筑物信息。

（3）站厅导向信息需求

站厅主要有4个关键点的引导需求，售票区域、客服中心区域、闸机区域、楼梯区域。进入站厅乘客需要寻找自动售票机或充值机，根据线路和站点等信息购买车票。如遇到特殊问题需要寻找客服中心，向车站工作人员寻求帮助。进站检票需要寻找闸机，乘客需要看清进出站闸机信息，如携带大件行李或残疾人等特殊人群需要寻找宽闸机进出。楼梯口区域是乘客从站厅到站台的关键区域，如遇到侧式站台需要判断哪个是目标楼梯，因此引导信息相当重要，在到达楼梯口之前就要设置预告信息。如需要乘坐直达电梯，应提供楼梯各层信息，并充分考虑轮椅乘客及携带大件行李等特殊乘客等需求。

对于出站乘客来讲，站厅从楼梯口开始，到闸机区域、站厅非收费区域直至通道口，乘客需要获得站内外环境空间信息，判断离目的地最近的出口，提供的信息包括各出口编号、路名和标志性建筑物，以及车站建筑结构图和车站周边街区图。

（4）站台导向信息需求

站台是乘客候车及上下车等重要区域，乘客需要在站台判断所需搭乘列车的行驶方向、当前站点与目标站点的关系等，因此在候车时一般会提供地铁网络线路图、车站建筑结构图及目前所处位置、车站周边街区图等信息，同时乘客需要知道下一班列车的实时进站时间。此外站台也是乘客休息的区域，各类设施如厕所、自动售卖机等信息也是必需的。对于乘坐地铁的乘客，上下车区域的安全导向信息相当重要，通过屏蔽门周边区域可提供详细的上下车引导信息。

对于出站乘客来讲，站台需要第一时间提供站名信息，便于乘客确认下车，同时需要提供楼梯及自动扶梯的方向信息，以及直达电梯的引导。对于换乘的乘客来讲，站台需要提供到达站名信息及换乘线路引导信息。

（5）车厢导向信息需求

在列车行驶过程中，车厢里乘客需要通过当前列车实时位置来判断是否到达下车站点，因此地铁网络线路图和即将到达站点信息是必要的，同时还需要提供安全乘车等相关信息。

（6）换乘空间导向信息需求

当城市地铁线路超过10条，换乘空间就会越来越普遍，换乘空间包括站台换乘、站厅换乘、通道换乘等。换乘空间需要清晰地间隔一定距离为乘客提供线路名称信息，直至到达目标线路。

19

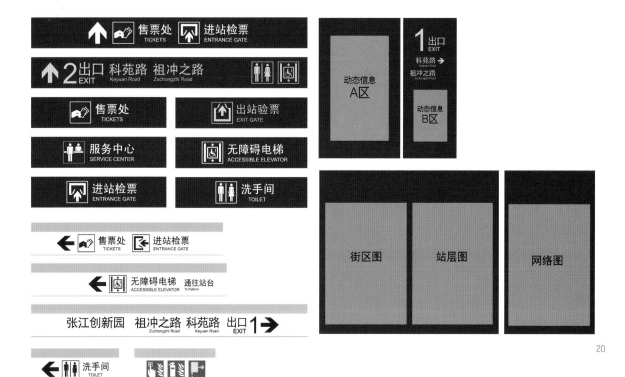

20

19~21 上海地铁2号线张江高科站导向需求部分案例
19 出入口导向需求　20 站厅层导向需求　21 站台层导向需求

6.2 地铁导向设施类型

地铁导向设施的类型相当丰富，除了六大基本导向设施以外，还有各类多元化的传达方式。此外地铁空间中还有一些特殊引导方式，包括光的引导、紧急状态下的引导方式、印刷品方式的引导等。导向中的平面版式设计也极为重要，其中的信息图设计具有很高的设计要求。

6.2.1 地铁导向设施的基本类型

全球城市地铁空间的导向设计各有不同，但是基本类型包括以下6个：①悬吊式导向 ②信息带导向 ③站立式及吸墙式导向 ④站台站名导向 ⑤出入口导向 ⑥地面导向。此外还有上下车区域屏蔽门上方的导向、车厢内线路站名导向等多种形式，并随着高新科技的发展逐渐出现更有互动性和电子化的导向方式，包括手机APP等实时引导方式正在悄然出现。

（1）悬吊式导向

悬吊式导向牌是各城市地铁普遍采用的基本导向形式，观看效果好，灵活性强，特别适合公共空间的大人流情况，为乘客提供了行走状态下所需观看的首要信息。由于悬吊式导向牌在空间中视觉强烈，因此通常只设置最重要的导乘类信息，且信息不宜过多，便于乘客快速识别决定行为。

世界上大部分城市地铁悬吊式导向牌均采用黑白灰的无色系作为底色，以便于线路色的准确传达。上海地铁从2008年《上海市轨道交通标志设置指导手册》开始，采用深灰色（K=94）作为导向牌底色，取代原来1、2号线采用的墨绿色底色，在视觉传达效果上是一次进步。此外，悬吊式导向牌的位置应当设置于主要人流路径的中心区域，相互之间采取中心轴线原则以形成秩序感。

22

23

24

25

26

27

22~31 各国城市悬吊式导向牌　　　　　27 布拉格地铁悬吊式导向牌
22、23、24 日本地铁悬吊式导向牌　　　28、29 香港地铁悬吊式导向牌
25 纽约地铁悬吊式导向牌　　　　　　　30 法兰克福地铁悬吊式导向牌
26 波士顿地铁悬吊式导向牌　　　　　　31 维也纳地铁悬吊式导向牌

（2）信息带导向

车站墙面线路色带，是地铁线路标志色最典型的运用方式，符合公共交通线性运动的引导特征，被世界上为数不少的城市地铁所采用，比如波士顿地铁、巴塞罗那地铁、慕尼黑地铁、维也纳地铁、上海地铁等都采用了这一方式。

信息带一般设置在车站墙面特定高度的水平区域，贯穿整个地铁车站空间，以提供各类引导信息和服务信息。因此无论乘客走在哪里，身边的墙面上都会出现这条信息带，需要了解信息时，就可以随时在这个区域里寻找。采用信息带的城市地铁，空间更有地铁特征，信息带替换了部分传统的悬吊牌，分担了大量的第二层次信息，使信息分布更为合理。由于色彩应用的空间面积大，分布广泛，因此在空间的运用中形成了十分强烈的"地铁风格"，形成了地铁空间特有的速度感和流动感。

各城市地铁信息带的视觉样式各有特色。其中慕尼黑地铁采用单层信息带，芬兰地铁采用1:1的双层信息带，上层底色采用线路标志色，提供站名信息和无障碍信息，下层采用白底黑字，标注方向和设施信息等。巴塞罗那地铁采用1:2的双层信息带，上层采用黑底白字配色，提供出口、换乘、其他城市公交信息等；下层底色采用线路标志色，提供站名等信息。上海地铁从6号线车站开始全面启用双层信息带，上部为线路色带，下部为白底黑色信息。

32

33

32、33 伦敦地铁信息带，提供站名信息、伦敦地铁标志、设施信息等，模数间隔带有一定空隙，略带倾斜度适合乘客观看。

34~38 巴塞罗那地铁信息带，分别为紫线、蓝线、红线、绿线、黄线。双层信息带配色强烈鲜明，上层采用黑底白字，设置各类出口信息、换乘信息、公交换乘信息等；下层底色采用线路标志色，设置站名信息和地铁标志，略带倾斜度适合乘客观看。每间隔一段距离，设置一段黑底的线路图。

39 罗马地铁信息带
40、41 伦敦地铁信息带
42、43 芬兰地铁信息带

44 慕尼黑地铁信息带
45 维也纳地铁信息带

（3）站立式及吸墙式导向

在地铁车站有墙面或柱面的空间，可以采用吸墙式导向设施；在地铁车站不具备墙柱建筑条件时，特别是岛式站台中央位置或站厅中央位置，可以采用站立式导向设置。站立式和吸墙式导向的形式多元，包括灯箱、招贴、电子屏等。其信息除了方向引导信息之外，更多的是综合导向信息，包括各类信息图和地铁服务信息，适合乘客近距离、长时间观看，可以看作是多信息发布的集合窗口，设置空间应当符合乘客行走路线并适合停留观看。

46

47

48

49

50

51

46 法兰克福地铁站立式导向牌　　　　　　　48 慕尼黑地铁站立式导向牌

47、51 斯德哥尔摩地铁站立式导向牌　　　　49、50 东京地铁站立式导向牌

52 慕尼黑地铁Sendlinger Tor站吸墙式导向牌
53 巴黎地铁9号线Havre-Caumartin站吸墙式导向牌
54 东京地铁都营大江户线两国站吸墙式导向牌

55、56 香港地铁港岛线金钟站吸墙式导向牌　　　　　61 香港地铁荃湾线油麻地站吸墙式导向牌
57、58 香港地铁港岛线上环站吸墙式导向牌　　　　　62 维也纳地铁Volkstheater站吸墙式导向牌
59、60 香港地铁东涌站荔景站吸墙式及站立式导向牌　　63 巴黎地铁14号线Pyramides站吸墙式导向牌

（4）站台站名导向

站台站名导向，是乘客分辨车站位置的重要信息，要清晰醒目，方便乘客行走或大人流时观看，同时兼顾坐在车厢里的乘客快速识别到达车站信息。因此，车站名称信息要具有一定的尺度和高度来进行传达。比如香港地铁的车站名采用黑色书法体，识别力很强，现在越来越多的中国城市地铁站台开始采用大站名的设计方式，非常适合中国大人流运营的特征。此外，有些城市地铁还采用背景墙进行站名一体化空间设计，即或辅助图形信息，来帮助文字来进行视觉识别。

64、65 慕尼黑地铁站台站名牌
66、67 香港地铁荃湾线站台站名牌（尖沙咀站、金钟站）
68、69 香港地铁荃湾线站台站名牌（铜锣湾站、上环站）
70 东京地铁地面车站悬吊式站名灯箱
71 上海地铁地下车站站名墙
72 柏林地铁高架站岛式站台悬吊式站名牌
73 巴黎地铁站台站名牌

64

65

66

67

68

69

74~77 各国地铁站台电子报站导向牌
74 巴塞罗那地铁　75 维也纳地铁　76 巴黎地铁　77 柏林地铁

（5）出入口导向

在地铁出入口建筑区域，需要考虑乘客在城市地面远距离寻找和近距离观看的不同需求：（1）站外引导标志，在距离出入口100米范围内的人行道醒目处，设置站外引导标志，供远距离识别。（2）地铁标志灯箱，设置于出入口区域，供远距离观看，要求具有一定高度以免被周边建筑遮挡，因考虑夜间识别而采用灯箱自发光形式。（3）站名及出入口导向定位牌，适合近距离观看，信息包括线路名、站名、出入口编号等基本信息。（4）地铁运营信息牌，提供地铁首末班运营时间及车站周边环境信息引导，属于方便乘客为主的服务类信息。

78、79 东京地铁银座站出入口建筑及导向
80 东京地铁JR线大崎站出入口导向
81、82 东京地铁与建筑相连的出入口导向

83

84

85

86

87

88

89

90

83 维也纳地铁出入口标志

84 巴塞罗那地铁出入口标志

85 波士顿地铁出入口标志

86 柏林地铁出入口标志

87 巴黎地铁出入口标志

88 伦敦地铁出入口标志

89 马德里地铁出入口标志

90 巴黎地铁RER线出入口标志

（6）地面导向

在地铁车站复杂的大空间中，地面导向信息相当有效。由于乘客在地下车站行走时，视线通常会基本保持平行略向下，因此地面如同一张大大的纸，提供了导向信息相当便捷的承载空间。特别在换乘线路引导时，地面导向解决了空间方向的复杂性和信息复杂性的问题，因此在地铁人流引导过程中显示出超乎预料的良好效果。

91

92

93

91 东京地铁车站换乘信息地面导向
92 大阪地铁车站换乘信息地面导向
93 大阪地铁车站楼梯台阶公共设施信息导向

94~96 美国纽约自然历史博物馆地铁站地面导向
将海洋生物当作地面装饰，跟随着这些鱼类、海龟的队伍，
我们就能走到自然历史博物馆的地下入口处。

6.2.2 地铁空间特殊引导方式

地铁车站中除了基本导向类型，还需要一些融入空间的创意性引导方式、便民服务性引导方式、紧急状态下的引导方式，使得地铁这个重要的城市生活公共空间具备更完善的功能。

（1）灯光引导方式

灯光导向方式在地铁车站中是一种较为艺术化引导方式，特别是在欧美国家城市地铁中，车站的照度标准要求不高，在整体氛围较暗的空间中，适当增加高亮度的线性光源或点状光源，对于空间的引导效果相当好。而在亚洲地铁车站中，由于车站对于照度要求很高，在原本很亮堂的空间内就很难增加更亮的光源，加上灯箱广告的照度干扰，整个车站相比照度较低的欧美城市车站显得更为紧张。

巴黎地铁14号线对于光的设计和引导非常出色。比如金字塔站设置了一条管道结构灯带，引导乘客从通道开始到站厅直至站台，在乘坐地铁的整个过程中，灯带提供乘客一个始终向前的目标。圣拉扎尔车站换乘大厅则采用蓝色LED提示灯镶嵌在地面，这既是一种引导，也是地面钟表刻度艺术装置的一部分，整个圆形换乘大厅被天顶的海蓝色漫射灯光营造出柔和的空间效果，蓝色LED提示灯光同样出现在站台和车厢等区域。

97、98 伦敦地铁朱比利延伸线London Bridge站灯光引导方式
99~101 巴黎地铁14号线Pyramides站灯光引导方式
102 巴黎地铁14号线St-Lazare站灯光引导方式

99

100

101

102

（2）辅助图形引导方式

辅助图形引导方式是为使乘客能快速清晰地识别每个车站，设计师为线路的每个车站设计了特定的图形纹样，运用在建筑外立面、环境装饰等区域，帮助乘客有效地记住车站之间的差异性。比如日本地铁东京台场私铁线就从日本文化吉祥图形中选取车站代表图形，同时与该站地域信息相吻合。

103

104

105

106

103~106 日本东京台场私铁线车站图形引导方式

（3）印刷品方式全局引导

印刷品方式的导向采用以单页、折页、小手册等形式，将地铁网络的各类导乘信息、运营信息、便民信息等，系统全面地提供给乘客。乘客可在服务中心按需索取，或者在资料架自行取阅，具有很高的阅读灵活性与针对性等优势，帮助乘客全局性掌握城市地铁网络信息。印刷品导向为乘客开启了一个灵活自主的阅读空间，不仅可以根据自己需要选择印刷品，还可以在任何时候、任何地点进行阅读。对于日益复杂的城市地铁网络，乘客在出门前查询所乘坐的线路信息，是十分普遍的。

107

108

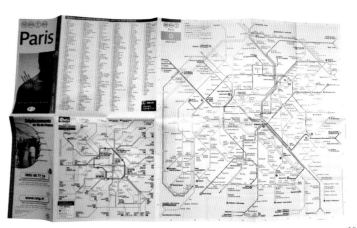

107 巴黎地铁发布的四种线路印刷品

针对一般市区乘客的《地铁线路图》，针对需要了解地面详细情况的乘客的《地铁真实线路图》，针对旅游者的《地铁旅游线路图》，针对近郊线路乘客的《大巴黎地铁线路图》

108 巴黎地铁便携式线路图印刷品

109 巴黎地铁一般线路图印刷品展开

109

表6-3 印刷品方式的导向与基本导向形式的对比

信息传播需求	印刷品方式的导向	基本导向形式
信息容量	信息容量不受限制，可提供系统全面的运营信息、便民信息、商业信息等	空间受到限定，也制约了信息量
信息针对性	针对不同人群，提供不同的服务信息，包括多种信息内容与信息形式的印刷品系列供乘客自行选择	信息内容面向所有乘客，收到篇幅限制，信息无法覆盖所有特殊乘客需求
信息灵活性	提供乘客一个灵活自主的阅读空间，可随身携带或置于家中，供随时查阅	乘客接受信息受到空间限制，必须到车站指定区域获取信息
信息预先查询	乘客在出门前可查询好乘坐的线路信息，提供了获取信息的自主性，减少车站运营管理人员的投入	乘客无法进行信息预先查询解决，必须到车站指定区域获取信息
及时更新	印刷品"分期分批"的发放形式，为需要经常更新的信息提供了方便	灯箱、招贴等提供长期使用，更新成本高

110

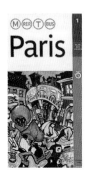

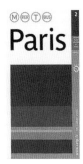

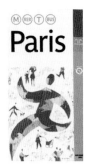

110 伦敦地铁发布的各类
地铁网络信息图印刷品
111 巴黎地铁各年份发布
的地铁网络信息图印刷品

111

（4）智能引导方式

随着通信科技的日益发展，地铁网络信息从互联网进入了移动手机的信息世界。智能手机的引导方式打破了地域限制和时间限制，无论何时何地都可以实时查询地铁网络和列车信息。目前与中国地铁信息相关的手机APP软件已经相当丰富，如地铁通、地铁大全、中国地铁、地铁通上海、8684地铁、全国地铁免费版、上海地铁通、上海地铁地图、全国地铁、地铁通北京、彩虹地铁等。许多城市的地铁纷纷推出手机官方APP软件服务，包括武汉地铁、广州地铁、深圳地铁、南京地铁等。

香港地铁的智能手机APP程序有两个，并与官方网站紧密联系。其中MTR Mobile软件提供了各类便民信息，信息包括车站行程指南、车站出口信息、购票信息、车站旅游讯息、机场快线信息，以及最新发布的地铁新闻等。Next Train软件提供了列车实时服务信息，为机场快线、东涌线、西铁线、将军澳线而设，让乘客能更准确地掌握列车信息。

112

113

112 香港地铁MTR Mobile手机APP界面
113 关于中国地铁信息查询的各类手机APP

（5）紧急状态引导

紧急状态导向是指当地铁在发生火灾或恐怖袭击等灾难时，所具备的紧急疏散乘客至安全区域的引导功能。由于地下建筑疏散比较困难，因此地铁车站一旦遇到火灾或恐怖袭击等紧急情况，就容易造成大量伤亡。1987年伦敦地铁国王十字圣潘克拉斯站火灾事件，引起了全世界对地铁紧急状态导向预案的重视。

紧急疏散标志一般采用绿色，图形符号采用日内瓦标准化机构ISO在1980年发布的"紧急出口"标志，同时参考国标《GB 15630-1995消防安全标志设置要求》中就对紧急逃生标志的规范。在紧急状态下所有标志应保持亮度状态，在一定可视距离下不断出现，引导乘客在烟雾环境或黑暗环境中快速撤离。

在上海地铁中，紧急疏散标志主要分为墙面紧急疏散标志和地面紧急疏散标志两种。墙面紧急疏散标志通常设置在逃生线路附近区域的墙面位置，采用小灯箱形式，高度统一为距离地面0.9米以下，间距不超过20米；地面紧急疏散标志采用粘贴式蓄光材料，设置于最佳逃生线路的中心线位置，采用箭头图案，一般间隔3米。此外，香港地铁还将紧急疏散标志与悬吊式导向牌的出站标志结合起来，一旦遇到紧急情况，悬吊式导向牌上的出站标志和箭头就会进入高亮度状态。

114

114 香港地铁紧急逃生标志

6.2.3 地铁信息图设计

地铁信息图是乘客了解城市地铁网络和车站整体结构的重要途径。科学的信息图设计，将有效信息保留并提炼，删去不必要信息，为乘客首先做了信息梳理，对快速引导人流具有重要作用。地铁信息图主要包括：①城市地铁线路网络图 ②车站结构平面图 ③车站周边的地面信息图。

英国地铁线路图是世界上最早的地铁线路图。1931年，英国电子工程师亨利.贝克（Henry Beck）根据乘客的线路认知度及出行需求出发，重新绘制了伦敦地铁线路图，在公共信息设计上采取了三个变革，开创了现代公共交通信息设计的版图。

随后贝克不断改良线路图，为现代信息图设计作出了重要贡献。贝克首先将每条地铁线路采用一种鲜明的色彩，作为标志识别色，这很大程度上方便了乘客查找和识别线路，今天我们所普遍采用的地铁色彩引导计划，正是基于当时的这个色彩变革。此外，贝克取消了站名字体的装饰线，设计了简明的无装饰线字体"铁路体"，便于瞬间观看和识别。

更重要的是贝克在图形上做了很大的创新，将原来曲折无规律的真实线路走向，简化成直线，并根据站点位置、连接情况和线路走向，采用水平、垂直、45度倾斜的直线来进行表达，站点则采用圆圈表示。整齐的版面使乘客对方向、线路、换乘站一目了然，具有很强的功能与秩序性。新图并没有要求严格按照线路的真实长短比例来绘制，只重视线路走向和交叉位置。从这点来看，抽象的站点关系构成了现代地铁线路图的核心信息，这是从传统地图跨出的重要一步。贝克借鉴了电路图的抽象逻辑方式，也吸收了拓扑学的思维方式，运用到地下公共交通网络图中，从此形成了现代意义上的公共交通图的信息组织表达方式。

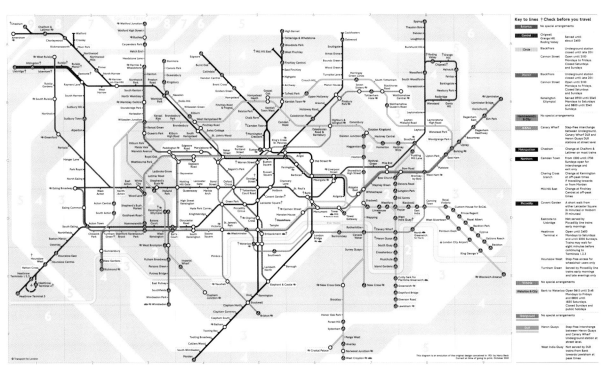

115 伦敦地铁线路图　　116 东京地铁线路图　　117 巴黎地铁线路图

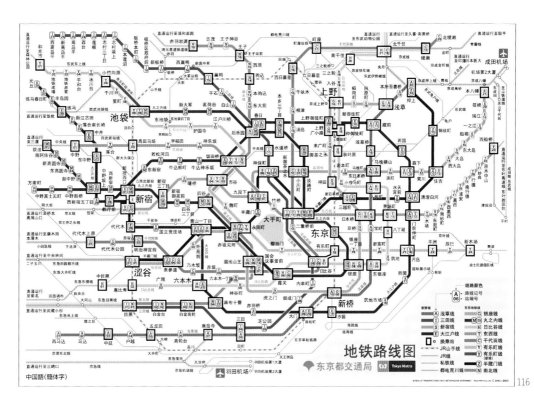

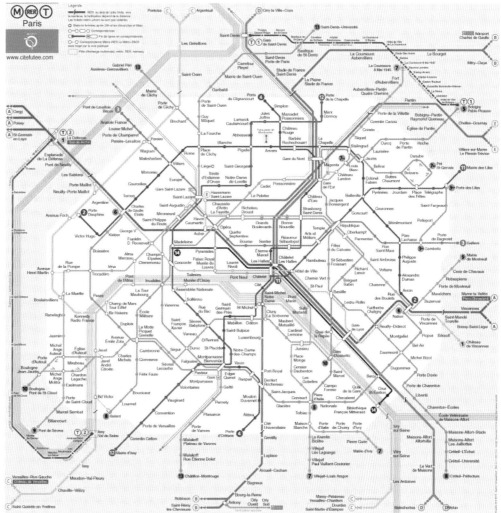

6.3 地铁线路标志色与换乘引导

6.3.1 地铁线路标志色空间设计

在地铁一线一景装修设计战略的指导思想下，为加强线路车站的差异性，线路色彩成为一种很好地识别载体。地铁线路标志色，是指地铁网络中的每条线路，都具有自己特定的一种识别色彩来区分彼此。色彩是感知世界最直观的视觉要素，相比图形、文字、数字能让人更敏锐地察觉到。

地铁线路标志色在车站空间中的运用，能随时提示乘客身处车站的线路位置，方便乘客进行城市空间的定位。同时极大方便了换乘过程，乘客只需要记住两条线路的色彩即可，比如红色换绿色、黄色换蓝色，这样十分简单明了。在国际范围内有为数不少的城市地铁采用了"线路色彩识别方案"，即一线一色装修设计方案。

最初的地铁线路图是黑白的。1931年，伦敦地铁线路图首次采用线路色彩的概念。设计师贝克给每条地铁线路指定一种鲜明的色彩作为其标志识别色，这个创新很大程度上方便了乘客查找和识别线路。在之后一百多年来地铁发展史中，色彩作为线路识别的重要手段沿用至今。无论城市中地铁线路是以数字命名或是以文字命名，色彩是辅助识别的最有效方式。

美国波士顿地铁（MBTA）非常具有代表性，城市中的五条地铁线采用色彩命名，分别为红线、蓝线、绿线、橙线和紫线。波士顿地铁将色彩完全融入车站设计中，从墙面线路色带、地面装饰、吊顶结构，到导向系统、设施系统、公共艺术，色彩成为车站空间的主导因素，并占据一定的视觉空间比例，形成了强烈的空间色彩识别，同时也活跃了车站气氛。

118~121 美国波士顿地铁的红线、绿线、橙线、蓝线

6.3.2 地铁线路标志色的设定

城市地铁线路标志色的色彩识别体系，取色要求科学系统，清晰明确，每个城市的识别色都带有各自的地域文化特征。巴黎地铁的14种标志色，来源于巴黎人对色彩的偏好，浪漫雅致。日本地铁的13种标志色，除了一个灰色之外，从基本光谱色中选取鲜艳的原色作为线路色，每种颜色基本与在色相环上间隔相等距离，且避免使用了明度过高的色彩。

上海地铁2010年在制定《上海轨道交通网络线路标志色研究报告》时，将原有13条线路标志色纳入色相环中分析，发现色彩分布于色立体上的三个色相环。在纯色色相环上取色得到对比色家族、邻近色家族；在明度轴偏向白色50%色相环上取色得到高明度家族；在明度轴偏向黑色50%色相环上取色得到低明度家族。此外，在色立体中间色部分，补充得到中艳度家族。最后上海地铁线路标志色共分为5个

色彩家族，每个家族取5个标志色，共得到30个标志色，供未来上海地铁线路使用。在线路选择色彩时，关键看换乘站的几条线路色彩是否能被清晰的辨认。

当然，色彩识别是一种有效的识别方式，但不是唯一的识别方式。我们看到同一个地铁网络常常同时具有多种识别方式。比如，巴黎地铁网络采用线路色彩配合数字及字母方式；东京地铁采用线路色彩配合线路特定名称的方式。

色彩识别属于一种感性的识别方式，也可以说是一种辅助性的引导识别。在换乘车站空间环境，线路色彩以及导向牌上的线路色彩，对乘客起到了瞬间识别、感性引导、区分空间的重要作用。巴黎地铁包括RER线共计达到19色彩，虽然部分设计之间较为接近，但是线路同时具有各自的数字代码和字母代码，人们并不会因为色彩接近而混淆线路，色彩与数字字母之间的组合识别方式，成为大部分地铁网络的识别方式。

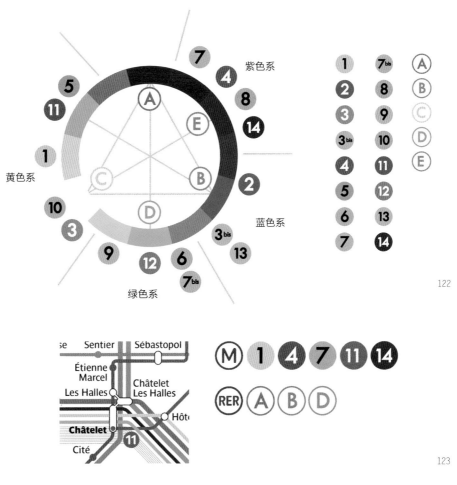

122

123

122 巴黎地铁线路标志色在色相环上的分布位置
123 巴黎最大的换乘站——夏特雷车站（Chatelet）标志色情况

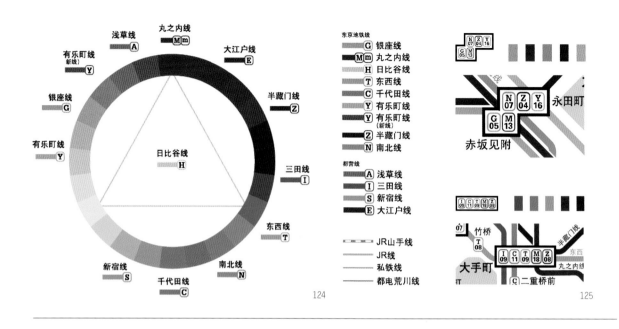

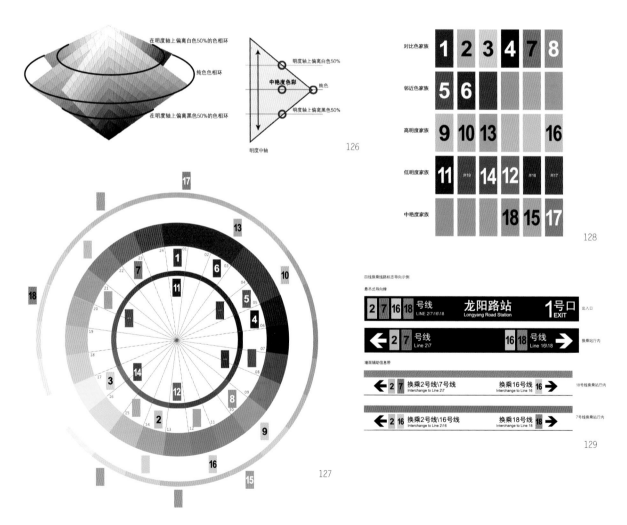

124 东京地铁线路标志色在色相环上的分布位置
125 东京地铁换乘站标志色情况

126 上海地铁现有13条线路标志色选色的三个色相环
127 上海地铁线路30个标志色在色相环上的分布位置
128 上海地铁规划线路标志色情况
129 上海地铁四线换乘站悬吊式导向牌的线路标志色效果

6.3.3 地铁线路换乘引导方式

线路换乘是城市地铁网络中重要的交通方式，换乘车站对导向设计提出了更高的要求。为了使乘客快速换乘，换乘站导向设计通过悬吊式导向牌、墙面信息带、地面导向等多种手段进行全方位引导。换乘过程中有效地引导方式是色彩引导方式，看着颜色找线路相当直观。换乘一般通常采用间隔一定距离的点状引导或线性引导方式。

换乘车站中会设置信息岛，为大型枢纽站的复杂信息提供了充足的空间和固定的区域。城市地铁网络有相当数量的三线或三线以上换乘站（即枢纽站），基于其庞大的建筑规模和人流量，枢纽站的导向信息相当复杂，因此在车站重要区域设置信息岛是一种有效的方式，是一种大容量信息的设施集合体。

130

131

132

133

130~133 维也纳地铁1号线和4号线换乘空间的引导方式

134~141 维也纳地铁Karlsplatz站换乘通道设计

142、143 纽约地铁换乘设计　　146 香港地铁换乘设计

144、145 东京地铁换乘设计　　147 维也纳地铁换乘设计

148 波士顿地铁换乘设计

CHAPTER 7 →

第七章　地铁车站公共艺术设计

地铁车站公共艺术，是当前中国从功能地铁向人文地铁转型的关键要素。公共艺术使得标准化建设的地铁车站有了生机和识别力，使得人造空间在满足功能的基础上显示出人文历史的面貌。因此公共艺术全面介入地铁车站，是未来地铁空间建设发展的重要环节，在近年来已经引起了社会各界的关注和地铁业主方的重视。未来中国地铁在公共艺术的投入和建设上，将有更大的发展空间。

第七章 地铁车站公共艺术设计

7.1 中国发展地铁公共艺术的意义和现状

中国地铁从无到有，从艰难起步到高速发展，对地铁公共艺术的定位和表现也发生了天翻地覆的变化，公共艺术一路走来与中国的政治、经济、文化、科技的发展息息相关，在未来将日益显现出更为重要的作用。

7.1.1 中国地铁发展公共艺术的意义

所谓公共艺术，就是在开放的公共空间中进行的艺术创造及艺术活动。首先公共艺术体现多数人的审美倾向，呈现每个时期中人们主流的审美价值；其次公共艺术体现了对公众的人文关怀。

在地铁公共空间中介入公共艺术概念，首先缓解了地下空间的封闭压抑感，增加活泼愉快的气氛；其次打破了公共交通空间的紧张单一，使大众的出行过程丰富有趣；此外还能通过艺术方式建立起与地面城市之间的关联性；最后公共艺术能创造车站的各类附加值，比如通过公共艺术的人性关怀来消除社会不文明现象等作用。

除了以上功能之外，地铁公共艺术能有效解决今天中国地铁面临的特色危机问题，有效解决地下世界人类情感的缺失。公共艺术全面介入地铁，结合车站空间进行大胆创意，能为乘客创造车站空间的记忆点，增加车站之间的差异性，从而形成车站独有的识别力和方位感。当然公共艺术如果能结合每个城市的历史文化特色，融入城市人文景观、历史景观、各地民间艺术特色，对消除地铁公共空间特色危机是极有帮助的，对中国从功能地铁向人文地铁转型极为重要，此外还能推动城市文化繁荣，对于国家当前文化大发展的目标具有现实意义。

表7-1 中国首批地铁公共艺术——北京地铁2号线壁画作品信息表（1984年）

车站	壁画作品	创作艺术家	创作时间
西直门站	《大江东去图》、《燕山长城图》	张仃	1984年
建国门站	《中国天文史》、《四大发明》	袁运甫、彦东等	1985～1986年
东四十条站	《华夏雄风》、《走向世界》	严尚德、李华吉等	1985～1986年

7.1.2 中国地铁公共艺术的起步与发展

（1）20世纪80年代的北京地铁公共艺术

中国地铁公共艺术从20世纪80年代的北京地铁起步，以大型壁画形式出现，展现中华历史文化和秀美山河，主要是为了弘扬民族自豪感。

在北京地铁2号线车站中，共有6幅大型陶瓷壁画设置于3个地铁站站台的两侧轨行区，成为中国首批地铁站内公共艺术的代表，分别是西直门站的《大江东去图》和《燕山长城图》、建国门站的《中国天文史》和《四大发明》、东四十条站的《华夏雄风》和《走向世界》。这6幅大型壁画气势磅礴、画面华美、内容丰富、具有较高的艺术价值，由当时大量艺术界前辈共同参与设计绘制的大型公共艺术项目。

北京地铁西直门站站台两侧的壁画，《燕山长城图》和《大江东去图》由张仃主持，龙瑞、姜宝林、赵卫、赵准旺、王镛、陈平等人参加创作。每幅壁画高3米，长70米，是将画在高丽纸上的原作切割制作在人造石板内，再安装上墙的。由于画幅巨大，全体人员花费了三个多月的时间创作制作。两幅壁画创作于改革开放初期，是经过邓小平亲自审稿后上墙的，开启了中国地铁公共艺术的先河。

北京地铁建国门站站台两侧的壁画是《四大发明》和《中国天文史》，壁画高3米，长60米，由3000块彩色瓷砖组成。其中，《中国天文史》壁画由袁运甫和钱月华主持创作，高度概括了我国五千年天文学发展史，整幅壁画分为三个篇章。第一篇章主题是中国远古时期对于天象的感知和想象，画面中出现了中国古代的星宿划分（三垣二十八宿和四象），以及牛郎织女、河鼓三星、伏羲女娲、青龙白虎等形象。第二篇章主题是中国古代天文学的重大成就，以一轮红日映照下的北京古观象台为中心，红日中央的乌鸦代表太阳黑子，世界上最早的太阳黑子的记录是中国，左右两侧的中国古代各种天文仪器。第三篇章主题则是中国现代天文学及展望，表现了自1543年哥白尼发表了太阳中心说以后，世界天文学进入迅速的时代，描绘了太阳系以及人类探访太空的场景，此时人类终于实现了古人飞天探月的愿望。

01~03 北京地铁西直门站壁画《大江东去图》绘制稿

（2）世博前的上海地铁公共艺术

上海地铁自1995年通车以来，基本采用长度为12米左右的中型壁画为主，到2010年世博会，上海地铁共有280个车站，54块壁画，主要分布在地铁网络中的枢纽站、换乘站和重点站，公共艺术覆盖率基本约为20%。

上海地铁1、2号线通车的时代，壁画展现了当时的海派文化特征，早期以静安寺站的《静安八景》和中山公园站的《今日交通》最受乘客喜爱，分别由上海大学美术学院的陈家泠和董卫星设计。在当时一二号线换乘的人民广场站，有一幅壁画长卷《上海建筑神韵》，由同济大学的殷佳创作于1994年，但是在人民广场八号线通车车站改建中拆除，成为上海一幅消失的地铁壁画。

从空间布局上讲，上海地铁壁画基本集中在站厅，54块壁画中有52块设置在站厅中人流较少、空间开阔区域，2块设置在站台列车轨行区。从全球范围来看，各城市地铁公共艺术选位相当丰富，各有特色。除了站厅、站台、通道、出入口这些空间，还在

04~07 北京地铁建国门站壁画《中国天文史》

车站的楼梯区域、立柱区域、天顶区域、地面区域、建筑特殊结构区域有所尝试，艺术作品的篇幅根据空间情况而定，形成了多元化的艺术布局。因此，上海地铁公共艺术的选位，可以在未来地铁建设中结合空间特色而有所突破。

上海地铁公共艺术在选题方面是相对丰富的，主要分为三类。从"上海轨道交通俱乐部论坛"发起的"我最喜欢的上海地铁壁画"网络调研数据发现，在上海54块壁画中最受欢迎的是陆家嘴站的壁画《今日上

海》，壁画以反映上海城市标志性建筑物的主题受到了人们的喜爱，属于第一类反映地面区域特征的主题的壁画。其次《静安八景》、《犹太人在上海》、《午后阳光》等壁画同属一类，结合车站周边地域特征而人气较高，其中9号线马当路站壁画《午后阳光》，表现了新天地区域的上海石库门建筑，与地面环境十分吻合。第二类以表现城市公共交通发展而受到好评，比如《车轮之路》和《今日交通》等壁画。第三类是反映上海城市形象的主题，比如6号线上海儿童医学中心站的《海上霞光》，表现了浦东陆家嘴地区的城市影像；上海人民广场站换乘大厅的圆形天顶玻璃壁画，则采用市花白玉兰作为元素，反映了当代上海的城市气韵。可见，地铁公共艺术应当尽量选择公众喜闻乐见的主题进行表现。

在新世纪中上海地铁壁画创作开始与上海著名艺术家进行合作，为上海地铁增添了浓厚的艺术氛围。7号线龙阳路站的《花间飞舞》是由著名国画家陈家泠创作，以其一贯的清新笔调表现了夏日荷花美景。10号线豫园站的《韵之风》是出自于著名连环画家贺友直之手，表现了老上海360行的众生百态，具有浓浓的上海历史文化韵味。10号线同济大学站的《梦里徽州》是由当代著名国画家汪观清先生精心创作，表现了徽州村镇一年四季的美景与民生，壁画根据站厅区域的空间特征，采用19块高度为5.45米长形壁画，空间分布总长度在200米左右。1号线陕西南路站在世博前新线改造时新增的《天都云瀑歌》同样是由汪观清先生绘制的，这幅山水长卷力作气势磅礴，云海山峰水瀑浑然一体。

此外，上海地铁公共艺术除了壁画之外，还有与建筑空间相适应的天顶艺术装置等表现形式，比如在8号线通车之后的人民广场站大三角换乘区域，结合建筑圆形透光天顶创作的大型玻璃装置公共艺术《白玉兰》，由彩色镶嵌玻璃制作而成，由上海美术学院团队创作设计。

从总体上说，上海地铁壁画的材质工艺相当多元，材质包括黄铜、不锈钢、玻璃、大理石、玻璃钢、陶瓷等，工艺包括丝网印刷、磨漆画、马赛克拼贴、多媒体装置等。其中7号线后滩站的《炫彩新潮》采用通透的玻璃圆管矩阵和风动漂浮的彩球作为装置构架，在电脑技术的支持下，当音乐响起，管内彩球就会随着乐声形成波浪运动，这是一件壁画与多媒体技术结合的作品；而6号线临沂路站的《映霞逐浪》巧妙地运用三角装置为两个方向行走的乘客提供不同的观看画面，活跃的蓝色海洋鱼跃的画面和金色海面落日景象，充满趣味性，这两幅壁画是由上海美术学院团队创作设计的。

上海地铁正经历着从功能地铁向人文地铁迈进的过程中，逐渐从地铁硬件建设转向软件建设，并将发展目光逐渐聚焦到地铁公共艺术建设上。相比伦敦和巴黎等百年历史的城市地铁，上海地铁正处于风华正茂的青年期，其地铁公共艺术正处于起步状态，发展潜力无限。

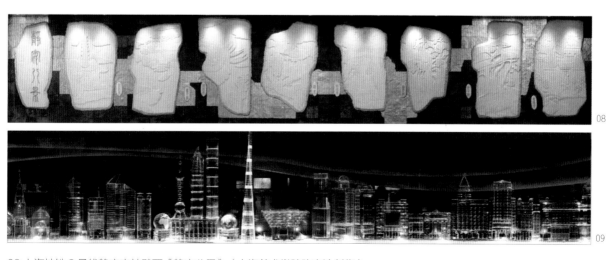

08

09

08 上海地铁 2 号线静安寺站壁画《静安八景》（上海美术学院陈家泠创作）
09 上海地铁 2 号线陆家嘴站壁画《今日上海》（上海美术学院和上海贝贝埃艺术创作）

10 上海地铁 2 号线世纪公园站壁画《花的海洋》
11 上海地铁 2 号线上海科技馆站壁画《发展》
12 上海地铁 8 号线虹口足球场站壁画《逐鹿》
13 上海地铁 9 号线马当路站壁画《午后阳光》
14 上海地铁 9 号线七宝站壁画《古韵》
15 上海地铁 6 号线上海儿童医学中心站壁画《海上霞光》
16 上海地铁 6 号线上南路站壁画《浦江丽影》
17 上海地铁 8 号线人民广场站壁画《迎宾》
18 上海地铁 6 号线临沂路站壁画《映霞逐浪》
19 上海地铁 7 号线后滩站多媒体动态壁画《炫彩新潮》

20 上海地铁人民广场站大三角换乘区域的透光天顶玻璃公共艺术《白玉兰》，由上海美术学院团队创作

21 上海地铁 10 号线同济大学站的壁画《梦里徽州》，由艺术家汪观清创作

22、23 上海地铁人民广场站 1、2 号线换乘区域的壁画《上海建筑神韵》，由设计师殷佳创作

24 上海地铁 2 号线中山公园站壁画《今日交通》，由设计师董卫星创作
25 上海地铁 7 号线龙阳路站壁画《花间飞舞》，由艺术家陈家泠创作
26 上海地铁 10 号线豫园站壁画《韵之风》，由艺术家贺友直创作

（3）进入新时代的中国城市地铁

30年来，中国地铁公共艺术正在发生变化，并逐渐受到社会各方面的重视。在新建城市地铁的前期策划阶段，已将公共艺术纳入重要议题；在已建城市地铁中，新兴的公共艺术展览和公共艺术活动已在筹划阶段，部分城市已有初期探索。

2004年开通的深圳地铁，其公共艺术展现了这座城市的创新开拓和现代时尚的风貌。特别是2006年首次将中国当代艺术引入地铁空间，当代艺术家王广义的《世界你好》、张晓刚的《大家庭》、方力钧的《欢乐颂》出现在公共交通空间，受到乘客的关注和喜爱。此外推出"深圳地铁美术馆"将更多的艺术作品引入地铁。

2005年通车的南京地铁，其公共艺术作为当时地铁建设的主要策略，在1号线的16个车站中选取9个站，壁画覆盖率达到75%。壁画紧扣六朝古都南京的人文历史面貌，其中玄武门站的《水月玄武》、南京站的《金陵揽胜》、珠江路站的《民国叙事》、三山街站的《灯

彩秦淮》等都相当经典。2号线和3号线的壁画主题则从中国经典名著和神话节气展开，比如《红楼梦》中的十二金钗、黛玉葬花、元春省亲，以及七夕节的牛郎织女、冬至和春节等，展现手法也更为多元现代。

2011年开通的西安地铁，其公共艺术体现了这座历史文化古城的风韵，选题从唐代马球、唐代侍女、奔腾的骑兵、秦腔戏曲、唐汉古建筑等展开，体现了古都的恢宏历史和文化底蕴。此外在1号线推出"丝绸之路"文化列车，车厢采用全景手绘方式再现丝绸之路，受到乘客喜爱。

2012年开通的杭州地铁，其公共艺术展现了杭州城的"文艺范"和"江南风"，舍弃15个核心车站的广告，用于设置大型公共艺术作品，力争创作一个城市的地下文化记忆。从许江创作的《葵园》大型艺术文化墙，到《荷花塘》、《莲响节拍》、《坊巷生活》、《都市青花》，还有站台的艺术石凳，都展现了中国地铁公共艺术的建设正在日益进步。

27、28 杭州地铁公共艺术，武林广场站壁画《阳光·葵园》许江，客运中心站壁画《都市青花》
29、30 深圳地铁公共艺术，机场北站壁画《大芬丽莎》，华侨城站地铁艺术作品《大家庭》张晓刚
31、32 南京地铁公共艺术，雨花门站壁画《黛玉葬花》，大行宫站壁画《春节》
33、34 西安地铁公共艺术，体育场站壁画描绘唐代马球《盛世》，1号线推出"丝绸之路文明号"列车

7.2 地铁公共艺术的表现形式

从国际范围来看，地铁公共艺术有三种表现形式。

第一种是地铁公共艺术作品及艺术空间，是最常见的地铁艺术形式，通常在地铁建设时期一次完成，也有小部分是运营期间增加的，因此也可以称之为"永久性地铁公共艺术"。其具体表现形式包括壁画、雕塑、景观、装置、艺术设施、艺术导向、艺术空间等。

第二种是地铁公共艺术展览及活动，是在地铁运营时期策划举办的，但是其空间和硬件设备需要在建设时期设计预留，通常也称之为"临时性地铁公共艺术"或"阶段性地铁公共艺术"。香港地铁和伦敦地铁在地铁公共艺术展览及活动方面经验丰富。

第三种是地铁公共艺术创意产业，就是围绕地铁形象所开发的纪念礼品和文化产品等，具有城市形象传播的功能。伦敦地铁是世界上在公共艺术创意产业方面运作最早也是最成功的典范。

目前中国除了香港地铁公共艺术发展较为成熟，基本满足三类公共艺术表现形式之外，其他城市地铁都处于满足建设需求的起步状态，在地铁公共艺术展览及活动的组织方面尚缺少经验，也缺乏公共艺术创意产业这个无形资产的建设意识。目前中国大部分城市地铁公共艺术以壁画为主，艺术形式单一。

7.2.1 地铁公共艺术作品及艺术空间

地铁公共艺术作品及艺术空间是最常见的地铁艺术形式，通常在地铁建设时期一次完成，也有小部分是运营期间增加的，因此也可以称之为"永久性地铁公共艺术"。其具体表现形式包括壁画、雕塑、景观、装置、艺术设施、艺术导向、艺术空间等。

在中国地铁空间中壁画是公共艺术作品中最普遍的表现形式，从早期的马赛克、陶瓷、铸铜，到后期的数码灯光、影像视频，壁画材料工艺极为多元。中国城市地铁壁画几乎占据公共艺术九成以上的比例，这与中国地铁的大人流和高运能有关，在并不宽敞的车站空间中，庞大的人流量要求公共艺术不能阻挡人流且安全耐用，因此壁画成为主体的艺术形式。

同时中国也逐步开始探索更为丰富的公共艺术形式，2008年北京奥运线车站设计中开始融入艺术空间的概念，出现了车站灯具、设施、导向、天顶、地面、墙面围绕车站主题概念的整体性设计。上海地铁9号线松江南站的站内空间极为艺术化，站厅采用冰裂纹和黑白对比，古典而不失现代；站台采用木纹铝管，烘托高耸空间的气势。

国际上地铁公共艺术作品及艺术空间所采用的艺术表现形式更为丰富多样。雕塑和景观对空间要求较高，需要充分考虑人流情况，避免大人流经过区域，以避免安全问题。

艺术化设施由于结合设施功能性，因此在空间和人流上争取了更大的发展机会，比如日本东京地铁大江户线饭田桥站，由于坐落于小石川植物园附近，因此装修时将车站上部空间布满绿色钢管，构成植物自然攀爬生长的视觉意象，同时在部分钢管中设置了日光灯管，形成了车站照明的艺术化方式。

表7-2 地铁公共艺术的三种表现形式

表现形式	具体艺术表现形式	实施阶段
地铁公共艺术作品及艺术空间 （永久性地铁公共艺术）	壁画、雕塑、景观、装置、艺术设施、 艺术导向、艺术空间等	地铁建设时期为主
地铁公共艺术展览及活动 （阶段性地铁公共艺术）	艺术展览、艺术活动等	地铁运营时期
地铁公共艺术创意产业	地铁形象纪念礼品、地铁文化产品等	地铁运营时期

35

36

37

38

39

40

35、36 纽约地铁 14th Street / Eighth Avenue IND 站铸铜雕塑，艺术家 Tom Otterness 创作，2000

37 香港地铁东铁线落马洲站雕塑《洋紫荆骑士》蒋朔

38 香港地铁马鞍山线第一城站雕塑《犬太子．鲤鱼龙飞》吉田朗

39 香港地铁观塘线彩虹站雕塑《陶醉的芭蕾舞者》尹智欣

40 香港地铁将军澳线油塘站雕塑《行人．闻人》李慧娴

41 伦敦地铁 Piccadilly 线列车外部涂装艺术效果

42 伦敦地铁 Southwark 站外部空间艺术展览，2006/2007

41

42

7.2.2 地铁公共艺术展览及活动

地铁公共艺术展览及活动是在地铁运营时期策划举办的，但是其空间和硬件设备需要在建设时期设计预留，通常也称之为"临时性地铁公共艺术"或"阶段性地铁公共艺术"，其对于丰富车站人文艺术，建设地铁文化形象具有重要意义。

地铁是"十年建设、百年运营"，地铁公共艺术不仅是建设阶段的任务，也是后期运营阶段的长期发展目标。地铁公共艺术展览及活动能创造车站附加值，在关于创建富有魅力的车站空间研究中，日本有关方面提出地铁"可为社区、学校、文化培训班，提供举行各种聚会和展示的场所，也可成为提供各种社区活动信息的场所，其运营管理需要当地社区的协助和配合。"

目前地铁公共艺术展览及活动在国际范围内越来越受到重视，其中运作较为成熟的是伦敦地铁、斯德哥尔摩地铁和香港地铁。

伦敦地铁于2000年实施了"艺术车站计划"，在32个车站为公众提供了130余场世界级的当代艺术展，使伦敦地铁变成一座免费地下美术馆。公共艺术展览不仅丰富了伦敦市民的出行生活，还为青年艺术家和当代艺术家提供了创作机会和展示平台，数百位艺术家参与其中，使伦敦成为名副其实的创意城市。其中，环线（Circle Line）格洛斯特站（Gloucester Road）利用站台拱形连廊结构发布艺术作品，成为地铁公共艺术展最有特色的站点之一。

瑞典斯德哥尔摩地铁公司（SL）高度关注地铁公共艺术展览及活动的运作，在城市99座地铁站中，选择了6个车站作为艺术展览和活动的发布站点，瑞典政府希望通过这种方式为艺术家提供更多展示的机会。车站作品每年更换1到4次不等，展览时间长短根据乘客对艺术作品的喜爱程度而定，能引起人们兴趣并获得喜爱的作品展览时间就会适当延长。这6座车站的展示形式略有不同，Odenplan站利用地面站的站台设置长长的橱窗，主要展示立体艺术作品；Skanstull站主要展示影像作品；另外几个站利用列车行驶区域墙面来展示平面艺术作品，其中，Slussen站和Fridhemsplan站基本展示黑白艺术作品，而Zinkensdamm站和Gurdet站主要展示彩色艺术作品。

香港地铁公司在临时公共艺术展览及活动方面经验丰富。自2000年以来的"艺术之旅"项目，采用短期艺术展览的形式，邀请车站周边社会文化机构参与，在各车站举办多次展览；自2003年以来的"艺术管道"项目，是设置于中环站的小型画廊项目，举办过多次专题展览及艺术家作品展；车站艺术表演项目，定时举办现场音乐及舞台艺术表演，丰富了市民生活，获得了民众的广泛支持。

目前中国城市除了香港之外，其他城市地铁对临时性公共艺术尚处于探索阶段，部分城市和线路开始有所探索。其中由香港地铁公司经营管理的北京地铁4号线，在临时性公共艺术方面借鉴了香港地铁的经验，有所尝试和探索；2009年国庆期间推出了"祖国你好"大型公益摄影展览，调动1000多块灯箱、地面和柱面招贴、电子屏等媒介，具有较大社会反响；此外，还推出"4号美术馆"及两列列车车厢作为艺术家作品的发布空间。

此外，上海地铁在2011年首次尝试了艺术策展形式的公共艺术，在上海南站换乘通道内举办的"海世盛楼——上海地铁当代公共艺术活动"，共动用47张广告灯箱，展示了来自世界各国的8位当代艺术家作品，解读世博会给上海带来的变化，可以说这次展览是上海地铁公共艺术的一次突破，艺术作品第一次从美术馆走进了地铁空间。之后上海地铁在2013年元旦推出了地铁公共艺术文化周活动，预示着上海地铁开始进入公共艺术全面发展的阶段。

43~49 伦敦地铁 Gloucester Road 站艺术展览
43 展览 Ten Silhouettes，2005，艺术家 David Bathelor
44 展览 Peace and Love，2006，艺术家 Beatrice Milhazes
45、46 展览 Big Ben，2012，艺术家 Sarah Morris
47、48 展览 City Glow，2006，艺术家 Ghiho Aoshima
49 艺术展览，2013

50、51 伦敦地铁 Piccadilly Circus 站展览 All Day Long，2006，艺术家 Lother Gotz
52 伦敦地铁 South Wimbledon 站展览 Knitting Circle，2007
53 伦敦地铁 South Wimbledon 站展览 Post Selection Translation，2005

54~62 斯德哥尔摩地铁公共艺术展览
54 Hogdalen 站 2002　55 Annika Stahlgren 站 1999/2000
56 Christian-Pontus Andersson 站 2008　57 Zinkensdamm 站 2003/2004
58 Gardet 站 2004/2005　59 Zinkensdamm 站 2004/2005
60 Norsborg 站 2006　61 Slussen 站 1990　62 Slussen 站 2000/2001

63~68 香港地铁展览及活动
63 展览"心系香江 重温往日情"，中环站，2010
64、65 展览"衫衫归旧"和"放眼天空"，上环站，2011
66 展览"瞬刻如一"，中环站，2016
67 香港艺术家展览，香港艺术月，中环站，2015
68 展览"港铁车票珍藏展－车票之旅 35 载"，中环站，2014

54

55

56

57

58

59

60

61

62

63

64

65

66

67

68

7.2.3 地铁公共艺术创意产业

地铁公共艺术创意产业，是指围绕城市地铁形象展开的相关文化艺术创意产品及活动等，是建立在地铁视觉文化形象基础上的创意产业，包括各类地铁纪念品及衍生产品，通过地铁专卖店的形式进行营销。

伦敦将地铁创意产业与城市文化形象紧密结合，其专卖店已成为旅游热点之一，出售的各类文化产品包括伦敦地铁相关书籍、各时期宣传海报、各种版本信息图、地铁车辆模型、家居用品、儿童用品等；各种创意礼品包括钥匙环、马克杯、皮夹、笔记本、年历、环保袋、围巾、服装、食物等，成为各国游客最受欢迎的商店之一。

伦敦地铁纪念品可以通过两种途径购买，第一种是伦敦交通博物馆纪念品店，其中有大量关于伦敦地铁的艺术品和纪念品，第二种也可登录伦敦地铁官网找到纪念品频道，进行在线购买支付。这些纪念品不仅传播了伦敦地铁形象，同时也有效地传递了伦敦城市形象和精神。伦敦地铁经过长期品牌经营，已形成相当

完善的运作模式和良好的社会效益，并带动了城市旅游业的繁荣。

地体公共艺术创意产业的案例在全球范围内经营成功的案例并不多，中国地铁在该方面尚处于探索状态。近年来上海地铁在纪念品方面也开始进行尝试，推出了一系列地铁纪念品，并在人民广场等车站橱窗进行展示，但销售渠道正在建设探索中。

69

69 世界各国地铁的创意文化艺术衍生产品

表7-3 伦敦地铁品牌形象纪念品及文化创意产品一览表

产品分类	产品名称
敦伦地铁150周年纪念品（Tube150）	都市玻璃器皿（Metropolitan glassware）、礼品与配件（Gifts & accessories）、伦敦地铁书籍（London Underground books）、海报印刷品（Posters & print）、地图产品（Maps）、150周年食品和饮料（tube150 Food & Drink）
独家和古董（Exclusive & vintage）	海报（Posters）、限量版打印的物品（Limited edition prints）、限量推出的食品和饮料（Food & Drink）、交通卡包（Travel card wallets）、交通标志（Transport signs）、T恤（T-shirts）、马克杯（Mugs）、杯垫（Coasters）、垫子（Placemats）、鼠标垫（Mouse mats）
礼物和纪念品（Gifts & souvenirs）	圣诞礼物（Christmas gift ideas）、书籍（book）、地图（Maps）、交通卡包（Travel card wallets）、食品和饮料（Food & Drink）、个人饰品（Accessories）、手表（Watches）、纪念品（Souvenirs）、服装（Clothing）、DVDs
家居用品（For home）	家具（Furniture）、杯子（Cups & mugs）、眼镜和瓶子（Glasses & bottles）、厨具（Kitchenware）、餐具（Tableware）、家居饰品（Accessories）、时钟（Clocks）、靠垫（Cushions）
海报招贴（Poster）	远离都市（Beyond the city）、娱乐（Entertainment）、事件（Events）、伦敦交通系统（London's transport system）、露天伦敦（Open air London）、观光（Sightseeing）、运动（Sports）、战时的伦敦（Wartime London）、公交百叶窗（Bus blinds）
儿童用品（For kids）	儿童读物（Books）、派对器皿（Partyware）、毛绒玩具（Soft toys）、玩具模型（Model & toys）、游戏与谜题（Games & puzzles）、儿童服装（Clothing）、儿童饰品（Accessories）
模型（Models）	伦敦巴士（London buses）、非伦敦巴士（Non London buses）、有轨电车和火车（Trams & trains）

70

71

70 伦敦地铁创意文化产品
71 香港地铁创意文化产品

7.3 地铁公共艺术的选题与选位

地铁公共艺术的创作主题也叫做"选题"，主要对地铁公共艺术创作内容进行适当的范围限定，使整条地铁线路呈现出一种特定的视觉文化形象，以形成城市地铁的整体印象。地铁公共艺术的空间布局也叫做"选位"，主要对地铁公共艺术在空间中的具体位置进行限定，通过中外城市地铁的比较分析，为中国地铁公共艺术的选位多元化寻找方向。

7.3.1 地铁公共艺术选题

地铁公共艺术选题与车站地面信息、城市历史文化以及社会时代背景有着密切的关系，这三方面构成了地铁公共艺术选题的三大来源。

第一，与车站地面信息相关联的选题方向，占据了世界地铁公共艺术选题的半数以上。建立与地面信息的关联性，不仅是车站导向的任务，也是车站装修及公共艺术的责任。

较有代表性的是纽约地铁自然历史博物馆站的公共艺术创作，当乘客走出地铁车厢，首先看到的是站台层恐龙化石浮雕，走到楼梯区域是海底世界的陶瓷半浮雕，站厅层则是由马赛克拼贴而成的爬行动物和昆虫，地面采用不同石材拼接成的鱼群图案，这些公共艺术作品都是对博物馆的一种引导和提示。比如巴黎地铁13号线维赫纳站（Varenne）在站台设置了罗丹雕塑的复制品，提示了乘客地面是罗丹艺术馆的信息。又如斯德哥尔摩地铁在靠近海边的地铁站中，创作了巨型礁石的墙面装置，并在扶梯侧墙上用马赛克拼贴出翻滚海浪，提示了该站特殊的地理位置；柏林地铁动物园站在站台墙面创作了大型动物造型壁画，这样的案例不胜枚举。

第二，与城市历史文化相关联的选题方向，构成了地下城市在历史文脉上与地面城市的关联性，为地铁空间增加了丰富的人文气象。在许多城市地铁中，都有关于城市历史中某一典型时期的社会人文景象的设计，使车站产生了时间上的联想跨度。比如上海地铁中设置了由艺术家贺友直创作的20世纪三四十年代老上海人文景象壁画，凸显了海派文化的特征样貌。

又比如，巴黎地铁1号线杜乐丽站创作了"纪念巴黎地铁百年诞辰"的公共艺术作品，站台两侧整体墙面记录了20世纪各个时代所发生的历史事件与社会画卷，从1900年至2000年共10组壁画，共同构成了巴黎地铁的百年人文历史，其标题为"20世纪法国人的集体回忆"。此外，在新建的迪拜地铁中，有13个车站选择了水的主题进行空间设计及公共艺术创作，是为了纪念迪拜的父辈们依靠大海中捕捞珍珠为生，水在这个沿海沙漠城市具有相当厚重的历史感。

第三，与社会时代议题相关联的选题方向表现了每个时代中人们的理想和信念。在1951年通车至今的斯德哥尔摩地铁中，地铁公共艺术的创作主题会跟随不同时期的社会潮流、政治形势、生活状态等因素发生变化。在20世纪60年代，斯德哥尔摩地铁中的公共艺术主题是围绕人权与和平展开的，提倡男女平等、反对战争等，充分展现了当时的社会思想潮流。

除了以上三类主要选题方向之外，还有相当数量的地铁公共艺术并没有特定主题，仅以环境装饰性为主，目的是缓解地下空间的沉闷和压抑。另有部分地铁公共艺术体现了公共交通行业的视觉特征，主要表现了地铁的速度感和运动感，展现公共交通空间特有的流动特征和气场。

72、73 巴黎地铁13号线Varenne站位于罗丹艺术馆附近，站台设置了罗丹雕塑的复制品，如思想者和巴尔扎克等。

74、75 巴黎地铁1号线Louvre Rivoli站犹如博物馆，环境灯光较暗，两侧陈列着雕塑和绘画。

76、77 巴黎地铁1号线Bastille站位于昔日的巴士底监狱，站台两侧墙面采用长达几十米的瓷砖壁画，围绕法国大革命时期攻占巴士底监狱展开描述。

78、79 巴黎地铁Hotel de Ville站是巴黎重要的政府机构，车站采用巨大的市徽标识和法兰西共和国的红白蓝色彩。

表7-4 1951年通车至今斯德哥尔摩地铁公共艺术选题分类一览

主题涉及领域	主题内容构成	案例
艺术装饰	以展示瑞典当代各类风格的艺术形式和装饰作品为主，内容涉及雕塑、绘画、文学、平面设计、模型等	Kristineber站（雕塑"与动物相伴的旅者"）、Angbypla站（平面设计图饰）、Hallonberge站（儿童壁画）、Mariatorge站（诗歌系列）、Varby gard站（"花神"系列）
历史文化	以体现瑞典本土历史传统和各时期的文化艺术成就为主，内容涉及历史遗迹、出土文物、航海文明、历史人物等	Kungstradgarde站（坍塌的Makalos宫意象）、Reikeb站（维京时代的出土文物）、Hornstull站（奥尔塔米拉岩窟）、Fridhemsplan站（航海文明）、Radmansgatan站（纪念AugustStrindberg）
科学探索	以宣扬人类科技的进步和不懈探索为主，内容涉及的时间与空间相对广阔	AugustStrindberg Vastertor站（纪念北极气球探险）、Tekniskahogskola站（宇宙与科技演化）、Universitete站（生命演进与科技进步）
社会生活	以展现瑞典不同时期、不同阶层的日常生活和社会场景，内容涉及乡村与城市、工人与农民等生活的侧面或全景	Solnacentru站（20世纪70年代的乡村生活）、T-Centrale站（工人劳动场景）、Odenplan站（家居生活与日常陈设）
人类宣言	以倡导反映人类文明进步主题为主	Fittja和Akesho站（反暴力）、Ostermalmstor站（女权、和平与环境）

80、81 伦敦地铁 HOLBORN 站
车站位于大英博物馆附近，因此壁画主题来源于博物馆的藏品，地面采用黑白几何纹样。

82~89 纽约地铁81st Street Musuem of Natural History站
车站与纽约自然历史博物馆地下入口相连，壁画采用马赛克工艺表现了各种昆虫、恐龙等自然生物，作为地面信息的提示，当人们跟随着这些动物行走，就不知不觉来到了博物馆的入口。

90

91

92 93

90~93 伦敦地铁 CHARLING CROSS 站，其壁画反映了车站的历史人文景象
94~99 柏林地铁 Zoologischer Garten 站，由于车站位于柏林动物园附近，因此壁画描绘了各类动物

7.3.2 地铁公共艺术选位

地铁公共艺术的选位包括两层含义：第一是在城市地铁网络中选择哪些车站作为公共艺术的发布车站；第二是在车站中选择哪些区域作为公共艺术的发布空间。

从总体上讲，城市地铁网络的公共艺术车站布点原则是，如不能做到全覆盖，尽量选择地理位置上相对重要的车站，可以从是否位于城市中心区域、是否位于旅游或商业等特殊功能区域、人流量等这几个方面进行综合考量。

地铁车站公共艺术的选位原则，首先是以不阻挡人流、不影响地铁运营作为基本原则；其次是以乘客行为模式为出发点，尽量设置在乘客必经路线，观看视野较为开阔，观看心情较为平缓。

从国际范围来看，地铁公共艺术的选位相当多元化。站厅和站台的墙面仍然是公共艺术的主要发布空间，此外公共艺术结合不同表现形式，主要还出现在地铁出入口、楼梯区域、立柱区域、天顶区域、地面区域，以及车站建筑的特殊区域等。多元化的公共艺术选位，如能与环境做到情景相融，更增添了一份生活化的亲和感，同时还兼顾了疏导人流的功能。

（1）站厅层公共艺术

地铁站厅层空间较为广阔复杂，人流量大，承担售票、进站、问询等多元功能，同时连接地面和其他城市区域，因此设置公共艺术频率最高的区域。

国际上各城市地铁车站都会选择站厅层来设置公共艺术。结合站厅的不同空间特征，在通道进入站厅区域、售票区域、闸机口区域，以及站厅的特殊开阔空间，公共艺术以多元化的方式存在着，使得地下空间开始呈现出一种人文气息。

中国地铁壁画绝大多数设置在站厅层，也有少数设在站台层。通常情况下，壁画大多选择站厅空间开阔、人流较少的区域，同时避让站厅的车站功能区域，以获得良好的观看效果。但是站厅部分壁画设置空间并非人流必经之处，因此有些乘客并不知道车站有壁画。有中国媒体提出，"艺术品多分布在乘客匆匆穿过的站厅或通道的墙壁上，而在人们停留时间较长的站台内，却几乎没有。"

100

100 巴塞罗那地铁站厅壁画，位于检票闸机区域，人在行走观看过程中壁画呈现出动态效果

101 纽约地铁站厅壁画，采用流线墙体和马赛克拼贴，呈现出色彩鲜艳、充满想象的画面，缓解了地下空间的封闭单调
102 罗马地铁站厅壁画，位于自动售票机周边的非收费区
103 蒙特利尔地铁站厅壁画，位于墙面和地面，活跃了地下空间的气氛，体现了公共交通的主题
104 香港地铁荃湾线油麻地站壁画《我的家》

（2）站台层公共艺术

当乘客在地铁站台时，行为目标较为单纯，主要是候车或出站。候车时乘客心理放松，是设置公共艺术较为理想的空间。候车区域的公共艺术多以艺术设施、艺术导向、艺术天顶、轨行区壁画等方式出现。在不设置屏蔽门的城市地铁站空间中，站台轨行区的公共艺术形式经常出现。

中国最早的公共艺术是站台轨行区壁画，在北京地铁2号线车站中，共有6幅大型壁画设置于3个地铁站站台的两侧轨行区。由于当时站台轨行区照明条件较暗，壁画体量过大，在人流拥挤状态下，乘客观看视野相对有限。上海地铁五十几幅壁画中，只有早期建设的2号线两幅壁画设置于站台层轨行区。由于目前中国新建的地铁站多采用屏蔽门设施，轨行区观看视野有限，因此并不适合中国地铁车站空间特征。

105 伦敦地铁Embankment站公共艺术
106 巴黎地铁4号线Reaumur Sebastopol站公共艺术，壁画将交通空间中的来往人群表现出来
107 斯德哥尔摩地铁站台吊顶灯光公共艺术
108 香港地铁荃湾线佐敦站壁画《柿子树》
109 慕尼黑地铁Olympiazentrum站（奥林匹亚站）公共艺术

110 慕尼黑地铁Frottmaning站位于安联球场附近，壁画将公共交通和体育的动态和速度表现出来

111、112 维也纳地铁Museums Quaitier站（博物馆角站）的常设艺术作品展

113、114 法兰克福地铁Konstablerwache站公共艺术

（3）出入口公共艺术

地铁出入口的公共艺术，通常结合车站出入口建筑结构或外立面进行大胆创意。最经典的案例是巴黎地铁在2000年百年纪念日之际，邀请艺术家奥托涅尔（Othoniel）以王宫站出入口建筑为载体，创作了一个由800颗玻璃彩珠和铝珠构成的巨大皇冠。

115

116

117

118

119

115 法兰克福地铁波肯海曼•瓦特站出入口，好像一列冲出地面的列车
116 巴黎地铁王宫站（Palais Royal-Musee du Loure）出入口，2000年，奥托涅尔（Othoniel）设计
117 巴黎地铁RER线Cergy-Saint-Christophe站出入口，拥有欧洲最大的时钟
119 上海8号线中华艺术宫站出入口，与背后的中华艺术宫浑然一体

（4）楼梯区域公共艺术

地铁楼梯区域的公共艺术通常选择楼梯侧墙、楼梯对墙、楼梯台阶面、楼梯顶部空间、楼梯端头区域等进行创意。其中楼梯侧墙是较常见的公共艺术选位方式，此外楼梯对墙由于观看效果好能给人们留下深刻的印象。楼梯台阶面的选位较少，其中以斯德哥尔摩的奥登普兰站的钢琴楼梯最为著名，除了楼梯外貌酷似钢琴之外，当人们踏上楼梯就会发出钢琴弹奏的声音。此外，楼梯端头地面的公共艺术，具有一定提示性功能。

120 东京地铁楼梯端头地面公共艺术
121 斯德哥尔摩的奥登普兰站的钢琴楼梯
122 香港地铁金钟站艺术挂画《绿珊瑚》
123、124 纽约地铁站厅站台连接处楼梯小型壁画

120

121

122

123

124

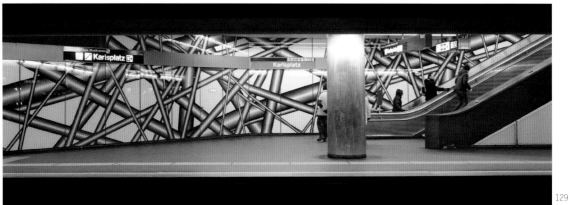

125、126 纽约地铁站厅楼梯口大型公共壁画
127~129 维也纳地铁Karlsplatz站，贯穿站厅墙面、站台墙面、楼梯墙面的车站公共艺术

130 香港地铁荃湾线旺角站车站大堂自动扶梯对墙公共艺术《上善若水》
131 圣保罗地铁楼梯对墙公共艺术
132 波士顿地铁出入口楼梯对墙艺术装置
133 香港地铁港岛线炮台山站楼梯侧墙公共艺术《再创存在》
134 香港地铁港岛线北角站楼梯侧墙公共艺术《明亮》
135 蒙特利尔地铁站台楼梯口区域墙面公共艺术
136 日本地铁楼梯对墙艺术灯箱
137、138 斯德哥尔摩地铁kungstragarden站自动扶梯区域及通道端头艺术装置

（5）通道公共艺术

地铁通道空间狭长单调，特别是在两条线路换乘时，会出现极为漫长的一段通道空间，为了缓解地下长通道引起的乏味压抑感，很多城市地铁对长通道公共艺术进行了尝试和探索。

139、141 上海地铁11号线交通大学站通往钱学森图书馆的通道
140 斯德哥尔摩地铁通道
142、143 巴黎地铁换乘通道，表现了车站附近压力山大三世桥的经典景观形象
144 巴黎地铁RER C线Champ de Mars Tour Eiffel站的通道
145 纳布勒斯地铁通道

（6）天顶及地面区域公共艺术

地铁天顶区域的公共艺术，一般出现在空间高敞的城市地铁中。比如在巴黎地铁站台由于保留圆形隧道结构，因此公共艺术多设置于站台中央天顶区域，供两侧站台上乘客观看，多采用天顶壁画的形式出现，其中以10号线克吕尼拉索邦站（Cluny La Sorbonne）的马赛克壁画最有代表性。又如蒙特利尔地铁由于宽敞高大的车站建筑体量，天顶公共艺术多采用较大规模的悬吊式雕塑形式出现，使整个空间艺术氛围浓厚。

146

147

148

146 巴黎地铁7号线Chaussee d'Antin La Fayette站天顶壁画
147 新加坡地铁站厅，结合地面自然光的空间公共艺术
148 巴黎地铁7号线Pont Neuf站（新桥站）站台蔓延至天顶的公共艺术

149、150 巴黎地铁 10 号线 Cluny La Sorbonne 站的天顶马赛克艺术
151 香港地铁港岛线北角站地面公共艺术《环》
152 台湾高雄地铁美丽岛站公共艺术《光之穹顶》，采用 4000 多片彩色玻璃
153 蒙特利尔地铁天顶艺术装置

（7）车站建筑特殊空间结构公共艺术

结合地铁车站建筑的一些特殊结构来进行创作，是公共艺术选位多元化的原因之一。在站台与站厅空间部分相连接的车站中，从站台挑空部分网上看，形成了视觉高敞延展的空间，是公共艺术创作的好位置。此外车站建筑与地面建筑相连接的过渡空间中，有相当一部分条件较好的空间被用作设置公共艺术，视觉效果良好，比如巴黎地铁卢浮宫站的"倒金字塔"，就是利用过渡空间的自然光线形成的公共艺术景观作品。

154 维也纳地铁 Volkstheater 站，站台上部艺术壁画
155 纽约地铁站厅上部艺术壁画
156 蒙特利尔地铁高架站站厅建筑玻璃公共艺术

154

155

156

7.4 地铁公共艺术运作机制探索

"中国地铁公共艺术的发展，特别是临时性公共艺术和公共艺术创意产业要发展，关键是建立一套科学合理的运作机制。"①

7.4.1 国外地铁公共艺术运作机制概况

地铁公共艺术的发展，首先需要得到政府及社会力量的支持，保证稳定充足的运作资金。从国际范围来看，公共艺术发展较成熟的城市地铁，都拥有良好的资金渠道和政策背景。1985年，纽约制定地铁公共交通艺术计划，10年内投资200多万美元，创作了38件地铁公共艺术作品；1990年，比利时布鲁塞尔成立了基础设施与交通艺术委员会，负责地铁及道路系统的公共艺术工作，并规定了城市公共艺术建设投资必须占建设总资金的1%；60年来，斯德哥尔摩交通局（Stockholm Transport）每年投资1000万瑞典克朗，用于地铁公共艺术作品的保护和更新，斯德哥尔摩地铁在公共艺术方面的建设投资已成为传统。伦敦地铁公共艺术的资金来源，是通过社会多种渠道获得的，主要由伦敦交通博物馆、各类艺术基金会和艺术协会、各类美术馆和大使馆、各类企业赞助获得。

其次，建立稳定的地铁公共艺术组织结构和管理制度，是保障公共艺术项目高效运作的基础。伦敦地铁在公共艺术的管理组织中经验丰富，对于中国地铁公共艺术组织结构的建立具有借鉴意义。首先在地铁业主方（即伦敦交通管理局）中设立了地铁公共艺术管理部门，并成立相关艺术组织包括艺术委员会、评选小组、项目顾问等负责具体运作。其中，艺术委员会是由3位地铁公司管理成员和6位艺术设计专业人员组成，负责制定地铁公共艺术的总体规划、临时展览的选择、艺术项目的选择、艺术家的选择等工作；评选小组由艺术委员成员、艺术设计专业人士以及社区成员组成，主要负责艺术家的选拔；项目顾问主要提供专业咨询，根据每个地铁公共艺术案例，聘请不同的设计咨询顾问。这三方艺术组织力量相互配合，形成了一个有机高效的监督管理机制。

① 由上海美术学院汪大伟院长提出

目前中国地铁公共艺术，尚缺少资金来源和组织机构这两个必要条件。永久性公共艺术一般由地铁建设单位一次性完成，在后期运营阶段中，缺少临时公共艺术展览和活动的主体负责单位，也缺少长期的资金投入和保障。因此，要发展中国地铁公共艺术，首先需要解决这两方面管理上的问题。

7.4.2 中国地铁公共艺术发展的若干建议

将中国地铁公共艺术放到国际范围内与之比较，会发现中国地铁公共艺术与国际的水平仍然有很大差距。在中国早期地铁空间中，人流密集、空间狭小、广告泛滥这三点成为制约地铁公共艺术发展的关键因素。在中国新建的地铁空间中，这些问题逐步得到解决，地铁公共艺术潜力无限，为此总结若干设计及管理上的建议供探讨。

建议1：丰富永久性地铁公共艺术的艺术形式和空间布局。中国地铁绝大部分采用壁画，设置于站厅空间，在艺术形式和空间布局上较为单一。总体来说，在地铁建设初期这样的公共艺术是符合实际情况的，但是目前中国地铁已进入成熟期，在社会经济发展和生活水平提高的趋势下，应该在艺术表现形式上有所突破。应主动借鉴国际上成熟经验，引入雕塑、景观、装置、艺术化公共设施、与装修相结合的公共艺术等。在空间布局方面，突破楼梯、天顶、地面、车站建筑特殊结构等区域的原有限制，实现公共艺术与建筑及装修的一体化设计，为多元化的地铁公共艺术留出空间。

建议2：积极推进临时性公共艺术的发展。地铁公共艺术不仅是建设阶段的任务，也是后期运营阶段的长期任务。地铁空间作为城市空间的一部分，同样具有交通功能以外的多种社会功能诉求，在地铁车站中推进公共艺术展览和艺术活动，对艺术家和公众都具有积极意义。伦敦地铁和香港地铁在公共艺术展览的运作中，获得公众广泛的支持，推动了城市文化发展和地铁形象。建议在中国城市地铁中，积极推进公共艺术展览和艺术活动，带动地铁形象与城市文化建设。

建议3：大力发展地铁公共艺术创意产业。以地铁形象为主题开发相关文化艺术创意产品，推动地铁形象的建立与传播，将地铁形象与城市文化相结合，有效地带动两方面的资源发展。以地铁专卖店形式出现的公共艺术创意产业，从与地铁直接相关的书籍、海报、信息图、车模等文化产品，到后期拓展的创意纪念品，对城市文化凝聚力和旅游业有极大的推动力，建议政府及地铁业主方重视该领域的培育和扶持。

建议4：形成地铁特有的公共艺术风格。从公众的心理和行为上来看，在地铁车站中与在博物馆、美术馆中观看艺术作品的感觉是不同的。地铁站的人们，各自带着不同的目标行进，脚步匆匆，地铁站并不是目的地，而是来去通过的场所，除了在站台候车，一般不会驻足停留。因此，简洁抽象、色彩明快鲜艳、风格轻松活泼、主题喜闻乐见的公共艺术造型十分受欢迎。简单自然的艺术作品能打破地下空间的沉闷感，增加行走中不期而遇的快乐。加拿大蒙特利尔地铁公共艺术采用抽象图形的表现方式，以鲜艳色块和几何图形丰富空间的视觉效果，并不刻意追求公共艺术的含义和立意，只关注公众观看的心态和印象，值得中国地铁公共艺术建设借鉴。

建议5：加强地铁公共艺术作品的后期维护。北京地铁壁画已有三十年历史，上海地铁壁画也有近二十年历史，虽然当年壁画都选择了最坚固耐用的工艺材料，但在岁月的流逝中不免褪色、磨损。老旧损坏的壁画不仅不能给环境带来美感，反而给环境带来负面影响。上海地铁在世博前夕对已投入运营的8条线路的51幅车站壁画进行了翻修改建，其中静安寺站的《静安八景》壁画重新打磨、换贴金箔并更换照明系统，陆家嘴站的《今日上海》水晶雕塑增加了上海环球金融中心等标志性建筑，这些举措受到公众好评。由此，加强地铁公共艺术作品后期维护的管理，定期清洗保养、定期翻修维护，是地铁公共艺术管理的一个重要环节。

建议6：有效控制地铁广告，为公共艺术留出生长空间。地铁公共艺术不是孤立存在的，它借助于周围空间环境，带给乘客整体的视觉感受。在一些调查中发现，中国城市地铁中的许多艺术壁画并未引起乘客的注意。这正是因为在广告为主导的视觉环境下，很难为公共艺术提供应有的视觉环境，即使设置了一部分公共艺术设施，也难以达到预期的观看效果。从国际范围来看，欧洲地铁广告在车站空间里比重较小，空间相对宽阔，公共艺术视觉效果良好。因此，广告与公共艺术之间存在一定的取舍关系。在中国，公共艺术要走进地铁空间，地铁业主方必须做好牺牲广告的准备，调整原有车站视觉空间环境，适度调整车站原来各要素之间的关系，宏观控制公共艺术与商业广告的分布比例。

157

157 柏林地铁正在建设的地铁站施工区域安全护栏设计

CHAPTER

第八章　地铁车站设施、广告及商业设计

地铁车站的设施，是车站与乘客之间发生直接关系的界面，从售票检票系统到各类服务性设施，设施设计的人性化决定了乘客的体验感和舒适度。车站广告和商业设计为乘客提供了多元化的空间功能，不仅是地铁运营创收的一种方式，也是服务乘客获得认同的一种途径。

第八章 地铁车站设施、广告及商业设计

8.1 地铁车站设施设计

地铁车站的设施，是车站空间与乘客发生直接互动关系的界面。虽然设施占据的视觉空间较小，却与乘客发生着密切联系，体现了车站空间的服务质量。

8.1.1 设施系统的基本分类

根据设施功能和服务对象，地铁车站的设施系统可以分为四大类。

第一类，AFC系统终端设备，属于地铁车站中的重要机电设备，主要包括售票系统设备（售票机、充值机等）和检票系统设备（进站闸机、出站闸机、进出站闸机、宽闸机），其位置空间决定车站人流路径走向。

第二类，服务类设施，主要为乘客提供方便，包括客服中心、栏杆、扶手、时钟、站台座椅、垃圾桶、免费报箱、公用电话、厕所等，北京奥运支线还增设直饮水设施，是中国地铁车站中的首例。

在"服务乘客"理念的倡导下，近年来中国城市地铁车站中广泛增设客服中心，这是提供人工问询及各类服务的重要区域，在目前广泛使用自动售票机的情况下，客服中心是乘客寻求工作人员帮助的地点。不同城市将客服中心设置在不同区域，比如慕尼黑地铁设置在非收费区；东京地铁设置在闸机旁；香港设置在收费区和非收费区护栏中间，以便同时为两边的乘客服务。

第三类，安全类设施提供了乘客在乘坐地铁过程中的安全防范措施，基本包括监控摄像、消防栓设施、紧急呼叫设施、防洪挡板、站台屏蔽门、站厅安全疏散门等，其设计应当严格按照相关规范及标准执行。

第四类，无障碍设施是地铁空间为残疾人及老年人等特殊群体服务的设施，主要包括无障碍电梯、无障碍坡道、轮椅升降台、盲道等。

01~08 城市地铁自动售票设施
01 香港地铁自动售票机
02 香港地铁八达通卡充值机
03 华盛顿地铁自动售票设施
04 巴塞罗那地铁自动售票机
05 柏林地铁自动售票设施
06 维也纳地铁自动售票设施
07 泰国曼谷地铁自动售票设施
08 巴黎地铁自动售票设施

09

10

11

12

13

14

09 日本东京地铁自动售票设施

10 日本大阪地铁自动售票设施

11~18 城市地铁检票闸机设施

检票闸机设施反映了一个城市的运营管理和乘客特征。纽约地铁和巴黎地铁的闸机口相当高，这是由于外来流动人口较多带来的逃票较多。维也纳地铁的闸机口进出自由，只有一个小小的盒子供乘客自助打卡，因为维也纳居民的规范自觉相当高。而亚洲地铁普遍采用了1米高度的闸机设施，基本延续了伦敦地铁和香港地铁的检票系统风格。

11 大阪地铁检票闸机设施

12 东京地铁检票闸机设施

13 香港地铁检票闸机设施

14 芬兰地铁检票闸机设施

15 纽约地铁检票闸机设施

16 巴黎地铁检票闸机设施

17 伦敦地铁检票闸机设施

18 维也纳地铁检票闸机设施

15

16

17

18

19~22 城市客服中心设施
19 巴黎地铁站厅客服中心
20 慕尼黑地铁站厅客服中心
21 香港地铁站台客服中心
22 香港地铁站厅客服中心
23 柏林地铁垃圾桶

24 芬兰地铁免费报纸取阅设施
25 巴黎地铁垃圾桶
26 米兰地铁公用电话
27 法兰克福地铁紧急呼救设施
28 香港地铁公用电话
29 香港地铁免费报纸取阅设施
30、31 香港地铁免费上网设施

32 柏林地铁紧急呼救设施
33 伦敦地铁紧急呼救设施
34、35 香港地铁紧急呼救设施
36 巴塞罗那地铁紧急呼救设施
37 慕尼黑地铁紧急呼救设施

8.1.2 设施系统的设计原则

地铁车站设施系统的视觉效果，应当符合以下几点设计原则：

一、设施尺度与空间的协调性原则

基于现代化的大工业生产，地铁空间的装修材料普遍采用板材组装结构，板材之间的衔接成为空间的基本模数。因此，车站设施的宽度应当与装修模数相适合，尽量占据完整的模数空间位置和数量，以形成车站空间的全局性与秩序感。比如，墙面模数为1米的情况下，自动售票机宽度也采用1米，无论是嵌墙式或独立式设计，都可以与空间形成很好的衔接。

将设施系统纳入模数空间的同时，对设施提出了空间尺度的要求。在空间设计时，给出两条高度线，并尽量将不同设施纳入高度线的规范中，这有效地统一了地铁诸多设施之间的视觉效果。

维也纳地铁在模数化空间设计方面具有重要代表性，属于德系地铁装修风格，车站的设施采用模数化方式与空间装修板材结合装配起来，体现了高度的理性和秩序性，整洁美观。比如座椅、垃圾桶、消防设施装配在约1米高度；而所有的导向设施、电子报站设施等装配在2.2米高度。

上海地铁经过了10年运营后，在世博前一轮建设中明确设定了设施管理的高度线，采用1.8米高度线适用于自动售票机和充值机等设施，采用1.1米高度线适用于闸机、栏杆、扶手、垃圾箱、座椅等设施。

二、形式美与功能性兼顾原则

虽然车站设施直接为乘客服务，但有些设施会影响到乘客进出站的速度。在保证设施功能性的前提下，要求设施系统设计从人体工程学出发，在结构和工艺方面不断改善，并且重视工业造型的形式美，充分体现该城市的人文素质与设计实力。伦敦最新建设的朱比利延伸线在设施设计上具有相当高的水准，该线总建筑师罗兰·鲍莱蒂组建了设施设计团队，为车站空间创造了经久耐用、易于安装维护和具有未来升级空间的设施系统，并制定了一整套标准车站设备管理文件，应用于整条线路。其中，三角形蓝色玻璃售票厅

的设计最为精彩，兼顾了便捷功能与视觉美感；站台吊杆和托架的组合式设计，将原本凌乱的天顶设备终端有机地结合起来；提供不同风格的站台座椅样式供车站选择。

三、设施整合设计原则

在各国地铁车站中，常常看到公共设施的整合设计模式。特别在德国城市的地铁空间中，整合设计的公共设施非常高效实用。即将站台不同类型的设施通过工业化拼装设计灵活地组装在一起，比如将站台座椅、垃圾桶、消防箱、站名导向牌作为一组进行拼装设计，设置于岛式站台中央；又比如将站台站立式综合导向牌、时钟、消防箱、垃圾桶、紧急服务设备作为一组，间隔一段距离整齐分布。这种整合的方法使原本零散设置在车站的各类设施得到了空间的归属性。

设施整合的设计方式具有几个突出的优势：（1）灵活性强。拼接组合的公共设施，可以根据后期运营需要，及时更改设施种类及信息。（2）方便人们寻找。集约型的公共设施，让人们形成一种寻找设施的规律性，也形成了空间的秩序性。（3）节能高效。组合形式的公共设施，充分利用了各类设施的结构特性，比如利用导向牌的下部支撑结构，将垃圾桶嵌入其中，共用了两者的一部分结构，获得资源的节省。这为中国地铁车站设施设计提供了可行的参考方法。

38~45 维也纳地铁模数化的设施系统

38、39 票务设施及信息发布设施

采用相同的尺寸和高度，与空间墙面形成秩序性，其中一台售票机考虑到轮椅及儿童乘客的高度需求

40、41、42　座椅和垃圾桶采用相同高度和宽度的模数进行组织装配，在z车站空间中相当协调

43、45 消防设施、紧急呼叫设施、信息发布设施

采用几种高度模块将设施整合设计在侧式车站的墙面及岛式车站的站立式组合设施中，板材拼装的方式有效地解决了设施系统化的问题

44 导向信息和服务信息整合在墙面最高的信息带设施中

46

47

48

46~55 设施整合设计模式
46 慕尼黑地铁站
47 柏林地铁站
48 维也纳地铁站
49~52 波兰华沙地铁站
53~55 慕尼黑地铁站

56

57

58

59

60

56~60 伦敦地铁各类座椅等设施
56 Canary Wharf站座椅　　57 Westminster站座椅　　58 London Bridge站座椅
59 St. Paul's站座椅　　60 朱比利线车站检票通道值班处设施

61~72 法国巴黎地铁各类座椅

61 1号线Franklin D.Roosevelt站座椅

62、67 1号线St. Paul站座椅

63 12号线Assemblee Nationale站座椅

64、65 12号线Marcadet Poissonniers站座椅

66 10号线Jussieu站座椅

68 RER A线Nation站座椅

69 1号线Concorde站座椅

70 3号线Art et Metiers站座椅

71 4号线Reaumur Sebastopol站座椅

72 4号线Les Halles站座椅

73~78 各国城市站台座椅设施
73 纽约地铁51st Street站木质座椅
74 斯德哥尔摩地铁站与地面公共艺术相呼应的座椅
75 巴塞罗那地铁Roquetes站艺术座椅
76 蒙特利尔地铁艺术座椅
77 巴黎地铁RER C线Musee d'Orsay站座椅
78 柏林地铁Hackescher Markt站座椅
79 伦敦地铁街头艺术表演空间

80~88 各国城市地铁车厢设施
80 布拉格地铁车厢
81 日本地铁车厢
82 伦敦地铁车厢
83、84 香港地铁迪士尼线车厢
85、86 香港地铁车厢
87、88 巴黎地铁车厢座椅

8.1.3 地铁无障碍设施设计

为了实现乘客进出地铁全过程的"全方位无障碍"服务，将弱势人群进行细分、整理出各自的功能需求、并提出相应的方案设计，是地铁车站无障碍设施设计的主要途径。乘客弱势群体包括残疾乘客与特殊乘客两大类，其中残疾乘客包括具有行动障碍、视觉障碍、听觉障碍的乘客；特殊乘客包括老人、儿童、携带大件行李或婴儿手推车的乘客。

根据以上分类，无障碍设施设计应涵盖以下设计：

（1）针对行动障碍的乘客例如轮椅乘客，增设操作面板为1米的公共设施，比如自动售票机、客服中心问询台等，以方便轮椅乘客的人体高度；在闸机区域增设宽闸机，供轮椅进出；楼梯区域增设轮椅升降机；在站厅通往站台的层面设置无障碍电梯；在出入口设置无障碍坡道；在卫生间增设无障碍卫生间等。"残疾人设有专用通道，一般自地面下达至站厅可乘坐轮椅自动升降机，自站厅到站台再乘坐垂直升降梯。有些车站因位置在街坊内，就有条件使残疾人自地面直接乘坐垂直升降梯到达站台层。"

（2）针对视觉障碍的乘客，在车站全程设置连贯的盲道；增设盲人触觉指示地图；在自动售票机和电梯按钮等操作面板上，增设布莱叶盲文；在楼梯两侧设置带盲文的水平扶手；在楼梯踏步的踏面和踢面采用不同颜色，方便弱视乘客识别等。

（3）针对听觉障碍的乘客，完善站台及车厢中语音广播的视觉信息。

（4）针对特殊乘客即老人、儿童、携带大件行李或婴儿手推车的乘客，应设置无障碍电梯和宽闸机设施。考虑到儿童的身高限制，国外地铁楼梯区域一般设置两种不同高度和不同直径的扶手，上层较粗的扶手供成年人使用，下层较细的扶手供儿童使用。

此外，无障碍设施设计还应遵守相关国家标准规范文件，即国家建设部、民政部和中国残联于2001年发布的《城市道路和建筑物无障碍设计规范》（JGJ50-2001），其中的24条标准在全国范围内的公共空间建设工程中具有直接的指导意义。

表8-1 弱势群体乘客分析及设计对策

弱势群体分类	弱势群体细分	弱势群体设计对策
残疾乘客	行动障碍	自动售票机降低服务面板、宽闸机、楼梯轮椅升降台、无障碍电梯、无障碍坡道、无障碍卫生间
	视觉障碍	盲道、盲人触觉指示地图、自动售票机布莱叶盲文、电梯按钮的布莱叶盲文、楼梯两侧设置带盲文的水平扶手、楼梯踏步的踏面和踢面采用不同颜色
	听觉障碍	完善语音广播的视觉信息
特殊乘客	老人	宽闸机、无障碍电梯
	儿童	不同高度和不同直径的两种扶手
	携带行李或婴儿推车的乘客	宽闸机、无障碍电梯

89、90 日本地铁站厅盲道及无障碍闸机
91 伦敦地铁站厅无障碍闸机
92 维也纳地铁站楼梯区域考虑到儿童使用的双层扶手
93 日本地铁车厢爱心座椅
94 维也纳地铁站台中绕过立柱的盲道
95 日本地铁站台上下车区域轮椅专用屏蔽门
96 日本地铁站厅无障碍设施查询机

89

90

91

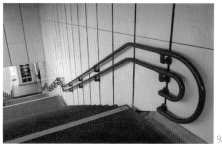

92

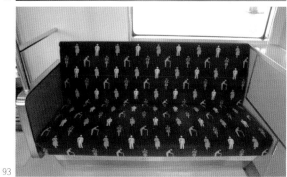

93

94

95

96

8.2 地铁车站广告及商业设计

地铁广告和商业空间是车站的重要组成要素,不仅是地铁创收的主要来源,也是服务乘客的重要途径。车站广告是根据乘客进出站过程中视线所及范围,来发布商业信息进行创收的方式。广告设置合理,能为车站空间带来活泼感,提供生活服务信息,也能缓解地下空间的压抑感;设置不当,就会造成车站空间繁杂凌乱的视觉效果。关于地铁广告设计管理,主要从形式管理和密度管理两方面展开研究。

车站商业空间是利用地铁车站内不影响进出站人流的既有空间提供各类生活服务及自助服务,既能方便乘客生活,也是地铁创收的方式。关于地铁商业设计,主要从商业业态类型及商业空间布局两方面展开研究。

8.2.1 地铁广告的基本形式与多元表现

在地铁车站中,广告的基本形式是灯箱和招贴,绝大多数出现在墙面和柱面上。选择怎样的广告形式,决定了车站空间的整体格调,是地铁广告设计的第一步要素。

灯箱广告是中国地铁普遍采用的广告形式,其优势是能在空间环境中营造一种跳跃感,自发光的形式增加了广告画面的生动性、增强视觉冲击力,使广告成功吸引住行人的目光;其劣势是室内较强的光源会增加乘客的紧张感,尤其是狭小车站空间中,在大人流拥挤状态下,灯箱广告更加剧了乘客的空间压迫感。更重要的是,灯箱广告的过度跳跃感会削弱车站其他要素的传达,干扰到乘客进出站的其他需求;此外地铁空间的公共艺术设施也与周边的灯箱环境格格不入,过于商业化的环境不利于形成文化艺术气息。

招贴广告是欧美城市地铁较为青睐的广告形式,其优势是经济环保,在空间中较为协调,外射光使广告与环境融为一体,广告传达较为亲和自然;其劣势是注目度较小,容易被人忽略,需要采用大尺度设计才能达到良好的视觉传达效果。

从国际范围来看,亚洲城市地铁多采用灯箱形式,比如东京地铁和香港地铁,都采用了小尺度的灯箱广告形式,车站整体空间在视觉效果上显得热闹喧嚣,比较商业化。相对而言,欧美城市地铁多采用招贴形式,比如巴黎地铁和伦敦地铁,大幅面的招贴布局在隧道型车站的弧形墙面上,具有一种空间延伸感,与整体空间的协调性较好,为导向和艺术设施预留了视觉层次空间。

97 巴黎地铁1号线Franklin D.Roosevelt站,一名工作人员正在更换站台招贴广告

98 巴黎地铁3号线Pyramides站广告分布
99 伦敦地铁站广告分布
100 香港地铁广告灯箱容积率分布情况

101 香港地铁站立式广告
102 慕尼黑地铁站台站立式广告灯箱

在上海地铁早期建设的1、2号线车站中，广告采用小尺度的灯箱形式，造成空间的视觉凌乱；在之后的4号线车站中，普遍改为大尺度设计，与空间较好地结合起来。从6号线开始，上海地铁开始尝试大幅面的招贴广告，无论从车站整体效果还是广告发布效果来看，都取得了较好的预期反应，因此招贴广告在未来拥有更大的发展空间。

除了墙面和柱面广告两种基本形式之外，还有小部分车站特殊建筑区域的广告，比如楼梯眉头广告、站台轨行区广告等。考虑到大部分站台会安装屏蔽门，站台轨行区广告在中国城市地铁中一般采取灯箱式广告，便于实现观看效果；在欧美国家城市地铁中，由于站台保留圆形隧道结构和开放式列车行驶的空间方式，一般采用大幅招贴式广告。而楼梯眉头广告只有在广告密度大的城市才出现。

此外，地铁广告表现形式多样，主要包括以下几种：（1）实物广告。作为各城市地铁空间中较有特色的传统广告形式，实物广告具有类似商店橱窗的传播效果。在东京银座连成一片的地下空间中，橱窗实物陈列的方式相当别致。维也纳地铁和米兰地铁在车站中也预留了固定的橱窗展示区域，供广告和公共艺术设计灵活使用。上海地铁也曾出现过橱窗广告，比如在人民广场站厅中，但是只是临时性的展示方式。（2）显示屏广告。依靠现代LED技术，大幅电视动态广告形式传达效果更好，但是投资较大，对车站整体环境也会产生一定影响，因此只有在一些重要车站中才设

置。（3）动态创意广告，从站在车厢中乘客的视点出发，利用列车行驶的动态设置轨行区两旁的广告画面，会有动画般的效果。"在亚特兰大地下长达270米的隧道两旁树立了灯箱广告牌，将广告内容按顺序排列，当地铁飞驰而过时，广告灯箱上的内容像书页一样自己滚动发展，连贯成一个个跳动的画面。"[①]

如今，地铁广告已经成为一种多元化发展的模式，并不局限于以上几种。其多种形式的探索丰富了乘客视觉、增加了空间趣味性，但同时对车站环境也产生了一定的冲击，因此在设计时需综合考虑、合理布局。

8.2.2 地铁广告的布局原则

地铁车站的广告布局原则包括广告空间密度和广告空间位置。

广告空间密度，也可以理解为广告容积率，是一个车站所有广告面积占据车站总体空间面积的比例。广告容积率作为广告设计管理的重要指标，对地铁公共空间视觉效果具有较大影响。

广告密度决定了车站的空间氛围。广告密度较小的环境会产生平静舒缓的空间氛围，为车站其他视觉要素预留了空间，使导向信息传达更为清晰。广告密度较大的环境，往往会产生热闹纷乱的视觉感受，削弱车站其他要素的视觉效果。因此，科学合理的设置广告密度，是地铁公共空间设计管理的重要研究内容之一。

表8-2 地铁广告两大基本形式的比较分析

	优势	劣势
灯箱广告	在空间中跳跃感强，自发光增加了画面生动性和视觉冲击力，使广告更吸引人	造成人对室内强光源的紧张感和压迫感；削弱了车站其他要素的视觉传达效果，干扰了乘客快速进出站，不利于形成车站的文化艺术氛围
招贴广告	经济环保，在空间中较为协调，外射光使广告与环境融为一体，广告传达较为亲和自然	注目度较小，容易被人忽略，需要采用大尺度才能达到效果

① 李晖.地铁是媒介[J].北京纪事,2004,10.

103

104

105

106

107

103~108 自动扶梯及楼梯区域广告

103 伦敦地铁自动扶梯区域广告

104、105 巴黎地铁自动扶梯区域广告

106 香港地铁楼梯区域广告

107 香港地铁自动扶梯区域广告

108 日本地铁车厢广告

108

109

110

111

112

113

109、110 维也纳地铁站台商业展示橱窗
111 米兰地铁通道长廊中的商业展示橱窗
112 巴黎地铁Saint Paul站的商业展示橱窗
113 东京地铁银座站通道中的商业展示橱窗

114~116 香港地铁自动扶梯区域广告
114、116 香港地铁全车站广告，覆盖天顶、地面、多媒体信息屏、通道墙面、柱面等
115 香港地铁多媒体广告屏

车站中不同区域的广告发布效果是不同的。在通道与站厅空间中，乘客具有进出站、买票、进闸机的明确目的，一般以快速通过为主，很少注意到广告；而在站台空间中，进站乘客以候车为主，会提高广告的关注率，因此广告效果较好。"北京国际广告社和IAI国际广告研究所进行了一次地铁广告效果调查，43.5%的乘客认为站台广告最容易引起他们的注意。" 此外，在车厢空间中，由于乘客需要长时间乘坐，广告发布效果也很明显，但也由于拥挤等原因，只能观看到近距离的广告。根据广告发布区域和效果之间的关系，通道与站厅适合密度小、幅面大的广告，站台和车厢广告可以适当增加广告位。

从国际范围来看，欧美国家地铁车站空间广告密度较小，广告虽然幅面较大，但是数量少，空间感较为平静开阔。相反，亚洲城市地铁车站空间广告面积小，但是数量大，从墙顶柱到一系列地铁设施和建筑细节，都被设置了广告。以日本东京地铁车厢的广告为例，车厢门周边区域、两侧行李架区域、中央悬空区域、车厢端头及连接处均设置了广告，数量庞大，十分惊人。

在近期建设的上海地铁线路中，以墙面模数为基本单位，车站广告的高度为1.5米，3个墙面模数为1个广告发布单位，间隔至少3个模数，因此广告密度控制在1:1范围。这样的密度分布在车站公共空间中分配较为合理，使空间氛围基本保持丰富多彩、舒适开阔。而在上海地铁早期的1、2号线空间内，广告密度为2:1，1个墙面模数为1个广告发布单位，2个广告单位紧密相邻为一组，每组间隔1个模数，广告数量多、密度高，以灯箱为主，显得十分凌乱。因此在世博会前夕建设的线路中，采取了降低广告数量和密度的措施，获得了良好的社会反响。

广告空间位置，包括广告在车站各功能区的分布情况、广告在空间中的高度线设置、广告宽度和间隔等要素。这些空间分布要素，帮助广告在车站环境中形成规范整齐的视觉效果，同时也适合广告的长期管理和运营。

8.2.3 地铁商业的分类与布局原则

地铁商业的形成具有诸多原因，日本的地下商业区是世界上发展最快的，主要原因是城市高度依赖轨道交通，缺乏地面空间向地下空间的延伸，因此，车站建筑物逐渐成为车站和商业设施的联合体。"当铁路站前因为许多上下车的人们而变得拥挤的时候，开拓大的空间让人们逗留就显得很有必要。同时，这种站台摆设商品可以吸引人们的眼球和腰包，所以这些场所就变成了商业地带。""这些建筑物的地下室被扩展为地下广场，为旅客提供方便。"①

从业态类型来看，地铁商业基本可以分为商铺类和自助类两种类型。从空间布局上看，地铁商业设计要遵循不影响进出站人流原则。

商铺类是传统的商业类型，如地铁空间中常见的书店、超市、各类食品店等，并随着地铁网络的深化不断发展。商铺类商业在车站空间宽阔的情况下发展余地较大，特别在换乘车站或与地面商业相连接的过渡建筑中，商铺填补了车站工程结构造成的多余空间，减少了空间死角，优化了车站空间。

自助类是较为环保的一种新型商业形式，有效地降低了商品售卖过程中的人力成本，包括地铁空间中各类自动贩卖机、自助快照服务、自助银行等。自助类商业在日本相当普遍，在中国将具有很大发展潜力，

在早期上海地铁1、2号线车站中，商铺设置在并不宽敞的站厅非收费区两侧，导致人流行走路径狭小，严重影响了进出站人流，造成空间的人为拥挤；随着地铁网络化发展，增长的人流量使得业主不得不拆除这些商铺。相反，设置在车站两端的商铺没有影响人流，为乘客提供了生活便利，因此得到了保留。在上海地铁新一轮建设中，商铺类商业数量减少，自助类商业形式增多，增大了车站的空间感。

117

118

119

117 巴黎地铁站台自动售卖机
118 维也纳地铁换乘区域的商铺
119 柏林地铁站厅自助银行

120 柏林地铁站台商铺
121 维也纳地铁站台商铺

122 香港地铁站厅商铺
123 芬兰地铁站厅商铺

① [美]吉迪恩·S·格兰尼,[日]尾岛俊雄.城市地下空间设计[M].许方,于海漪译.北京：中国建筑工业出版社,2005.

120

121

122

123

CHAPTER →

第九章 当前中国地铁空间设计的价值取向

价值取向是从价值哲学的范畴出发的，当遇到各类社会矛盾和关系时，所持有的基本价值立场、价值态度以及表现出来的价值判断。价值取向在地铁空间设计和设计管理上具有决定和支配的作用。当前中国地铁空间设计管理所展现的价值判断，已从"公共交通的功能价值"向"人文价值和社会生活价值"拓展。在这里提出"将人文关怀作为出发点、将可持续发展作为回归点"，作为未来地铁空间建设的发展方向与希冀。

第九章 当前中国地铁空间设计的价值取向

9.1 将人文关怀作为出发点的价值取向

人文关怀就是对于人性的关注和理解，肯定人的主体性，在个性解放和自由平等的基础上，从人的生理和心理需求出发，尊重人的感受，关怀人的精神生活。在地铁这个全人造的空间网络中，人文情感要素显得弥足珍贵。

因此，人文关怀是地铁空间设计管理的出发点，其精神主要体现在地铁空间设计与人类社会普世性价值、地铁空间设计的乘客行为规范价值、地铁空间设计对人类情感的关照三方面。

9.1.1 地铁空间设计与人类社会普世性价值

正如维克多·巴巴奈克在《为真实世界的设计》中提出，"设计应该为广大人民服务，而不是少数富裕国家服务；设计不但应该为健康人服务，同时还必须考虑为残疾人服务。"[①] 这一观点站在国际主义立场对设计提出目的性思考，具有西方社会民主主义的普世性特征。对一切人类的平等与尊重，是设计公平性的体现，也是现代设计伦理的核心理念之一。

地铁车站空间设计，应当体现对全人类的关怀和友善态度。首先并不是为少数地铁投资方、业主方和设计方服务的，也不是为少数社会主流精英服务，而是为城市中所有乘坐地铁的大众服务，因此设计应当体现城市大众的普遍需求和愿望。当前中国地铁建设中，其设计立场正在从业主方转向乘客方，这是一个社会进步的体现。

其次，地铁车站空间设计，既要为主流乘客人群服务，也不能忽略社会弱势乘客群体的需求。因为设计不仅要指向社会主流人群，还指向全人类，这里的全人类包括各类差异化人群，例如残疾人群和特殊人群。在地铁车站的乘客中，残疾人群包括行动障碍、视觉障碍、听觉障碍的乘客；特殊人群包括老人、儿童、携带大件行李或婴儿手推车的乘客。每个人都拥有在地铁空间中获得自由进出的权利，因此在设计中应当充分考虑各类人群的需要。

地铁空间中的无障碍设计相当关键，设计师必须站在多种乘客立场，考虑其进出车站中的便捷性。当前中国地铁建设中，无障碍设施设计正在逐步得到重视与完善，虽然存在诸多细节问题，但是每条新线建设时，都在不断向国外成熟地铁学习借鉴。设计的公平性和普世性价值，是今天中国地铁空间设计的核心价值，也是在未来地铁空间中不断深化推进的方向。

---

① 王受之.世界现代设计史[M].北京：中国青年出版社,2002.

01~07 香港地铁乘客安全文明乘车信息
08 日本地铁乘客安全文明乘车信息
09 伦敦地铁乘客安全文明乘车信息

10~12 伦敦地铁朱比利延伸线加纳利码头站出入口

13、14 西班牙毕尔巴鄂地铁出入口

9.1.2 地铁空间设计的乘客行为规范价值

公共空间设计除了有体现公众利益和公众需求的责任以外，还具有规范公众行为的责任。其通过空间提示、标牌告之等形式，组织公众在空间中产生合理群体行为，形成人类社会中的公共秩序，展现了其独特的社会价值。

地铁空间设计同样具有规范乘客行为的责任，通过设计有效地防止地铁空间中不安全、不文明、阻碍快速通过等行为的出现，保证公众群体乘坐地铁的安全性、快捷性。

观察发现，地铁车站中的合理设计，能培养公民乘坐地铁的良好习惯与行为素质，而有时候乘客的不文明行为，往往是与空间中不合理的设计有关。比如，垃圾桶的科学合理布局可以减少乘客乱扔垃圾的现象，而垃圾桶设置一旦背离乘客行为习惯，就会造成乱扔垃圾行为的出现。

又比如，站台乘客上下车区域提倡"先下后上、排队上车"的行为规范，在上海早期一、二号线建成时，多数乘客群体是不能做到这一点的，当然这一方面与乘客还不熟悉乘坐地铁规则有关，另一方面，与车站空间设计也有关系。在之后的线路建设中，上海地铁借鉴了香港地铁在上下车区域的地面设计样式，将上下车门地面区域划分为两部分，即两边是上车等候区、中间是乘客下车区，通过箭头图形指示上下方向，使乘客清晰理解了上下车区域规范，形成了目前上海地铁乘客能够基本做到在两边等候上车的群体行为。

此外，香港地铁中的各类乘客行为规范，通常采用幽默轻松的语言风格以及趣味性的漫画方式进行传达，创造了一种温馨舒适的空间心理感受。相比大陆城市地铁中一些口气强硬的行为规范标语和单一的视觉表现方式，的确更容易让乘客自觉接受这些行为规范。这就是地铁空间设计的责任之一，即通过各类空间方式，消除乘客的不文明行为，维持整体乘客与公共空间的和谐状态。

9.1.3 地铁空间设计对人类情感的关照

在城市匆忙拥挤的公共交通空间穿行，人的目的性很强，公共情感容易被交通运输功能的支配而受到忽视。随着城市规模的扩张，人们每天所花费的出行时间越来越长，在公共交通空间中，人们往往是一个个冷漠的个体，公共情感的集体缺失，是地铁空间设计中所面临的严重问题。此外，当前中国地铁空间面临的"特色危机"问题，在一定程度上也加剧了乘客对地铁网络空间的怀疑态度和冷漠情感。

因此，在地铁空间中体现人类情感的关照，显得非常之迫切。在这个完全人造的地下世界中，公众情感塑造能有效改善人与人之间、人与自然之间的关系。在地铁空间设计中的情感关照，主要包括人对自然的情感需求，以及人对艺术文化的情感需求两方面。

（1）地铁空间应当关照人对自然的情感需求

自然界是人类生存的精神家园。自然与人类之间的关系，如同母亲与婴儿一般亲密。自从人类诞生以来，便在自然中栖息繁衍，与自然共生共灭。因此，人类的生存是二重性的，既是为人的生存也是为自然的生存。

地铁空间作为一个在短时期内形成的全人造地下空间，与地面自然界的割裂，造成了人类心理上的紧张不安情绪。由于缺少地面的阳光、空气、土壤、植物等自然元素，也没有开阔的天空及其日夜光影变化，地铁空间显得单调乏味、封闭压抑。与自然建立联系，能唤起人类生存的情感本能，为地下空间生活提供一份安全感与舒适感。

尊重自然，模仿自然，在地下空间中积极塑造地面自然要素，再现地面自然景象，能有效地满足人对自然环境的需求。在《城市地下空间设计》中，格兰尼提出人性化地下空间应具备以下特征：高的顶棚和宽阔的空间、引入自然光和陆地风景、做一个能减少单调性增加乐趣的规律。[①] 从总体上说，地铁空间模拟地面生存状态的发展趋势，是体现其人文关怀的重要途径。

第一，将地面自然要素引入地下车站，包括地面自然光照、自然植被和水体景观等自然要素，能塑造一个与地面有联系的地铁网络世界，有效缓解地铁封闭隔绝的空间感受，并能在一定程度上消除"特色危机"问题。目前世界上最近建设的地铁线路，多采用这一设计思想。

首先，地下车站局部引入地面自然光照，能还原一个自然舒适的车站环境，有效打破地下空间的封闭感。

---

① [美]吉迪恩·S·格兰尼.[日]尾岛俊雄.城市地下空间设计[M].许方,于海漪译.北京：中国建筑工业出版社,2005.

生物对光的感受是与生俱来的，光是生物生息繁衍的基本生命条件。但是这要求车站埋深较浅，才有条件进行地下建筑与地面的连接设计。

伦敦地铁朱比利延伸线在制定设计策略时，总建筑师罗兰·鲍莱蒂提出了"将日光本身作为结构性和方向性的设施"，即在车站埋深不大、土建结构允许的情况下，设置采光天窗及采光通风口，将自然光积极引入地下，形成开敞的自然照明空间。其中绍斯沃克站的自然采光集散大厅十分出色，还有建筑师福斯特为加纳利码头站设计的流线型玻璃顶棚出入口，每个顶棚由96个不同的圆弧玻璃剖面构成，经过设计师的缜密运算，顶棚将地面日光精确的折射入地下，形成整个站厅空间自然舒适的氛围。在此之前，福斯特为西班牙毕尔巴鄂地铁设计的出入口建筑，如同一条斜插入地面的玻璃管道，将城市阳光引入地下，建立起地下车站与地面之间的联系和过渡。

巴黎地铁14号线在设计规划阶段，建筑师也曾提出过设置巨大采光井的方案，但是由于巴黎地面街区密集、地下排水设施结构复杂等原因，最终放弃了这个方案，只在部分车站实现了原先的构想。其中圣拉扎尔站通过圆球形玻璃出入口建筑，将自然光通过中庭空间，引入深达五层的站厅，形成了丰富自然的生态照明环境。

其次，地下车站引入植物，能有效营造地面的自然生态景象。植物是地面特有的植被现象，特别是树，具有一种人类生命起源的自然情感联系。在地下空间运用树和花草造景，能形成生机勃勃、郁郁葱葱的车站环境，以及人性化的诗意空间。植物对非自然空间的情感建立具有重要意义，对消除人情绪上的压抑疲劳也十分有效，同时还能增加空间的识别性与可读性，此外还有吸收噪音、改善空气质量等功效。

15~18 迪拜地铁车站，将海洋中的自然景观元素引入地下车站

19~22 瑞典斯德哥尔摩地铁T10线Solna strand站的艺术装置，蓝天白云的自然景象通过艺术的方式进入地下车站空间

23 巴黎地铁14号线里昂站，仿佛一个热带植物园

24 高雄地铁中央公园站，满眼的向日葵和绿草地

25 法兰克福地铁车站，引入植物生长的视觉意向

26、27 布鲁塞尔地铁 车站，将飞鸟与彩虹等自然景观引入地下空间

巴黎地铁14号线里昂站，其站台设置了巨大的热带植物园橱窗，并将小面积自然光引入橱窗顶部，提供植物光合作用，形成了一派热带园林景象，顿时创造了一个自然气息浓厚的地铁空间。由此可见，植物对于非自然空间的情感建立具有重要意义。

最后，地下车站引入水体景观，能从视觉、听觉、触觉等多方面呼唤人对自然的情感和联想。水是地面覆盖率最高的物质，水体的传统设计方式很多，包括喷、泻、淋、雾、流、滴、涌等，每一种都有独特的心理感受。地铁车站中设置小型水体景观设计，比如水池喷泉、石头溪流等，能使乘客缓解匆忙赶路的焦虑感。淙淙水流、叮咚泉水，能为地下空间创造出自然静谧之美。同时水体的光影变化，能营造更为丰富巧妙的艺术气息，此外水体对于吸收噪音、净化空气也是有帮助的。

当然水体引入地下，也会遇到诸多技术问题，比如潮湿，水气无法像在地面一样被阳光照射而蒸发，因此地下水气的导出成为运用水体的主要障碍。目前由于使用方面的技术局限，地下建筑中使用水体景观案例不多，但在未来拥有较大的发展潜力。

第二，模拟地面自然界特征，能有效塑造地铁车站空间的自然情感要素。比如迪拜地铁车站的车站空间模拟了海洋世界的波浪和水生物等景象，大胆地在地铁空间中创造出海底世界的景象，建立起人与自然之间的紧密联系。

此外，地下车站在埋深较深的情况下，可以通过人工照明模拟自然光照的方式，来缓解地下单一直射光源的非自然感受。地面白天光照具有平、散、均匀等特征，地下顶面采用漫射光取代直射光，尽可能形成多层次、多点位的灯光布局特征，能营造出柔和舒适、更接近自然的灯光环境。

提升地下车站高度，是消除地下空间封闭感的重要途径，能有效加强地下空间开阔感，减小地下与地面之间的空间差距感。

中国地铁车站出于经济适用的原则，采用吊顶后3米左右的层高，虽然从功能上足够使用，但是在视觉上较为压抑。因此适当增加车站层高，能使地下空间更接近地面空间感，形成自然舒适的车站空间感受。

（2）地铁空间应当关照人对艺术文化的情感需求

伴随着人类漫长的历史发展，地面城市中的文化艺术要素相当多元，形成了城市丰富的人文生态圈。对比之下，中国大量地铁车站是在短时期内建设形成的，除了部分地铁壁画，其艺术人文要素相当缺失，显得单调乏味。

中国地铁车站的"特色危机"现象，一方面是地铁建设模式和工业化大生产所造成的，另一方面忽略空间中人类对艺术文化的情感需求也是加剧这一问题的关键因素。寻找自由是人类与生俱来的心理需求，车站空间设计的多样性，如同地面城市空间的多元化一般，符合人类的环境识别能力及情感需求。

车站艺术空间及艺术作品介入地铁，是对人类情感的关照与体恤，是地铁空间设计中的重要人性尺度。

28　　　　　　　　　　　　　29　　　　　　　　　　　　　30

28~30 香港地铁的"艺术管道"及"艺术之旅"系列活动
28 WeWow兔展览　　29 童画关爱共融展览　　30青年新锐艺术家眼中的缤纷香港展览

31~34 斯德哥尔摩地铁蓝线（T10、T11线）Kungstradgarden站

岩洞式的车站空间采用大量五彩的天顶壁画，减少地下空间的乏味感。由于车站上有皇家花园、皇家歌剧院、被烧毁的Makalos宫殿等文化历史古迹，因此车站通过古典雕塑、建筑断垣残、茂盛的绿植、潺潺流水来体现昔日的辉煌。

通常人类对生存环境拥有多层次需求，包括对美的需求、对文化信仰的需求等，地铁空间也不例外。

第一，车站艺术性空间，能有效展现地铁空间艺术文化的情感关照。在过于雷同的地铁车站中，人们期待变化与惊喜，崇尚自由创意空间，包括地下中庭、下沉广场、环境景观设施、结合空间的雕塑装置等。令人印象深刻的伦敦地铁的绍斯沃克站，其进站过程就好比一个小型景观旅程，乘客先从楼梯向下步入一个低矮的山洞式售票空间，然后继续从自动扶梯进入一个蓝色玻璃幕墙的高敞空间，整个过程充满惊喜。此外，斯德哥尔摩地铁在20世纪70年代建设的一批艺术化岩洞式地铁站、巴黎地铁卢浮宫站的博物馆展览空间景象、全球各地迪士尼车站的乐园空间景象等，都是艺术化景观车站的成功案例，成为世界地铁空间设计的典范，满足了人对地铁空间艺术文化的情感需求。

第二，公共艺术全面介入地铁空间，能有效地展现地铁空间艺术文化的情感关照，其方式包括引入各类公共艺术作品、各类文化艺术活动及展览，这对于消除地铁"特色危机"具有直接意义。

首先，在地铁空间中引入公共艺术作品，其艺术形式是相当多元的，包括雕塑装置、绘画涂鸦、艺术影像、景观设施等。在全球范围内，斯德哥尔摩地铁在公共艺术建设方面相当成熟，拥有60年建设历史，其99座车站中的90座设置了艺术作品，选题围绕历史文化、社会生活、人类宣言、科学探索等领域展开，有效提升了城市居民的生活品质，因此被称为"世界最大的艺术长廊"。"真正关注生活的过程意味着不仅保证地铁安全、快速、舒适，还意味着让乘客在出行过程中能有更丰富的体验，能有机会感悟历史和文化，意味着给不同群体带来心理舒适和愉快。"①

其次，在地铁空间中引入各类文化艺术活动及展览，能为地下交通空间带来人文艺术的活力和生机，改变单调乏味的心理感受。香港地铁在艺术活动及展览的策划举办方面经验丰富，为香港市民的文化生活创造了一个网络和平台。港铁沿线各站每年会举办一定数量的短期艺术展览，并邀请邻近车站的不同机构参与，包括各类教育机构、慈善机构、文化单位等，各类现场音乐及舞台艺术表演，受到市民的普遍认同与好评。从总体上讲，文化艺术活动及展览所带来的影响，比静态的艺术空间及艺术作品更具有感染力，能营造出充满活力的艺术文化氛围。

9.2 将城市可持续发展作为回归点的价值取向

可持续发展是20世纪末期世界发展的共同主题，1987年挪威女首相布伦特兰在《我们共同的未来》报告中提出，"可持续发展就是既能满足当代人的需要，又不对后代人满足其需要的能力构成危害的发展。"

持续指的是一个连续的、不中断的运动状态；而发展是一种从低到高、由浅入深的运动状态。两者同样具有时间维度上的指向，因此可持续发展的核心问题，关注的并不是当下的、当时代的，而是人上下两代之间的关系，并致力于将关系引导向更好的发展方向。从总体上归纳，可持续发展近似盘旋而上的"螺旋形发展"，并不像概念中的"直线形发展"。

城市在未来长远的发展过程中，需要关注经济、社会、环境三者之间的平衡关系，并从中寻求发展契机。当前社会对于可持续发展的重心，是在满足当代社会经济发展需求的同时，更多的关注人类的生存环境和自然资源，保证后代能永续发展和安居乐业。

21世纪是广泛开发利用地下空间的时期，地铁建设的可持续发展理念进而被提到了前所未有的高度。一般来讲，地铁公共空间设计管理的可持续发展，包括社会可持续发展、生态环境可持续发展、经济可持续发展三方面内容。

9.2.1 将社会可持续发展作为地铁空间设计的理念

在地铁公共空间设计领域中，社会可持续发展的含义，主要表现为三个方面，即地下空间开发的可持续、应对社会突发性事件的可持续、保存地铁空间发展历史的可持续。

---

① 陈宇.艺术之旅 斯德哥尔摩地铁站巡航[J]. 室内设计与装修,2007,5.

（1）地下空间的开发的可持续理念

在人类城市地面达到发展的饱和状态之后，人类开始向地下空间发展。就目前来看，地下是一个巨大丰富的空间资源，对于城市空间匮乏、缓解城市人口密度过大等具有积极意义。但是地下空间同样是有限的，终有一天会被开发殆尽。

此外，地下建筑具有不可逆的特性，一旦建设形成就不能随意改造和扩建。与地面建筑不同的是，其主要通过挖的方式形成，而地面建筑是通过围的方式形成的。因此，地铁车站一次性开发的特性，使得地下空间开发要做好长远的空间规划和详细方案。

当前中国城市地铁建设展现出一番粗犷原始的大工业建设气氛，在高速建设过程中，空间设计质量难免有所忽视。加上地铁空间设计领域相对较新，全国相关设计单位的力量被全面摊薄，出现了一系列诸如地铁车站"特色危机"等问题。

目前中国地铁建设的第一个高速十年已经过去，在未来十年中，地铁建设需放慢步伐，调整设计模式，谨慎开发，珍惜有限的地下空间资源。对于地下空间资源开发，应当具有宏观系统性的视野，秉持适度开发和充分利用的原则，做到地下空间开发的效率最大化。地铁建设是百年大计，加上地下建筑的不可逆特征，高速开发并不能使其得到充分利用，有序开发和合理利用，才是保证社会可持续发展的正确途径。

（2）应对社会突发性事件的可持续理念

社会可持续发展还表现在地铁空间对社会突发性事件的应对和控制方面。由于地下建筑的封闭环境，一旦发生灾难，人员疏散及控制灾情难度较高，因此地铁空间的车站规模、通道宽度、出入口数量、楼梯及自动扶梯设计、紧急逃生系统的设计，显得至关重要。

伦敦地铁在历史上发生过多次灾难事件，伤亡人数众多，因此其在之后的新线建设中对此做了充分的设计对策及事件预估。2000年通车的朱比利延伸线预计了伦敦未来百年发展的情况，使得地铁空间本身具有一定的防灾灭灾和紧急疏散的能力。

1987年伦敦地铁国王十字圣潘克拉斯站发生火灾，31人身亡，火灾原因是一根未熄灭的火柴，点燃了垃圾和木制扶梯。这个事件对于全世界地铁空间的安全性设计提出了警醒，之后的地铁线路建设开始规定必须采用不可燃或阻燃材料，降低了燃烧的可能性，其中中国地铁空间设计要求装修主材达到A级防火标准。此外，地铁的楼梯及自动扶梯数量也被大大增加了，防止逃生过程中由于疏散通道拥挤引起踩踏事件。

2005年伦敦地铁又遇到一系列炸弹爆炸事件，涉及车站众多，导致五十余人身亡，七百多人受伤。随后，地铁空间在恐怖袭击的防御和紧急疏散方面受到了地铁空间设计界的重视。值得一提的是，此后的紧急逃生系统要求在烟雾状态、运动状态下，以及没有照明的情况下依旧要保持清晰可视。

（3）保存地铁空间发展历史的可持续理念

社会可持续发展最后还表现在保存地铁发展史的方面。从百年地铁发展历程来看，伦敦地铁和巴黎地铁都跨过了百年历史，不同时期地铁车站空间设计是赋有时代特征的，比如巴黎新艺术运动时期和新古典主义时期的地铁站、伦敦霍尔顿时期的地铁站[1]，都具有极高的艺术成就。

当地铁站迈入中老年，需要维护翻修时，要站在保护地面优秀建筑的出发点，注意保留车站原有的艺术风格与装修材质，争取修旧如旧，而不要一味地用新技术新材料替代原有的车站空间设计。

在此可以借鉴部分城市地铁对老线空间面貌的保存措施。巴黎地铁的百年历史中，对于原有车站进行了部分翻新、部分保留原貌的方式，有计划地保留了各艺术时期的车站，从而形成了今天多元化的巴黎地铁车站形象。香港地铁同样在改造老站时，保持了车站富有特色的马赛克墙面材质，尽量修旧如旧，形成了地铁车站的历史文化印象。

中国地铁建设在未来长期运营中，不免会遇到老站翻修等同类问题。北京地铁1、2号线已有半个世纪的历史，如何维护改造相当重要。上海地铁早期建设的1、2号线通车于1995年和1996年，十几年的运营

---

① 查尔斯·霍尔顿设计的地铁站，是根植于古典主义传统的现代建筑风格，被评论为"与英国式的现代性相一致"，敏感、谨慎、适度，他是弗兰克·皮克最钟爱的建筑师。

使得车站略显沧桑，于是在2010世博会前便进行了全面改造，将最早的釉面砖改造为和新线统一的板材结构，使得上海地铁面貌焕然一新，然而老线原有的空间特色不复存在，不免可惜。

由此可见，珍惜历史，不盲目求新，保留车站的历史和人文，是地铁公共空间设计管理可持续发展的重要内容。

9.2.2 将环境可持续发展作为地铁空间设计的理念

人怎样对待自然，自然就怎样回馈人，因此善待自然保护自然就等于保护人类本身。维克多.巴巴奈克在《为真实世界的设计》中提出的第三个问题就是，"设计应该认真考虑地球的有限资源使用问题，设计应该为保护我们居住的地球的有限资源服务。"[1] 自从20世纪70年代开始爆发能源危机以来，人类开始意识到自然资源的有限。现代设计不仅要为大众服务，在自然生态平衡、保护自然资源方面同样具有不可推卸的责任。

中国大规模的地铁建设，对城市生态环境起着重大的改变作用，建设中不仅动用国家巨大的财力、物力、人力，也消耗了大量自然资源。因此，减少建设过程中对环境的冲击，就是善待自然，善待人类自身。特别是建设中的材料选用上，应当科学比选，尽量采用环保节能、可循环再生的材料，以便于后期的日常维护和清洁。

此外，能耗问题在地铁的运营过程中也是不可忽视的。由于地铁车站绝大部分是地下全人造空间，其中的空气、光照、温度等环境要素，都需要采用人工方式，其能耗相当惊人。因此，在车站空间设计的各个环节，都应当充分考虑节能环保的理念。比如照明设计方面，在传统日光灯与LED灯比选时，虽然LED灯经济成本高，但是具有省电、使用寿命长等优势，符合低碳社会可持续发展的理念，是未来首选的灯具材料。此外，目前地铁站台上下车区域普遍采用屏蔽门，可以使空调运行更有效率，也是基于节能方面考虑的。

9.2.3 将经济可持续发展作为地铁空间设计的理念

地铁作为推动城市发展的公共交通基础，毋庸置疑对城市经济具有巨大的拉动作用。地铁网络除了公共交

35

35 伦敦地铁加纳利码头站的空间，充分考虑到紧急疏散时的空间需求，以及地铁百年运营的人流增长因素

① 王受之.世界现代设计史[M].北京：中国青年出版社,2002.

通价值以外，其背后还隐藏着巨大的经济价值。在成熟的地铁网络中，地铁站作为连接城市各个区域的中转空间，与人们的日常生活息息相关，可以说，巨大密集的人流是地铁空间经济价值的最大优势。

首先，以地铁车站为核心的地下综合空间开发，在部分地铁发达的城市中，已经形成了"滚雪球式"的发展模式，形成了地铁车站、地下商业、地面建筑及基础设施的有机结合，辐射到车站周边500米远的城市区域，是中国未来城市化的一种必然趋势。

亚洲城市因具备人口密度高、土地紧缺等因素，从而对地铁综合空间开发具有丰富的经验。香港地铁是世界上盈利最多的城市地铁，其收入绝大部分来自于在地铁车站上盖物业的运作模式。通过地铁车站上方商业地产群的持续增值，香港地铁实现了经济的创收，同时地铁也拉动了香港远郊地区的楼市经济。

日本地铁对于城市地下空间的利用达到了相当的高度。由于国土资源的稀缺，从20世纪60年代开始，日本展开了大规模地上与地下空间的综合利用开发，以地铁车站为核心的购物中心建设开始兴起，为当时日本经济快速增长起到了一定的作用。"车站建筑物成为车站和商业设施的联合体。这些建筑物的地下室被扩展为车站地下广场，为旅客提供方便。联合体入口通道地面，作为增建的地面层进行规划。因此，地铁车站联合体，就像地下通道一样，导致地下购物中心的发展。"①

其次，城市地铁品牌形象的塑造，带动了地铁相关文化创意产业和城市旅游产业的繁荣，为城市带来无限活力，对城市整体经济的发展和城市形象塑造具有重要意义。伦敦地铁从弗兰克·皮克时代开始，就展开了全方位地铁品牌形象塑造的经营活动。经过几十年的积累，今天的伦敦地铁形象深入人心，红色圆盘的伦敦地铁标志与伦敦眼十分具有城市认同感，是旅游者眼中的伦敦形象。同时，伦敦地铁还是世界上最大规模的地铁当代艺术展览及艺术活动的策源地。此外，伦敦地铁纪念品店作为地铁文化创意产业的输出点，也是各国旅游者最爱逛的城市商店。可见地铁品牌形象的成功塑造，对城市的综合发展具有不可预计的力量，城市地铁网络本身就拥有无限的经济价值。

目前中国城市地铁在高速建设的同时，应当站在城市发展的宏观视野，为未来车站周边地下空间的综合开发做好预留及接口设计，做好充分的经济价值评估和合理规划。此外，还应当关注地铁公共空间的"软件建设"，借鉴伦敦地铁的成功经验，有意识地经营塑造城市地铁品牌形象，这对消除地铁空间特色危机、带动区域经济繁荣、推动城市综合发展等，具有相当重要的战略意义，也是地铁建设可持续发展的重要组成部分。

9.3 地铁空间设计的价值取向中的伦理向度分析

所谓伦理就是人与人之间的秩序关系和行为法则。地铁公共空间设计管理的伦理向度，就是要建立起参与地铁公共空间设计的四个主体之间的秩序关系及行为价值观，维持人与人之间、人与社会之间、人与环境之间的合理关系，并使人健康发展并得到充分尊重。

其中，业主方和设计方的责任最为重大，对地铁公共空间设计具有决定意义，两者应当从各自的误区中走出来，清晰地明确自身的责任。在此基础上，下文展开了地铁公共空间设计管理的价值取向研究，分析了在不同地域文化及社会体制下的城市地铁发展状况，以及在不同的历史时期地铁发展之价值取向的差异性。

9.3.1 地铁空间设计的主体及关系

由于地铁属于城市公共基础设施，因此地铁空间设计的主体相对是多元的，并在整个设计管理过程中发挥着各自的作用。究竟应该以哪个主体的利益作为价值判断的核心，是本文关注和研究的主要问题。

（1）投资方、业主方、外包方、乘客方及相互关系

在地铁空间设计的整个流程中，涉及到四个主体角色，分别是以政府为主导的投资方、作为建设单位的业主方、承担具体工作的设计方，以及使用地铁空间的乘客方。

其中，投资方对地铁线路的宏观建设指标进行决策；业主方作为地铁空间的主要设计管理方，负责设计工作的全过程管理，包括计划、组织和控制的管理职

---

① [美]吉迪恩·S·格兰尼,[日]尾岛俊雄.城市地下空间设计[M].许方,于海漪译.北京：中国建筑工业出版社,2005.

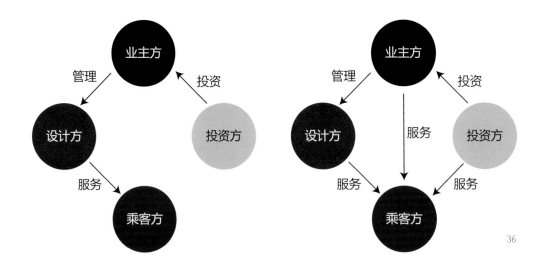

36 地铁公共空间设计中的投资方、业主方、设计方、乘客方关系图
（左图）地铁建设初期四者的关系，重心放在方便业主管理上　（右图）理想的四者关系，重心放在服务乘客上

能；设计方是地铁空间设计的执行方，接受业主方的管理，并辅助业主方进行一部分专业性较强的设计管理工作；乘客方是地铁空间的使用群体，对车站空间的需求和期望也相当具体。

在中国地铁建设初期，四个主体之间的关系呈现单向特征，价值取向偏重于体现业主方的利益。通常中国地铁车站设计过程中，业主方较为强势，对设计方案具有决策权，因此造成了设计方案偏重于体现业主方利益，例如将方便地铁建设和地铁运营作为设计决策的依据。

实际上，四个主体之间较为理想的关系，是形成更为紧密的相互合作关系，价值取向偏重于体现乘客方的利益。作为地铁车站空间的使用者，乘客方对车站空间具有最直观的体验，其需求应当得到充分重视。以乘客方利益为核心的目标，能使四个主体之间的关系更为合理，在同一个目标驱动下，成为紧密的合作团体。

在四个主体中，业主方和设计方是地铁空间设计管理工作的直接承担者。一般情况下，业主方是设计管理工作的主导单位，对重大设计具有决策权；设计方是设计的实施单位，也承担部分较为专业的设计管理工作。在不同城市地铁建设的运作模式下，业主方和设计方之间的关系也有所不同。

以伦敦朱比利延伸线建设为例，业主方的总设计师在每个车站展开具体设计前，会提出相当明确的总体设计目标，以及具体的视觉风格定位要求。同时业主方通过一系列严格的调研及竞赛程序，为每个车站甄选与之风格相匹配的建筑师。一旦设计师展开正式工作，业主方就将主导权移交出来，给予设计方充分的创意空间，并不多加干涉，而专业化的设计管理工作，则由车站建筑师主要负责，因此也被称之为建筑师负责制。

相比之下，中国地铁线路建设中，业主方赋予设计单位的自主权并不大。由于采用以线路为单位的横向外包模式，各设计单位只承担车站空间设计的一个环节，决定了相互之间的平行关系，造成车站整体空间设计的完整性相对较弱，需要依靠业主方的协调管理，因此造成设计风格不统一的现象。上海地铁在此方面的应对措施是让装修设计单位承担总体设计沟通与协调工作，与车站建筑、设施、导向、广告等设计环节对接，协助业主方进行设计管理。

（2）中国地铁空间设计的站位转移

目前中国地铁空间设计的四个主体中，以乘客方利益作为价值判断核心的意识，已成为社会各方面的共识。中国在全球化进程中，民主意识的积极影响，使更多人意识到公众的利益。

业主方和设计方虽然在设计中掌握着决策权，但是设计的服务立场和出发点并不在这两个主体上，而是存在于最容易被忽略的乘客方。确切地说，当城市建设第一条地铁线路时，并不存在乘客方，加上业主方缺乏经验，往往从自身角度出发，更多地在空间设计上考虑如何方便运营管理等因素。

随着城市地铁开通线路数量的增多，地铁乘客方逐渐成熟起来，人数逐渐增大，对地铁的感受和了解程度也随之加深。中国四个已形成地铁网络的城市，其地铁乘客对自身的需求十分了解，并能为地铁车站设计提供建议。更有地铁粉丝族，比如上海轨道交通俱乐部论坛，是由地铁的民间爱好者发起的网站，在一定范围内形成了对城市地铁的关注与讨论。

站位转移的具体措施表现在设计决策时乘客方意见的采纳程度。比如伦敦地铁通过建立乘客委员会的组织，提供乘客方发表意见的有效途径，并将这些乘客的意见作为设计管理的依据，成为推动地铁建设的有效力量。

上海地铁在此方面有所尝试，在世博会前2010版上海轨道交通线路图的绘制过程中，申通地铁就邀请了乘客代表参与专题会议，在网络图的信息准确性和视觉可读性方面起了重要推动作用。当然这只是一个起步，期望中国城市地铁在未来的建设中能够转变立场，从乘客出发，建立起相关机制，以保障乘客方的基本利益。

可以说，今天中国地铁空间设计正经历着一场立场转变——即从业主方转向乘客方。与此同时，地铁也开始从硬件建设转向软件建设，从功能地铁转向人文地铁。

9.3.2 地铁空间设计管理的伦理观

地铁空间设计管理的伦理观，以人为原点，帮助人们判断应该怎么做，而不是必须怎么做。这属于道德约束的范围，而不是法律强制范围，其核心思想表现为设计责任，而责任感是具有一定自我约束力的。维克多·帕帕奈克所提出的设计伦理观，其核心就是设计的社会和道德责任，他强调"设计是最大的责任，不是对客户负责，而是对社会负责。"

在地铁空间设计的四个主体中，业主方与设计方的责任最为重大，对设计走向具有决定意义。两者都需要

清晰明确地理解自身的责任，就是对广大乘客负责，对城市地铁可持续发展负责。

（1）地铁业主方的伦理责任

地铁业主方作为设计管理的主导单位，对地铁空间设计管理具有决策权，不仅决定了设计价值观，也决定了实施过程中的设计战略。特别在目前中国地铁建设模式下，设计方的权力相对较弱，业主方在整个地铁车站设计项目中占据强势地位，因此对地铁公共空间设计的最终结果具有无可推卸的责任。

业主方的最大责任不是对自身运作负责，而是对广大乘客负责；不仅是对当时代地铁建设负责，也要对未来地铁百年运营负责。目前中国地铁业主方在设计决策时所造成的价值观偏差，主要表现为三个局限性：

其一是设计决策体现当时地铁建设阶段性成果的局限性。在目前中国地铁建设体制下，由于地铁业主方公司组织结构的不稳定性，导致业主方领导在设计决策时，往往只考虑当时地铁建设阶段的需求，而忽略了未来地铁百年运营阶段的需求，以及地铁可持续化发展的目标。

其二是设计决策体现地铁业主方领导个人价值观的局限性。在中国地铁设计项目的决策过程中，以领导个人意志和价值观作为最终决策依据的案例不胜枚举。出现的情况往往是这样的，设计方案并不是由专业设计评审机构所决定，而是由地铁领导群体所决定，其中更掺杂着一些权力关系的微妙因素，使得设计决策较为主观。

其三是设计决策体现业主方自身利益的局限性，具体表现为业主方自身经济利益和自身建设运营管理的便捷性利益两方面。首先，利益与责任是一对不可调和的矛盾，这直接体现在商业广告与公共艺术之间的取舍态度。当车站中广告面积越大，艺术空间越少；广告面积越小，越有可能为艺术文化创造条件。广告收益是地铁业主方最大的经济收入，而公共艺术则是提高车站空间舒适感和乘客心理愉悦度的主要途径。因此，商业广告与公共艺术之间的空间比例问题，直接体现了业主方的道德观和责任感。其次，方便建设运营管理和方便乘客出行也是一对矛盾，业主方往往不自觉地在地铁空间设计中融入了自身的管理要求，由

于设计决策中缺乏乘客方代表，因此乘客方利益往往容易被忽视，这在业主方的道德观和自我约束力方面提出了很高的要求。

（2）地铁设计方的伦理责任

地铁设计方，包括参与地铁公共空间建设的诸多专业设计单位，作为工作的具体实施单位，直接决定了车站空间最终的功能布局及视觉效果。从一定程度上讲，中国地铁设计方承担着比一般城市公共空间设计工作更为重大的责任，这其中有两方面原因：

其一是来自于地下工程的不可逆性，也就是地下建筑无法扩建改造等工程特征，决定了地铁设计方所承担的责任比一般地面建筑要大得多，地铁空间设计将影响今后近百年时间中城市居民的出行生活。

在地铁建设历史上，欧洲早中期建设的地铁由于没有充分预计城市人口增长等因素，在车站规模上都显得过于狭小，无法应对城市发展的需求。其结果是在一定程度上阻碍了城市发展的步伐，抑或者是付出较为重大的经济代价进行补充建设。巴黎在20世纪中叶就遇到地铁空间及运能不足的问题，因此在原有地铁网络上新建了4条RER线（城市快速地铁线路），以弥补原有地铁网络的运能不足。

其二是来自于中国的特有地铁空间设计运作模式，也就是以线路为单位的横向外包模式，决定了任何一个设计环节都将牵动整条线路的视觉空间效果，设计方责任重大。特别是上海世博会前期大规模地铁建设阶段中，所采用的标准化车站设计管理模式，使得某一个专业设计环节的成果，在多条线路建设中以标准形式广泛采用。

维克多·帕帕奈克曾提出，"在这个大批量生产的年代，当所有的东西都必须被计划和设计的时候，设计就逐渐成为最有力的手段，人们用设计塑造了他们的工具和周围的环境（甚至社会和他们自身）。这需要设计师具有高度的社会和道德责任感。"[①] 正是由于中国地铁大批量、标准化的建设，设计师一个不负责任的行为，往往会被大量复制，造成一连串的错误。这种负面影响的范围很大，其后果往往无法弥补或动用较大社会资源予以补偿，因此地铁设计方责任至关重大。

在中国地铁建设中，设计方要走出两个伦理责任的误区。第一是要从仅对业主方负责的误区中走出来，由于设计方的目标往往是争取设计项目，因此体现业主方领导意识的设计方案比较有利于获得项目，但是设计方肩负着社会责任，具有对广大乘客负责的责任，以及对城市地铁可持续发展的负责。第二是要从体现设计师自身审美价值观的误区中走出来，更多地站在乘客的立场进行思考，满足公众对于审美的需求，并进行合理的审美引导，这也是设计方所不能忽视的责任。

9.3.3 地铁空间设计管理的价值取向分析

地铁空间所展现的价值取向，从世界范围来看，在不同地域文化及社会体制下有所差异；从时间发展来看，在城市地铁不同发展阶段有所差异。一个城市的地铁所呈现的整体面貌，背后存在着多种社会因素，包括政治、经济、科技等。下文试图通过纵横两个维度的价值取向分析，找到中国未来地铁空间设计价值取向的主导方向。

（1）不同地域文化及社会体制下的价值取向

由于不同的地域文化及社会体制的影响，世界城市地铁所呈现的整体形象，基本可以分为四种主要价值取向类型，分别是展现工业革命成果的欧洲资本主义国家地铁、展现国家权利美学的东欧社会主义国家地铁、实用主义亚洲城市地铁，以及关注人类与环境的北欧城市地铁。

第一，展现工业革命成果的欧洲资本主义国家地铁。世界上最早的地铁，诞生于资本主义工业革命时期的伦敦。盾构技术的成熟使得地铁车辆能在地下隧道行驶，隧道如同分布于地下的一条条"管子"，因此伦敦人形象地把地铁叫做"tube"。

工业革命使得工业技术水平和生产力极大提高，同时形成了城市建设过程中系统有序的组织结构及设计管理模式。现代都市开始形成，摩天大楼开始出现，资本主义文明下诞生的地铁，具有工业革命时期的材料技术特征及思想价值判断体系，并受到同时期工艺美术运动和装饰主义运动的影响，展现出工业革命时期的辉煌成果。

---

① 维克多·帕帕奈克.为真实的世界设计[M].北京：中信出版社,2013.

其建筑形制多采用圆形或椭圆形隧道式结构，具有开阔舒展的空间视觉特征。在车站装修风格上，较为典型的有以巴黎地铁为代表的新艺术风格，以伦敦地铁为代表的新古典主义风格，以慕尼黑地铁为代表的现代主义风格。

第二，展现国家权利美学的东欧社会主义国家地铁与资本主义相对应的东欧社会主义国家的地铁车站，以始建于1935年的苏联莫斯科地铁为代表，其外观仿佛一个富丽堂皇的地下宫殿。该车站建筑规模宏大，天顶结构多采用宫殿的拱顶样式，在装修方面大量采用贵重的大理石材，以及大型浮雕、彩绘、雕塑、灯饰等古典写实主义艺术作品，因此享有"地下的艺术殿堂"的美誉。"来自乌拉尔山、阿尔泰、中亚、高加索及乌克兰等20多种不同产地的大理石及各种矿石，铺满了车站的大厅。并用大理石、马赛克、花岗石、陶瓷和五彩玻璃，装饰出具有不同艺术风格的大型壁画及各种浮雕、雕刻。"[1] 在地铁建设投资方面，充分展现出红色政权下的国家经济实力，从车站埋深、层高、装修等方面的建设投资看，远远超过了欧洲地铁。在车站空间视觉风格方面，沿袭了帝俄时期的装饰主义宫殿样式，区别于西方阵营的车站风格，展现出权力美学的视觉象征意味。

中国最早的北京地铁1、2号线建设，就邀请苏联专家参加筹备建设工作，也有数千名中国学生被送往苏联学习地铁建设。因此1969年通车的1号线及1981年通车的2号线，车站承袭了当时东欧国家车站建筑设计的风格，采用端厅式车站建筑，在装修上基本沿袭了东欧装饰主义风格，采用了水磨石地面、装饰吊灯、大型彩绘壁画等元素。

此外，始建于1966年的朝鲜平壤地铁，是在中国、苏联及东欧国家的支援下建成的，其车站空间与莫斯科地铁一脉相承，同样装饰着彩绘壁画，用来描述朝鲜革命事件，还有华丽的水晶吊灯及各类大理石拼花图案等，该车站建筑风格与朝鲜本土文化没有太大联系。可以说，平壤地铁的地铁公共空间设计是受到体制思想观念影响的典型案例，地铁在朝鲜显示出一种国家实力，体现了其威严以及社会体制的属性。

第三，实用主义的亚洲城市地铁。20世纪后期亚洲经济蓬勃发展，人口不断涌向城市，推动了城市化进程

的高速发展。人口密集是亚洲城市的普遍特征，城市公共设施通常建设时间短、投资有限，并采用市场运作方式，同时关注经济效益等因素，使得在此背景下诞生的城市地铁，透露着一种强烈的实用主义气息。

其中以东京地铁和香港地铁为代表，均采用明挖式箱体式车站土建结构，双层三跨式建筑空间，大多以平顶为主，中间采用立柱承重，好像火柴盒一般。这种车站建筑投资小、建设快、功能上能满足人们出行的基本需求，在装修风格上较为朴素简单，符合当时亚洲城市发展的特征。

北京地铁在2号线之后，就放弃了东欧地铁的端厅式车站建筑及装修风格，在复八线建设中开始模仿香港地铁车站设计，符合当时城市公共建筑"经济适用"的设计理念。

第四，关注人类与环境的北欧城市地铁。

北欧国家政治文化相对民主宽松，关注环境保护和人类自身发展的社会理念，体现在城市建设的各种方面，同样也体现在城市地铁空间设计中。

以斯德哥尔摩地铁为代表，其车站公共艺术成为地铁形象塑造的重要方面，主题通常围绕人与社会之间、人与环境之间的问题展开。斯德哥尔摩在20世纪70年代所建设的一批岩洞式车站，保留了自然开挖的岩石面，延续了原始的自然地貌，形成了人造空间中的自然景观，被评为世界上最有特色的地铁车站。同时车站中的各类公共艺术形式，不断体现了环境与人类这一主题，形成了一种环境伦理式的地铁空间设计价值取向。

（2）城市地铁不同发展阶段的价值取向

城市地铁的整个发展阶段大致可以分为探索期、发展期、成熟期三个阶段，每个阶段中地铁公共空间设计的聚焦点和价值取向均有所差异。

探索期的地铁建设多为单线建设，由于缺少建设经验，加上科技条件的限制，业主方的价值取向多出于保证地铁安全通车以及满足乘客出行需求，此时地铁车站空间设计同步处于探索阶段。伦敦地铁于1863年通车的大都会铁路，经历重重技术磨难，终于顺利通

---

① 夏延乐,周俊良.浅谈富丽堂皇的莫斯科地铁设计[J].艺术与设计,2009,9.

37~39 莫斯科地铁共青团站、新村庄站、马雅可夫斯基站
40、41 朝鲜平壤地铁

车，但是由于庞大的乘客数量，大都会铁路不得不扩大车站规模来满足需求。之后1863年通车的汉默史密斯及城市线、1868年通车的区域线、1869年通车的东轮渡线，使得地铁技术逐渐走向成熟。

发展期的地铁进入高速建设阶段，这一时期地铁业主方的技术力量和管理实力相对稳定，由于城市化进程的加快和经济发展的需要，大规模建设地铁线路的时期来临了。伦敦地铁在19世纪下半叶及20世纪上半叶进入发展期，建成主要线路包括1884年通车的环线、1890年通车的北线、1898通车的滑铁卢及城市线、1900年通车的城市线、1906年通车的贝壳鲁线和皮卡迪利线。当时这些线路由不同的运营商经营，车站公共空间设计以方便大规模建设管理为目的，扩大建设意味着加快城市化进程和提高经济效益。遗憾的是，由于当时业主方以经济建设及收益回报为目的，并未考虑到未来城市人口增长的因素，车站建筑体量在今天仍显得过于拥堵狭小，成为无法弥补的遗憾。

对比借鉴今天高速发展的上海地铁，在2007年至2010年进入世博会前高速发展的特殊时期，业主方面临服务世博会的社会压力，同期建设了8条线路、119个车站，为了按时完成建设目标，采用标准化车站的设计管理方式。由此可见，保证建设任务、满足乘客出行，是大发展时期业主方的主导价值取向。

成熟期的地铁已进入网络化阶段，地铁业主方工作重心已逐渐从建设管理转为运营管理。此时新线建设

资源变得弥足珍贵，建设速度放缓，地铁公共空间设计管理在充分吸取之前建设经验的基础上，开始转向精细化设计。伦敦朱比利延伸线从1990年启动直至2000年开通，设计建设时间耗费10年，最终建成11座高品质的个性化车站。其中9座车站为换乘站，考虑到复杂的地下空间结构，工程师与建筑师必须全力合作，日益稀缺的地下资源使得业主方和设计方更加珍视新线车站的设计。此外，巴黎地铁14号线于1998年通车，距离前一条通车的3号线支线相隔28年，这是一条全自动无人驾驶的地铁线路，采用光作为车站空间装饰及照明功能，展现出一派浓厚的未来主义气息，代表着巴黎最高的交通科技力量及车站空间设计水平。由此可见，成熟期的地铁建设虽然数量少、时间长，但是往往品质较高，能更加充分地考虑到乘客方的出行需求，提高了车站空间中的舒适度，也满足了乘客在艺术文化上的需求。

今天中国大陆的四大城市地铁即北京地铁、上海地铁、广州地铁、深圳地铁已进入网络化阶段，这意味着中国地铁即将进入地铁建设成熟期。伦敦地铁的发展为中国地铁的发展提供了宝贵的借鉴，如何把握发展期特有的机遇，珍惜地下资源的开发，为未来城市发展空间预留充分的空间，是未来地铁公共空间价值取向研究的方向。

CHAPTER 10 →

第十章　地铁空间设计的组织及运作

管理学中的"组织"职能是人们为了实现一定目标，通过一定制度选择成员，组成相互分工与协作的人群有机结构。地铁空间设计的系统工作，同样需要从组织结构、基本流程和运作模式出发，从设计管理的角度为各项专业设计及设计协调提供实施基础。

第十章 地铁空间设计的组织及运作

10.1 地铁公共空间设计为何需要管理的介入

在城市地铁建设初期，车站空间设计遇到了诸多问题，这些问题不仅依靠设计本身的力量来解决，更需要通过管理的介入，来协调地铁空间中各设计专业之间的关系，协调地铁与人、地铁与城市之间的关系。

在上海地铁建设历史上，管理的介入为地铁空间设计带来了变革，充分体现了管理的力量。2007年的《上海地铁网络视觉形象规范指导手册》正是运用设计管理的思想，为地铁在单线建设时期提供了设计原则和指导方法，保证了世博前100多个车站空间设计的视觉效果。

中国已有四个城市拥有地铁网络，另有二十几个城市正在如火如荼地进行着地铁建设，地铁空间设计管理对于目前中国地铁建设具有现实意义。

10.1.1 地铁公共空间设计早期遇到的问题

地铁公共空间设计是一个融合多专业、多系统的庞大设计综合体系，在设计时不仅需要考虑一般公共空间的各项基本功能，更需要考虑集散引导等特殊的轨道交通功能，同时兼顾地下建筑空间的设计需求。

以上海地铁为例，20世纪90年代建设的地铁1、2号线，尚处在地铁建设的探索期，车站空间设计的经验教训为后期建设提供了借鉴。从总体上讲，上海地铁早期建设是一次从无到有的突破，在公共空间设计上也创造了当时上海特有的沪上地铁风格，但是在整体的空间视觉效果上，仍有不少有待改善之处。

然而这些问题并不是设计本身所能解决的，需要从设计管理的角度切入，站在宏观的空间高度，为车站各专业提供设计总体规划和指导规范，制定各专业之间在视觉上的相互关系，包括空间视觉排序、空间视觉比例等，这样才能有所改善。

（1）车站各专业各系统之间的冲突

上海地铁1、2号线车站空间存在的主要问题是缺乏车站空间整体设计观念，各专业各系统之间存在相互分离、各自为政的情况。较为典型的现象是，在站厅长长的壁画中间靠墙设置垃圾桶，严重破坏了艺术效果；或者悬吊式导向牌遮挡了壁画观看的最佳视线；又或者监控探头遮挡了导向牌信息的正常观看等。

从地铁各专业领域来看，它们各自都是合理的。如果单看壁画，其在车站中的位置是合适的，因为人流适中、空间开阔；如果单看垃圾桶，其严格准守了间隔一定距离必须设置一个的原则；如果单看导向牌，也是根据乘客进出站行为来设置的；就算监控探头也遵守了相关安全规范要求。但是这几个专业放在同一个车站公共空间内，冲突就产生了。

2000年，1号线徐家汇站的景象在当时很有代表性。（图01）是站厅通道口区域，图中导向信息、商业信息、设施信息、安全信息等完全交织在一起，相当杂乱，导致车站中关键出口信息不清晰，影响乘客进出站。（图03）是站厅墙面，广告、消防设施、工作人员出入门，这三者在空间的高度和宽度上毫无关联，视觉效果零乱，加上吸墙式导向牌的出现，使得各专业的信息混淆起来。

这些现象中出现的各专业的相互冲突和不协调现象，正是缺乏设计沟通和系统管理所致。这一问题从各专业本身的立场上是无法解决的，需要有一个以设计管理为主体的单位，站在车站总体设计的高度，从宏观上对车站各专业各系统的设计进行管理。

（2）车站导向信息的繁杂庞大

上海地铁1、2号线在导向设计上，显得相当繁琐庞杂。当时车站的情况是，悬吊式导向牌是作为车站主导的导向设施，不仅设施数量庞大可观，其版面信息量也相当大。2号线人民广场站由于周边地形复杂，为了标出所有地面出入口信息，大量的导向牌都采用了长达10米的体量，并在导向牌版面上将信息分为上下两层，造成字体小、信息多、传达效率低的视觉效果。乘客要看清信息，必须停下脚步，从而造成了人流停滞，外地乘客更是难以分清方向。

当时的导向设计单位，借鉴了日本地铁的车站导向设计，将其细致周到的信息呈现方式引入上海地铁。这在一定程度上是个进步，但是忽略了关键导向信息的传达效果，不分重点，没有主次，给乘客增加了阅读信息的负担。

01~04 上海地铁徐家汇站，摄于2000年
01 站厅通道口广告与导向相互冲突　02 站厅墙面高密度的灯箱广告　03 站厅墙面　04 站厅通道口

作为公共交通空间的基本属性，地铁导向设计的基本诉求是简明实用、快速识别，以保证人流快速通过、不停留、不折返。当时繁琐庞杂的导向设计，主要原因还是缺乏对导向信息的分类管理，忽略了乘客的观看立场。

（3）广告与商业的过度设置

上海地铁1、2号线的广告和商铺在车站空间中相当强势，几乎占据了车站空间的半数面积。过度设置的广告和商业，削弱了导向信息的传达，形成了喧闹凌乱的车站商业氛围。

高密度、小面积的灯箱广告，是当时普遍采用的广告方式。首先，由于灯箱广告在视觉上十分跳跃，受到广告业主的广泛青睐。自发光的形式虽然增加了广告画面的生动性，但同时也造成了地下空间的光污染，特别是在并不宽敞的车站，以及大人流拥挤状态下，乘客会感受到一种光源的压迫感。其次，为增加广告数量并降低单个广告的售价，灯箱广告采用小面积的发布形式，比如当时的徐家汇站采用连续设置3块广告、间隔1块广告空间布局方式，形成了视觉上凌乱喧闹的心理感受。此外，车站还有各类小型广告，从车厢扶手、闸机面板、售票机面板，到收费区和非收

费区之间的分隔护栏，小型广告加剧了车站空间的喧闹气氛，破坏了原本舒适安静的车站氛围。

当时的商铺分布在站厅非付费区，通常沿站厅两侧墙面设置，使非收费区进出站人流通道十分狭窄，在高峰时段产生人为拥堵，阻碍了乘客快速进出车站。

作为地铁业主方创收的主要来源，广告和商业的发展需要兼顾经济利益和乘客利益。广告和商业的过度设置，是地铁建设初期的严重问题，是广告和商业发展缺乏管理的一种表现，也涉及人类空间设计的伦理层面。

10.1.2 管理介入地铁公共空间设计所带来的变革

上海地铁1、2号线存在的诸多问题，根源都是地铁设计各专业之间缺乏协调和管理所引起的，因此需要从车站总体设计的高度来加以解决。2007年，上海申通地铁集团有限公司委托上海申通咨询研究所和上海大学美术学院，共同研究编制了《上海地铁网络视觉形象规范指导手册》（后简称《手册》），为上海地铁公共空间设计带来了三大变革，初步彰显了管理介入车站公共空间设计后所产生的力量。《手册》为世博前夕上海地铁119个车站的空间设计提供了设计管理的指导意见和相关规范，获得了良好的管理成效和社会反响。

05

05 上海地铁2号线东延伸线华夏东路站站厅，在《手册》的指导下于2010世博前夕通车的一批车站

（1）模数化管理下车站各专业之间形成协调关系

针对车站各专业之间的冲突问题，《手册》提出空间模数化设计管理思想，初步解决了车站各专业各系统之间在空间上的协调问题，形成新建车站简练明快、秩序井然的空间效果。模数化管理是管理介入地铁所带来的第一个变革。

空间模数化设计方式，是一种通用性的标准化设计管理方式，即在车站装修时制定一个基本模数单位，应用到墙面、柱面、地面、天顶的装修板材，以及各类设施、导向、广告及商业中。比如暂将1m作为模数单位，那么墙面板材宽度就是1m，地面及天顶的板材长宽以及各类设施、导向牌、广告、相互之间的间隔都将纳入1m模数格局中。因此模数化管理使车站各专业之间形成了空间和尺度上的关联性，使得空间中原本杂乱的布局不再出现。

在模数化设计的基础上，《手册》进一步提出了各专业在车站空间中的视觉排序原则，即"导向第一的相互协调原则"，这是各专业最终达成协调关系的前提。首先，快速通过是公共交通空间的基本功能诉求，因此快速引导乘客的导向设计系统，在车站空间中应当占据首要视觉地位。一旦有广告及商业影响导向信息传达，就应当以导向第一的原则进行协调改善，该原则同时也有效地控制了广告和商业的视觉效果。其次，各专业之间在空间布局中，难免有所冲突，装修设计单位作为协调主体单位，负责各专业设计单位的协调工作，做到科学布局，灵活协调。

（2）分层信息管理下车站导向的简化与突破

针对车站导向信息繁杂庞大的问题，《手册》提出导向信息分层管理的设计思想，初步形成了车站导向简洁明了的特征，并在空间发布方式上有所突破。分层信息管理是管理介入地铁所带来的第二个变革。

车站导向信息在《手册》中被划分为两个层次。第一层次是引导乘客进出站的导乘类信息，包括售票引导及定位、进出闸机引导及定位、列车行驶方向引导、出口方向引导、换乘方向引导等，主要设置在悬吊式导向牌上，并保持清晰简明的图标和字体，方便乘客瞬间识别。第二层次是服务乘客的设施信息、出口信息、禁止及安全信息等，从原来悬吊式导向牌上移至墙面信息带。

导向信息在空间发布方式上进行了变革，通过引入墙面信息带，为第二层次的导向信息提供了充足的发布空间，在运营过程中灵活性很强。墙面信息带有效地分担了原来悬吊式导向牌的负担，使悬吊式导向牌的数量减少了一半，上面的信息也得到了极大简化，保证了视觉传达的清晰度。

06 上海地铁7号线静安寺站站台，在《手册》的指导下于2010世博前夕通车的一批车站

通过信息分层管理，导向发布方式更为科学，乘客寻找信息有了规律性。"车站各类信息有了固定位置，并逐渐引导乘客形成一种行为习惯，即抬头看悬吊式导向牌，转头看墙面辅助信息带。"①

（3）容积率管理下车站广告及商业得到控制

针对车站广告与商业过度设置的问题，《手册》提出广告容积率管理的设计思想，即以广告总面积与墙面柱面总面积的比例关系，作为广告容积率的数值。通过规定广告容积率的上限，有效地控制了车站广告泛滥的情况。容积率管理是管理介入地铁所带来的第三个变革。

《手册》中规定，"站厅广告容积率为≤9.5%，通道广告容积率为≤6.0%"。通过容积率的科学数值的设定，基本形成了车站商业在整体车站空间中的比例，确定了空间风格。

此外，广告发布形式也在一定程度上影响了容积率的效果，比如国外城市地铁普遍采用大幅面的招贴广告，在车站环境中十分协调，广告本身的信息传达效果也较佳。相比之下，灯箱广告虽然视觉冲击力强，但在环境中过于跳跃，通过招贴广告的大幅面来补偿，可以得到与灯箱广告相同的视觉效果。最后，某些不合理的广告发布空间和形式需要杜绝，比如闸机设施上的广告、站厅隔离护栏上的广告等，阻碍了乘客进出站及车站的美观性。

07

08

07 上海地铁11号线站厅，在《手册》的指导下于2010世博前夕通车的一批车站
08 上海地铁10号线龙柏新村站站厅，在《手册》的指导下于2010世博前夕通车的一批车站

10.2 地铁空间设计的组织

地铁业主方采用的运作模式，是由其组织结构决定的。管理职能要依托组织去执行，管理效果以组织为保障。因此，"组织结构是组织中正式确定的使工作任务得以分解、组合和协调的框架体系。"[2] 组织结构决定了地铁公共空间设计项目的执行质量和效率。

与地铁空间设计管理相关的组织结构，包括外部组织与内部组织两部分。外部组织是城市公共交通管理组织，决定了城市地铁与其他各类公共交通网络之间的衔接关系，关系到地铁空间的服务功能。内部组织是地铁建设的业主方和设计方，两方面共同构成相互协作的管理组织。从国际范围来看，业主方承担主要设计管理工作，对设计项目进行计划、组织和控制；设计方是设计的执行方，对设计项目进行具体的创意与实施，还承担一部分较为专业的设计管理工作。在近年来的中国地铁建设中，业主方开始将部分设计管理工作转移给设计方，形成相互协作的设计管理组织结构。

10.2.1 城市公共交通管理的组织构架

城市居民出行大多需要转换公共交通工具，在多层次的城市公共交通网络中，地铁由于运行效率高等优势，成为人们出行的首选。此外，巴士、轮渡、自行车和机动车等交通方式成为地铁网络覆盖区域的补充，而机场、火车站和长途汽车站等作为城市对外交通的延伸，共同构成了世界上庞大的交通运输网络。

城市中不同交通网络之间的换乘对接问题，以及换乘空间设计管理，与城市公共交通管理的组织构架息息相关。只有城市公交组织实现了一体化，城市公交换乘才能达到真正的一体化设计。

（1）中国城市公共交通管理的组织构架

中国城市经常出现地铁与其他公交网络之间的换乘问题，比如地铁站周边没有停车场、地铁站与公交车站距离太远，甚至还出现了地铁站与火车站无法直接换乘，而需要行走一段地面距离的换乘窘境。这类不合理的换乘情况出现，原因是多方面的，但最核心的原因就是不同类型的公交系统分属不同的建设管理单位，造成了相互之间管理不协调的问题。

就拿上海城市公共交通组织结构来看：地铁属于上海申通地铁集团有限公司；公共汽车属于上海巴士公交有限公司和上海浦东新区公共交通有限公司等多家企业；铁路属于上海铁路局；机场属于上海机场集团有限公司；轮渡属于上海市轮渡有限公司。不同的公交类型直属单位的企业性质和管理模式完全不同，相互之间要冲破壁垒、建立紧密合作关系是有一定难度的。

虽然上海拥有各公共交通网络的上属管理单位，即上海市城市交通管理局、上海市交通运输和港口管理局。但其作为统筹指导单位，并不直接管理具体换乘等事宜，因此涉及换乘空间服务的问题仍然是个空白点。

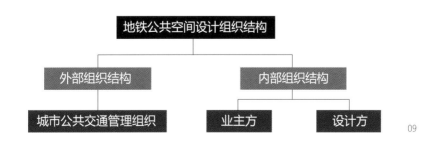

09 地铁公共空间设计管理的组织结构示意图

① 张建斌,杨立兵,章莉莉.打造现代轨道交通网络的视觉向导——上海市轨道交通导示系统的设置[J].地下工程与隧道,2008.

② [美]斯蒂芬·P·罗宾斯,玛丽·库尔特著.管理学（第七版）[M].北京：中国人民大学出版社,2004.

（2）国外城市公共交通管理的组织构架

国外许多城市采用公共交通一体化的组织构架与政策体制，将多种类型的公共交通归属于一家公司的经营管理模式，能最大限度地发挥各种类型公交网络的运输优势，加强不同公交之间的换乘衔接。

伦敦公共交通系统具有良好的视觉形象、信息化服务平台以及高效的运行机制，最重要的是实现了各种公共交通工具之间的"零换乘"，成为世界范围内的成功典范。其成功的主要因素来源于城市公共交通管理的一体化组织与政策。

伦敦交通署（TFL）是负责所有公共交通和道路交通规划和决策的机构，旗下拥有众多分公司，包括地铁、公共汽车、有轨电车、轻轨以及火车等，一体化的组织在交通管理上具有极大的灵活性和协调性。"负责地铁运营的伦敦地铁公司（London Underground）是一家国有公司，而其他公共交通运营公司，包括公共汽车、有轨电车、轻轨等全部采用私营公司经营的模式，商业竞争机制使他们保持低成本运营，又为乘客提供了优良的服务。"[①] 在政策上，为了确保所有的交通决策都能增强伦敦交通系统一体化的功能并保证充足的资金来源，由伦敦市长担任了伦敦交通署主席。

大巴黎城市交通计划的组织机构是巴黎大众运输公司（RATP），负责巴黎市区及近郊大众运输工具的营运工作，包括巴黎的16条地铁线路（Metro）、公共汽车（Bus）、路面电车（Tram）、区域快线（RER）A、B两线及蒙马特缆车。基于统一的交通管理组织结构，巴黎地铁网络与其他公共交通网络形成了高度一体化的运作模式。

10

11   12

10 伦敦公共交通系统   11 伦敦地铁   12 伦敦巴士

---

① David Quarmby文，胡树成译.体验伦敦公共交通系统[J].城市交通,2007.

10.2.2 中国地铁业主方组织结构

从管理学角度看，地铁公共空间设计管理的内部组织具有多种结构，不同结构决定了设计项目运作的不同方式，并影响了地铁空间的最终效果。

关于组织结构的类型，在不同版本管理学书籍中略有差异。在罗宾斯的《管理学》中，组织结构分为传统组织结构和现代组织结构，传统组织结构包括简单结构、职能型结构、事业部型结构，现代组织结构包括基于团队的结构、矩阵型和项目结构、无边界组织、内部自制单位、学习型组织。在周三多的《管理学——原理与方法》中，组织结构分为职能部门化、产品部门化、区域部门化、综合标准和矩阵组织。在徐国华的《管理学》中，组织结构分为直线职能结构、事业部结构、模拟分权结构、矩阵机构、委员会组织。

纵览组织结构的不同划分形式，均包括三种最基本的组织类型，即职能型组织、项目型组织和矩阵型组织。地铁业主方在不同发展阶段，随着线路建设目标的提高、自身管理能力的发展、项目发包模式的完善等，可以采取不同类型的组织结构来适应各阶段需求。

（1）职能型、项目型、矩阵型的组织结构特征

第一，所谓职能型组织结构，是一种最传统最普遍的组织形式。按职能划分是一种自然的逻辑思维，几乎所有企业都具有按职能划分的组织基本构架。具有相同职能和技术的专业人员组成了职能部门，有利于领导权力的集中，以及同一类专业人员的交流和提高，形成各部门成员在统一领导下相互依存的合作。而当职能型组织在执行和协调项目时，效果却不甚理想。由于每个部门只对自己的专业部分负责，因此出现问题时人人有份，但人人无责。

在城市地铁发展初期，特别是在单线建设时期，职能型组织结构较为合适。比如上海地铁1号线建设，业主方就采用了职能型组织结构。此时地铁建设规模不大，尚处在设计管理的探索阶段。

第二，所谓项目型组织结构，是以项目为目标的组织形式，按照项目需求设置不同职能与不同专业的人员。优势是项目经理具有绝对的决策权和领导权，有利于最大化调动资源完成项目。劣势是当几个项目同时运作，各个项目都需要自己的专业人才时，就遇到发展瓶颈。项目型组织结构对于公司的稀缺资源无法有效利用，通常只有运作一到两个重要项目时才会适用。

由于地铁建设是按照线路建设计划推进的，因此将每条线路建设作为一个项目，各项目公司在集团统一规划指导下，负责线路上地铁车站公共空间的设计管理工作，能有效地保证设计效率和质量，这与地铁建设的需要是相符的。

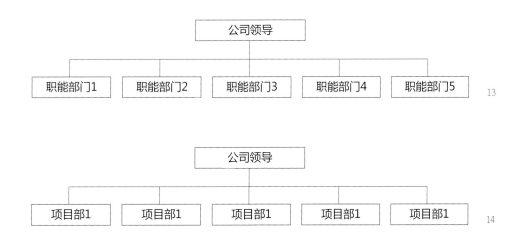

13 职能型组织结构示意图　　14 项目型组织结构示意图

第三，所谓矩阵型组织结构，是同一个组织中有几个项目同时开发，或在一些涉及面广、临时性强的复杂重大工程项目中，将职能型组织的纵向优势和项目型组织的横向优势有效结合起来的一种组织结构。"矩阵型组织结构是指从各职能部门中抽调有关专家，分派他们在一个或多个由项目经理领导的项目小组中工作的这样一种组织设计。"① 从总体上说，矩阵型组织结构是一种较为科学灵活的现代化组织结构，同时操作难度也较高。

矩阵型组织结构的优势是强化各职能部门与各项目之间的协作关系，形成纵横两套系统交叉形成的复合结构组织，具有很大的灵活性与适应性。（1）从项目角度看，成员来自各职能部门，加强了不同职能部门之间的配合和信息交流，克服了职能型组织中各部门脱节的现象，为短期内完成项目打下基础。（2）从公司管理角度看，成员构成具有灵活机动性，可随项目进展和工作需要从各职能部门抽调。因此，矩阵型组织结构的形式是固定的，人员却是变动的。

当然，矩阵型组织的最大劣势也来自于其双重指挥链。（1）矩阵型组织中的每个成员隶属于两套系统，拥有两个上司，管理上容易冲突。（2）成员从各部门抽调，当任务完成后，项目一旦解散，成员就被安排其他工作岗位，这样容易使员工产生临时观念，缺乏完全感。

目前中国地铁线路建设一般采用矩阵型组织结构，通过成立项目公司的方式，或从地铁公司各个职能部门抽调人员成立项目小组，来承担线路建设的日常管理工作。特别是进入地铁网络化阶段，矩阵型组织结构因其高效灵活，适应性强，普遍被中国各城市地铁建设所采用。

在矩阵型组织结构中，根据横向项目性质的强弱，可以分为弱矩阵型组织和强矩阵型组织。在陈圻的《设计管理理论与实务》中，矩阵型组织结构被划分为轻型矩阵组织结构和重型矩阵组织结构，实际上这两个概念是相同的。弱矩阵型组织具有较强的职能性，项目经理比较接近协调者或行政者，负责日常管理实务，比如制定进度表、安排组织会议，没有实际的决策权和控制权。强矩阵型组织具有较强的项目性，项目经理具有绝对的领导权和决策权，能够实施对人员考核的权力。

在胡章喜的《城市轨道交通设计管理模式的探讨》中，建议"建设项目前期采用弱矩阵型，后期采用强矩阵型"，同时还提出"混合型的设计管理构架，对于设计阶段采用分段式管理，总体设计与初步设计采用职能型管理，施工图设计和施工阶段采用项目型管理。"这也是因为项目前期适合集权管理，项目后期适合分权管理的原因。在杜建平《深圳地铁建设项目管理研究》的论文中，将矩阵型组织结构划分为三种，除了强矩阵型组织、弱矩阵型组织以外，还增加了平衡矩阵组织。

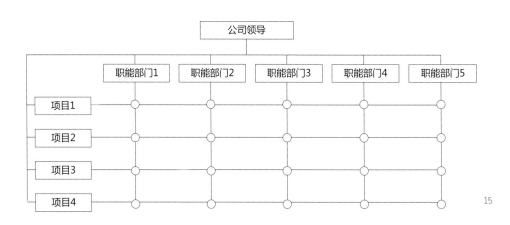

15 矩阵型组织结构示意图

15

---

① [美]斯蒂芬·P·罗宾斯，玛丽·库尔特著.管理学（第七版）[M].北京：中国人民大学出版社,2004.

（2）上海地铁业主方组织结构分析

上海地铁的业主方是上海申通地铁集团有限公司，简称申通地铁。从总体上说，目前申通地铁的组织结构呈现分级化、网络化的特征。其中，第一层级为集团总部，采用职能型组织结构；第二层级为直属单位，构成了多元化发展的组织形式；第三层级为项目公司，采用项目型组织结构。

在地铁车站公共空间设计管理方面，申通地铁采用的是矩阵型组织结构，将集团层面的纵向管理优势以及项目公司层面的横向管理优势有效地结合起来，形成了纵横两套系统交叉形成的复合结构组织。

申通地铁通过成立项目公司的方式，来实现地铁线路的建设工作。项目公司负责地铁线路建设的项目推进及日常管理工作，并具有独立法人的身份，与各设计单位和施工单位进行承发包合作。在上海地铁的已建线路和在建线路中，除了1995年通车的1号线和1996年通车的2号线之外，其他都采用项目公司的组织形式进行具体操作。

从申通地铁的三个组织层级来判断，其采用的矩阵型组织结构，应当属于项目性较强的重型矩阵型结构。在杜建平的《深圳地铁建设项目管理研究》论文中也提到"上海地铁建设项目管理采用的是强矩阵型组织结构"。从集权化程度来看，决策权基本集中在第一层级的集团总部管理层面，在项目执行过程中强调集团统一管理；而项目公司只承担日常建设管理的工作，如组织设计会签工作、管理设计文件、促进设计沟通等，本身没有重大决策权，可以说项目公司是集团总部决策之后的执行单位。因此，上海申通地铁实际上属于职能性较强的轻矩阵型组织结构。

16 上海地铁设计管理矩阵型组织结构

17 上海申通地铁集团有限公司成立装修工作小组之后的组织结构

在2007年申通集团车站装修专题会议上，经过研究决定建立长效常态的装修工作机制，成立"集团装修工作小组"，负责各线装修设计管理协调工作，并通过"各线装修设计咨询单位"协助设计管理。集团装修工作小组由总体规划部牵头，成员单位包括技术管理部、合约法规部、建设事业部、在建线路的八个项目公司及资产公司。由此可见，在地铁公共空间设计的装修设计管理方面，申通地铁采用了轻矩阵型组织结构。

集团装修工作小组，即申通地铁关于车站空间装修等环节的设计管理组织。在2010年上海世博会前夕的大规模建设阶段，2号线东延伸、2号线西西延伸、7号线、8号线二期、9号线二期、10号线、11号线北段一期、13号线世博段，这八个项目处在同期建设，协调管理工作相当繁重。装修工作小组站在地铁网络建设的高度，推进了标准化和规范化的设计管理工作，其工作包括制定统一的设计技术文件、设计管理文件、设计实施工作模式，协调装修施工和机电安装、资源开发及运营需求之间的矛盾，统筹解决各线装修视觉设计的共性问题，确立装修例会制度、形成标准化的设计监督、设计协调的工作机制等。

在城市地铁发展的不同历史时期，申通地铁集团公司的部门之间将产生工作重心的转移。在地铁建设阶段，集团总体规划部是核心部门，各项目公司是实施主体；当进入地铁运营阶段，项目公司萎缩，运营公司和资产公司随之成为两大核心部门。

10.2.3 中国地铁设计方组织结构

运作模式决定了组织结构，由于目前中国城市地铁公共空间设计主要切分为建筑设计和装修设计两个环节进行设计发包，因此，设计方组织结构依此划分为建筑设计组织和装修设计组织两个系统。

车站建筑设计组织包括建筑设计总体单位（简称总体院）、建筑设计各标段分项设计单位（简称分项院）。总体院负责工程可行性报告与总体设计的工作，并对各分项院的初步设计与施工图设计进行总体控制与指导，各分项院是初步设计与施工图设计的主体单位。

车站装修设计组织包括装修设计总体单位、装修设计

分项单位，以及需要与装修设计相协调的多专业多系统设计单位。从涉及装修设计的单位数量来看，其设计组织规模较为庞大，设计管理及协调工作任务重。以下从上海地铁设计方组织结构为例展开研究。

（1）单线建设阶段的装修设计组织结构

在城市地铁早期建设阶段，着眼于单线建设的目标。业主方通常将一条线路的车站切分为多个建设标段，发包给多家装修设计单位，即装修分项设计单位，负责从车站的概念设计、初步设计直至施工图设计全过程，工作包括对车站的顶、地、墙柱等空间界面进行设计，以及众多专业系统的接口设计工作。

由于一条线路上的装修分项设计单位较多，使得业主方在设计管理时，沟通和协调的难度增大。更重要的是，车站之间的装修主材及空间模块的差异性，造成了线路风格不明确的视觉效果，也提高了后期维护的难度。

单线建设阶段的装修设计组织，由业主方直接管理各分项设计单位，以及各专业系统设计单位（导向系统设计单位、壁画设计单位、AFC系统设计单位、屏蔽门系统设计单位、FAS/BAS系统设计单位、信号系统设计单位、通信系统设计单位、PIS系统设计单位、高压细水雾系统设计单位、电梯自动扶梯系统设计单位、多媒体设施设计单位、无障碍设施设计单位、紧急逃生设计单位等）。因此协调工作量相当大，对于业主方的管理提出了很高的要求。

（2）网络化建设阶段的装修设计组织结构

当城市地铁进入网络化建设阶段，同期建设的地铁线路数量增多。从网络高度来看，为了更好地控制线路之间的共性与个性，协调各线路设计力量，需要在设计方组织结构中有所改革。

上海地铁6号线的建设，标志着上海地铁进入了网络化建设阶段。在此期间，设计方组织结构中增加了装修设计咨询单位的角色，使得业主方的管理团队从原来面对多个分项设计单位，调整为面对一家装修设计咨询单位，从而更方便于实施具体的设计管理工作。

装修设计咨询单位，即装修设计总体单位，是业主方通过招标方式选取的负责全线车站装修设计的总体设计及协调单位，要求具有建筑或装修甲级设计院的资格。在2007年申通集团专题会议上，审议决定了装修设计咨询单位的职能范围。第一职能层次是线路装修设计中的共性设计任务，即概念设计、初步设计、通用图设计服务；第二职能层次是协助业主方提供全过程设计管理服务，协调各专业系统设计单位之间的沟通，设计管理贯穿至施工图设计阶段、施工至试运营阶段。

在地铁建设网络化阶段，设计管理工作由业主方和设计方两方面共同承担。业主方是设计管理的主体，设计方中的设计咨询单位协助业主方承担一部分专业技术方面的设计管理工作，帮助业主做出正确的决策。

上海地铁装修设计管理工作，主要由申通集团下属装修设计工作小组进行总体管理，由各条线路装修设计咨询单位协助设计管理。装修设计咨询单位承担了绝

大部分专业管理任务，肩负组织、协调、监督各分项设计单位的工作，有效地分担了业主方的管理压力。

在2010年上海世博会前夕的大规模建设阶段，业主方装修设计工作小组，直接面对8个线路项目的装修设计咨询单位，来实施多条线路快速建设任务。在世博会后新一轮地铁建设中，装修设计咨询单位的职能有所扩展，"设计工作包括全线装修设计的概念设计、方案设计及概算、通用图设计；以及部分公共设施设计、广告及商业基本形式设计、灯光照明设计、综合管线设计的工作。""设计管理服务贯穿工程建设全过程，包括施工配合、设备调试、试运营及竣工验收各阶段，内容主要包括全线装修过程的施工图设计管理、设计技术指标的制定、技术接口协调、设计文件编制、设计文件汇总、分项设计单位的设计进度、质量、投资控制管理等多方面工作。"[1] 可以说，装修设计咨询单位的介入，对地铁车站装修设计环节的管理是十分有意义的。

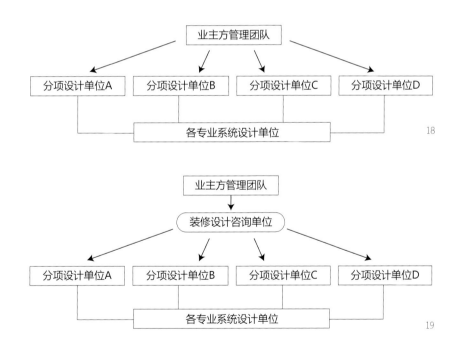

各专业系统设计单位，包括导向系统设计单位、壁画设计单位、AFC系统设计单位、屏蔽门系统设计单位、FAS/BAS系统设计单位、信号系统设计单位、通信系统设计单位、PIS系统设计单位、高压细水雾系统设计单位、电梯自动扶梯系统设计单位、多媒体设施设计单位、无障碍设施设计单位、紧急逃生设计单位等

18 单线阶段的装修设计组织结构　19 网络化阶段的装修设计组织结构

---

① 上海申通地铁集团有限公司编制.上海轨道交通12号线装修设计咨询合同[C].2011.

表10-1 上海地铁装修设计咨询单位的设计管理工作要求

序号	装修设计咨询单位的设计管理工作要求
1	应在上海设置常设机构，建立完善的组织，配备足够人员并保持基本稳定
2	应建立各项管理制度，形成相应的管理文件，并与甲方管理制度相适应
3	服从项目公司整体安排，协助项目公司对装修工作进行全过程管理
4	根据合同要求制定设计原则、技术标准、功能要求和接口，组织协调分项设计单位有序开展工作，落实组织限额设计，对设计成果全面负责
5	收到甲方提供的工程设计依据文件及设计的基础资料后，应仔细阅读，如发现任何错误或缺陷，应在规定时间内对资料提出书面意见
6	必须根据工程设计依据文件及有关的技术说明、国家有关的设计标准、技术规范、规程完成装修设计咨询，以满足各阶段设计工作的开展
7	协助甲方组织方案评审工作，并根据各阶段的评审意见，进行设计的优化和完善工作
8	对装修设计工作承担全部责任，对设计文件的正确性、完备性、可靠性、可操作性、经济性负责，同时对分项设计单位的设计质量负连带责任
9	应根据甲方要求负责制定设计进度计划表，并将进度计划贯彻落实到分项设计单位，同时根据实际情况进行比照，对设计全过程进行进度控制
10	根据装修设计要求制订设计质量控制措施和程序
11	通过制定经济评价体系、方案优化、推行标准化与模块化设计等措施，与原初步设计评审概算比较，进行投资控制，确保完成限额设计指标
12	预审分项设计单位提交的设计文件，有权退回设计文件的不合格部分，指令分项设计单位限期补充完善直至合格为止
13	对分项设计单位提交的设计文件审查后，审查人员应在文件的相应部分签字，提出预审意见供甲方决策
14	协助甲方编制装修材料、施工招标文件，做好招投标的配合工作，为甲方提供招标的相关技术文件、图纸、概算等
15	根据甲方要求，随时、动态提供最新设计资料、成果
16	按时上报周报、月报、阶段总结报告，及时反映进展及问题，认真组织并参加设计例会及各项专题会
17	组织施工阶段的设计交底、做好施工过程中的质量监督、协调配合及验收等相关工作
18	积极配合与规划、环保、卫生、绿化、交警、水务、消防等政府职能部门的资料提供和报审工作，负责解决审照过程中的一切设计技术配合工作
19	配合试运营阶段的各项工作
20	有技术保密的责任和义务，对于上海轨道交通工程设计的相关文件，未经甲方同意不得泄露或转让给第三方

10.2.4 中国地铁组织结构的优化建议

综上所述，关于地铁公共空间设计组织结构的优化建议，主要包括三方面建议。

（1）关于地铁外部组织的优化建议是，借鉴国外城市一体化公共交通组织与政策的经验，加强中国城市地铁网络与其他公共交通网络之间的衔接，加强城市公共交通的整体管理力度，形成紧密的一体化公交组织结构。

（2）关于地铁内部组织的优化建议是，业主方的组织结构可以根据不同建设阶段的需求，在强矩阵型与弱矩阵型之间调整。上海地铁业主方可以进一步发挥项目公司管理的积极性，加强新线车站的个性设计与品质提升；同时可以进一步扩大装修设计咨询单位的管理权限，参与更多专业型设计管理工作，组织协调各设计单位，帮助业主方做出科学决策。

（3）对于组织成员结构之间的建议是，加强地铁公共空间的设计沟通。地铁空间设计是一项综合性很强的系统化设计管理工程。由于参与设计的单位数量众多，涉及专业面广，当众多不同设计专业的人员共同完成一个空间设计方案时，设计沟通就显得十分重要。

"沟通（Communication）是主体将某一信息或者观念传递给客体对象，使客体做出所期望反应的过程，即信息在人与人之间、人机之间、群体与群体之间、组织与组织之间的传递或交换的过程。"[1] 沟通贯穿于整个设计活动，在设计管理过程中，设计沟通往往起着关键作用。特别在地铁装修设计环节中，协调好各单位、各专业系统之间的关系，有时候比管理设计本身更重要。

此外，中国地铁普遍采用以线路为单位的横向外包模式，"在外包设计项目执行过程中，发包方和承包方的沟通协作是设计项目成功的关键"[1]，因此设计沟通显得尤为重要。

10.3 地铁空间设计的流程

设计流程决定了设计的效率和质量。设计项目流程（Design Process），也叫做设计程序，是指一个设计项目从开始到结束的全过程中各个设计阶段的工作步骤以及相互之间的连接关系。

中国地铁空间设计的流程管理，正在从原先的串行设计流程，逐渐转变为并行设计流程，两种不同的设计流程对于地铁公共空间设计将产生不同的结果，此外地铁建设的集成化管理思路将成为发展趋势。

10.3.1 地铁空间设计基本流程

从总体上说，地铁全寿命周期包括建设阶段和运营阶段。地铁空间设计管理跨越了这两个阶段，主体部分的建筑设计和装修设计集中在建设阶段，车站临时性公共艺术设计则延伸到了运营阶段。

（1）地铁设计专业的流程衔接

根据地铁公共空间设计的时间轴，可以将流程划分为三个阶段，分别是车站建筑设计阶段、车站装修设计阶段、运营时期的公共艺术设计阶段。

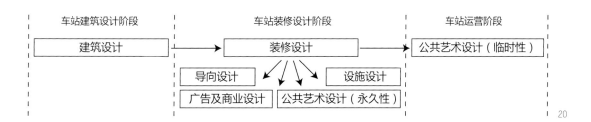

20 地铁公共空间设计的基本流程图

① 陈圻,刘曦卉等著.设计管理理论与实务[M].北京：北京理工大学出版社,2010.

第一阶段是车站建筑设计，主要对车站空间规模和形制、内部功能及人流引导方案进行设计，其间装修设计跟进并作出初步方案。

第二阶段是车站装修设计，主要完成车站建筑与人之间的界面设计，同时组织地铁各专业系统之间的接口设计与协调工作。此时，设施设计、导向设计、广告和商业设计、永久性公共艺术设计在装修设计的总体协调下分头展开工作，并达成相互协调的空间关系。由于地铁各专业系统数量庞大，协调工作量大，因此装修设计阶段对设计管理要求较高。

第三阶段是运营时期的公共艺术设计阶段，除了在第二阶段完成的永久性公共艺术之外，还有临时性公共艺术和公共艺术创意产业，如公共艺术活动、公共艺术展览、公共艺术形象产品等，均需要在长期运营中不断推进。

（2）地铁建筑设计基本流程

地铁建筑设计流程包括四个阶段，分别是工程可行性报告阶段、总体设计阶段、初步设计阶段和施工图设计阶段。其中，总体设计院担任工程可行性报告和总体设计的工作，并指导初步设计；各标段建筑设计单位在此基础上，进行初步设计和施工图设计工作。

第一阶段是工程可行性报告阶段，由建筑设计总体院负责，对地铁站点位置、车站结构基本形态、车站内部空间布局等进行总体规划，并探讨验证其工程方面的可行性，此阶段是国家相关法律法规强制规定的环节。

第二阶段是总体设计阶段，同样由建筑设计总体院负责，对线路上每个站点的具体落点位置、车站具体形态、车站空间最终布局、各设备管线设计等，进行基本确定。

第三阶段是初步设计阶段，由建筑设计总体院牵头指导，由各标段分项设计单位进行车站建筑空间设计的详细设计，此阶段是国家相关法律法规强制规定的环节。

第四阶段是施工图设计阶段，是在建筑设计总体院的指导下，由各标段分项设计单位在充分考虑乘客心理及行为的基础上，进行车站建筑空间的详细设计，包括尺寸、细部空间的深化设计，并落实到直接能指导施工的图纸设计，此阶段是国家相关法律法规强制规定的环节。

为了加强施工图设计管理，通常采用审图机制。"施工图强制审查，是落实建设部2004年颁布《房屋建筑和市政基础设施工程施工图设计文件审查管理办法（建设部令134号）》而必须开展的工作。""设计审图包括阶段性设计审图、全过程设计审图，以及国家法律法规所要求的强制性施工图审查。"[①] 在上海申通地铁组织结构中，建管中心负责施工图总体管理和协调，业主方下属的上海市隧道工程轨道交通设计研究院担任施工图的审查工作。

（3）地铁装修设计基本流程

地铁装修设计流程包括四个阶段，分别是概念设计阶段、初步设计阶段、施工图设计阶段和设计后期服务阶段。其中，装修设计咨询单位的工作贯穿全过程，各装修分项设计单位承担施工图设计和设计后期服务的工作。

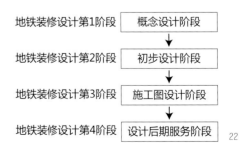

地铁建筑设计第1阶段	工程可行性报告阶段
地铁建筑设计第2阶段	总体设计阶段
地铁建筑设计第3阶段	初步设计阶段
地铁建筑设计第4阶段	施工图设计阶段	21

21 地铁建筑设计流程图

地铁装修设计第1阶段	概念设计阶段
地铁装修设计第2阶段	初步设计阶段
地铁装修设计第3阶段	施工图设计阶段
地铁装修设计第4阶段	设计后期服务阶段	22

22 地铁装修设计流程图

① 刁伟轶.新形势下城市轨道交通项目设计咨询服务的内容与发展方向初探[J].地下工程与隧道,2011,4.

第一阶段是概念设计阶段，由装修设计咨询单位负责。工作目标是确立全线装修设计总体原则及概念方案，包括车站内部及地面出入口建筑外部的装修设计；制定线路标准站与重点站的装修概念方案；对车站公共空间内其他视觉元素（设施、导向、广告、商业、公共艺术）提出设计要求，并提供概念设计文本。

概念设计阶段是地铁装修设计创新的关键环节，整条线路的视觉风格及车站的装修风格基本是在此阶段完成的。这个阶段最突出的特征是发散性、模糊性、系统性和创新性，由于设计成果往往较为空洞，难以管理，因此被一些管理学者称为"模糊前期"。通常设计单位会采用头脑风暴会议，来讨论产生多种装修设计概念方案，在中国基本是由地铁业主方的领导层来进行判断和选择，最终确定一个概念方案并进行深化。

概念设计阶段的依据包括三方面：一是全线地域特征，一般通过车站周边城市空间的调研来获取客观信息。首先要进行地域属性分析，比如车站位于老城厢还是新兴居住区，位于市中心商业地块还是市郊经济开发区，因为地域属性直接决定了车站装修设计风格。其次车站周边的标志性建筑和景观也相当重要，这对地下车站与地面城市之间的衔接具有现实意义；二是线路在网络中的功能位置，从地铁全网图中确定线路在城市中的功能属于市区线、市郊线还是城市环线，并判断连接城市的哪个方向和区域；三是乘客建议，通过对已建成线路乘客抽样调查，并对未来车站周边目标乘客抽样调查，来获取目前地铁车站公共空间装修设计有待改进之处，以及潜在乘客待建线路装修风格的建议。

由此可见，调研是概念设计的基础，为概念设计提供了客观依据。在中国，前期调研通常是由概念设计单位一并承担，调查效果往往过于简单宽泛，其客观性、准确度、详细度都很难达到预期效果。因此邀请相关专业单位进行调研是十分有必要的，调查报告将对整个地铁公共空间设计，具有现实指导意义。

整个概念设计的流程，又涵盖了调研阶段、全线视觉文化定位阶段、全线装修概念风格定位阶段三个步骤。全线视觉文化定位虽然抽象，但是具有战略性意义，对于装修视觉风格具有指导作用，同时建立了地下车站空间与地面城市空间之间的关联性。全线装修概念风格定位，还包括线路文化定位的视觉演绎、装修主材的选择、对其他视觉要素提出的视觉要求、线路车站的分级分类等。

第二阶段是初步设计阶段，也叫做方案设计阶段，由装修设计咨询单位负责。工作目标是提供各车站装修方案设计图纸和设计概算，以及装修通用图设计方案。具体包括以下内容：（1）提供地下站内部装修，包括材料选择、材料的选型和尺寸、材料色彩的确定、照明灯具形式、布置和配电要求。（2）提供车站用地范围内地面以上车站主体及出入口风井等所有附属建筑的外装修，车站周边环境景观及地面铺装（3）提供停车场、控制中心、主变电建筑物的装修方案（4）提供工程量清单及设计概算（5）提供运营服务设施的深化方案设计，包括售票机外形、服务中心、座椅和垃圾箱等，以及广告、商业系统的深化方案设计。（6）提供各个专业与装修设计的接口。（7）提供装修通用

表10-2 上海地铁车站装修设计流程表

设计阶段	设计单位	管理归口部门
概念设计阶段	装修设计咨询单位	总体规划部
初步设计阶段	装修设计咨询单位	总体规划部
施工图设计阶段	装修设计咨询单位（通用施工图设计） 各分项设计单位（具体设计）	项目公司、审图中心
设计后期服务阶段	装修设计咨询单位 各分项设计单位	项目公司

图设计，为全线车站装修施工图设计提供依据。①

第三阶段是施工图设计阶段，由各装修设计分项单位负责。在装修咨询单位的总体指导下，各装修设计分项单位的车站施工设计图包括装修各界面的详细尺寸、材料、色彩、空间细节等，此阶段是国家相关法律法规强制规定的环节。施工图设计阶段的管理工作，通过审查会签制度进行控制。

第四阶段是设计后期服务阶段，是指设计完成后从施工至试运营过程中，需要设计单位配合施工单位、运营单位的各项服务工作。施工过程的配合工作包括以下两种情况：首先当设计图纸与施工现场具体情况相冲突时，应与施工单位积极协调，解决问题，适当调整图纸，并将调整内容上报给装修总体单位及业主，其次积极配合施工、安装以及设备调试。

试运营过程中的配合工作包括配合业主进行运营的初期指导，比如如果采用了特种工艺材质的壁画，其后期维护时应当注意的操作方式应向运营单位进行简单培训；导向系统中的多媒体屏幕，其操作方法、注意要点和排障排除方法等，应当对运营单位进行简单的介绍和培训。此外在试运营阶段，设计单位的工作进入总结阶段，应当根据试运营的反馈情况，做出分析、总结，以便对设计上不能符合运营需要的部分进行相应的调整。

10.3.2 地铁空间设计流程的优化思考

在车站实际案例中存在地铁设计三阶段之间过分清晰的时间前后关系，导致了相互之间的沟通协调障碍，后者往往无法超越前者的设计限定，因此选择何种流程来弥补设计环节之间的沟通是值得研究的。

（1）中国地铁横向外包模式的串行流程特征

串行设计流程，是指在设计过程中的各个设计环节按照一定顺序依次进行，在前一个设计环节结束后开始后一个设计环节，这是一种较为普遍的设计流程。其优势在于流程简单容易管理。

但是串行设计流程最大的缺陷就是信息反馈的滞后性，

由于各个设计阶段被切分并按一定的顺序排列，在前一设计阶段工作结束后，后一设计阶段的工作才开始，因此一旦发现前面的工作有较大失误，就会造成无法弥补的局面，或者付出较为重大的经济或时间上的损失。

在中国城市地铁建设阶段中，车站建筑设计阶段和车站装修设计阶段，通常按照串行设计流程展开，相互之间具有一定的先后顺序。在车站建筑的土建和管线基本完成之后，车站装修设计的工作才开始。所以串行设计流程虽然管理步骤清晰，方便管理，却不利于建筑设计专业与装修设计专业之间的合作。两个设计阶段的时间差，决定了装修设计常常处于一种被动设计的状态。

问题通常发生在装修设计阶段，即便发现前面的车站建筑出现设计问题也无法改变，或者发现某些车站通过适当的建筑细节调整，比如管线调整，就能获得更好的车站装修视觉效果的可能性也已经不存在了，这当然令人感到十分遗憾。"在进行南京地铁室内设计时，建筑设计已经进入了施工末期。由于国内建筑设计与室内设计师是分开进行的，而建筑设计人员又不太考虑室内设计专业的需求或按照陈旧的室内设计做法考虑，同时还存在建筑施工有误差和部分施工质量不达标的现象，种种原因造成室内设计方案无法实施而不得不根据现场建筑情况进行调整。"②

如何加强建筑设计与装修设计之间的关联性，是近年来各城市地铁建设时所共同面临的问题。装修设计环节的滞后，带来许多车站空间视觉方面的遗憾，不得不引起重视。同时，我们也清晰地认识到，这无关设计本身，问题在于串行设计流程无法满足系统专业相互合作的需求，因此需要更为科学合理的设计流程，才能解决装修设计面临的诸多问题。

（2）加强地铁公共空间设计的并行流程特征

装修尽早介入建筑设计流程，能及时对建筑设计提出建议和反馈，使车站建筑与装修之间达成共同的设计目标。因此，从原先的串行设计流程改为并行设计流程，使得建筑设计与装修设计两套流程同时推进、相互协调，对于车站公共空间的设计具有重要意义。

并行设计流程，是指设计过程中的某些阶段同时并进，使后期的设计阶段提前展开，形成与前一设计阶

---

① 上海申通地铁集团有限公司编制.上海轨道交通新建线路装修管理工作要求[S].2008.
② 童皓.南京地铁一号线室内设计与施工研究[D].南京：南京林业大学,2006.

段的互动关系。这种集成并行的系统化工作流程，优势在于：缩短设计周期，相互渗透的设计完善了设计合理性，能及早发现问题和纠正问题，各阶段设计团队能共享信息，达成更好的设计沟通等。

中国地铁公共空间设计流程，从原先的串行设计流程改为并行设计流程，将极大地促进建筑设计与装修设计之间的沟通与衔接，为建设高品质的地铁车站公共空间提供可能性。

建议模式是装修设计在建筑设计进入初步设计和施工图设计阶段时就开始介入，目的是使部分建筑结构与装修设计形成协作关系，获得更好的空间效果。或者是采用车站建筑设计和装修设计的同步展开，即在车站建筑总体设计阶段时，装修总体设计阶段就同时展开，这种方式将为中国地铁车站设计带来新的突破。

"有些车站受其自身站位、换乘等特点影响，结构层高做得相对于普通站较大，有着较好的层高优势；但最终未做好设备优化，依然按常规3米的装修标高控制管线，浪费了其标高的优势，在车站公共区大空间的背景下，削弱了视觉的延伸性和开阔感。"[1] 在通常情况下，建筑设计及管线设计早于装修设计，因此在装修设计之前建筑及管线已经施工完成，丧失了管线设计与装修设计的合作机会，也丧失了车站层高优化的机会，十分可惜。

在设计管理流程上，本文建议装修总体设计尽早介入建筑、管线、机电等系统设计，使得装修设计的意图能在合理的设计流程中顺利实现。合理的设计流程能在既定建筑流程下为装修设计提供有效利用建筑空间形制的机会，从而为实现多元化车站空间视觉效果提供可能。

当然，所谓的串行流程和并行流程，是针对中国地铁公共空间的模式提出的。在建筑师负责制的模式下，以建筑师为主导的设计模式，通过主体设计单位指导全过程的方式，在一定程度上避免了流程管理上的沟通问题。

（3）引入地铁建设的集成化管理思路

地铁的全寿命周期可以细分为决策阶段、设计阶段、施工阶段和运营阶段。在中国城市的地铁建设过程中，这几个阶段根据先后顺序展开，彼此间存在着相对分离的不连贯情况，这种局面不利于达成最终目标的实现。

在整个地铁建设项目流程中，可以运用并行流程的集

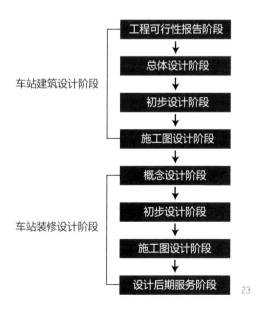

23 地铁公共空间串行设计流程图

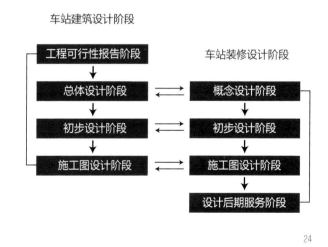

24 地铁公共空间并行设计流程图

---

① 顾硕.上海地铁10号线装修设计总结与反思[J].科技信息,2011,18.

成化、系统化管理思路，来解决各阶段彼此分离的状态，形成一个高度集成化的系统建设模式。

第一种集成管理思路是运营阶段与建设阶段的集成。地铁建设大致包括建设阶段和运营阶段，相比地铁百年运营历史，建设阶段看起来相对短暂，但是地铁初期的建设阶段往往忽略后期运营的需要。

地铁建设目的是为地铁运营服务，历史悠久的伦敦地铁运营时间已经超过百年。运营单位的需求应当受到业主方和设计方的充分重视，不然将造成运营服务的缺陷，或者导致较高的空间改造代价。特别是已经有地铁运营经验的城市，在新建线路时，运营部门及早介入决策和设计，具有重要的意义。因此，虽然地铁建设在验收完成之后，才交付到运营单位使用，但是建设全过程邀请运营单位的加入，可以将运营环节及早提到日程，避免车站空间设计与使用之间的脱离。

第二种集成管理思路是设计阶段与施工阶段的集成。由于业主在项目发包时将设计与施工划分为两部分，因此设计单位与施工单位之间在初期并没有太大联系，造成了一定程度上两者关系的偏差。有些设计效果对于施工来说是有难度的，视觉效果也很难把握，因此应当尽量避免这类设计。中标的施工单位应当及早介入后期设计，为设计提供建议，提高设计施工的效率。有些城市也会采用设计施工总承包的方式来进行地铁建设，将设计招标和施工招标合二为一，这样有效地缩短了工期，满足了一些特殊项目的时间要求。

在流程管理方面，中国地铁空间设计早期倾向于采用串行流程，后期逐渐转为并行流程，并能促进不同设计单位之间的沟通。陈湘生编著的《深圳地铁5号线BT模式建设管理研究与实践》一书中提出了流程集成化思路，这对地铁公共空间设计的流程管理具有一定启发。

综上所述，关于地铁空间设计的流程优化建议主要包括：（1）建议装修设计总体单位的工作范围向上下游分别拓展，即向上游的建筑设计阶段拓展、向下游的施工及运营阶段拓展。特别要加强建筑设计与装修设计之间的关联性，车站装修设计应当及早介入建筑设计流程，从串行设计流程转向并行设计流程，加强横向设计沟通，逐渐使车站建筑与装修之间达成共同的设计目标，为地铁公共空间设计提供创意设计的新模式和广阔的发展前景。（2）建议运营公司和资产公司，应当全过程介入设计阶段与施工阶段，为设计方提出使用需求及建议，加强建设阶段与运营阶段之间的紧密联系。

25

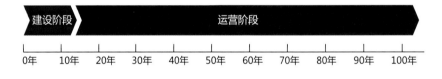

26

25 建设阶段和运营阶段的时间对比
26 地铁建设项目的两种集成化管理思路

10.3.3 地铁空间设计评估和审定

为了使地铁空间设计不偏离计划，在设计过程中采用设计评估的机制，能有效保证计划的实现，帮助业主方更好地控制地铁空间设计的工作质量与进度。

（1）设计评估机制

当设计项目发展到一定阶段，需要通过客观的检查和评价方式，来进行项目控制及推进，这就是设计评估。要使设计评估工作顺利开展，首先需要建立一个评估组织，通常会成立一个评估小组，对设计单位进行充分沟通与相关调研，随后形成评估报告，客观陈述设计情况，并提出改善建议。

设计评估在中国设计项目推进过程中，通常不被重视，处于一种非标准化、非常态化的状态，有时较为形式主义，因此难以做到客观评估，发挥效应。而实际上，设计评估机制是设计管理中极为重要的一个环节。建立健全地铁公共空间设计的评估机制相当重要，能促进设计项目的自行健康运作，有利于城市地铁建设的可持续发展，加快人文地铁建设目标的实现。

地铁空间设计评估工作贯穿于整个流程环节中，其评估对象主要包括六大类设计专业单位，即建筑类设计单位、装修类设计单位、导向类设计单位、设施类设计单位、公共艺术设计类单位、广告及商业类设计单位等，每一个专业都会有多个设计单位共同参与合作完成。

例如针对装修设计咨询单位的设计审定及评估流程，大致包括概念设计阶段、方案设计阶段、通用图设计阶段和施工配合阶段，每个阶段都应当建立相关规范标准文件，通过对照标准的方式进行评估，并根据评估反馈信息判断该阶段工作的落实情况，并适当调整下一步设计工作。总体来讲，"设计评估是对设计相关业务进行客观检视以及意见表达并与事后进行落实及改进。"[1]

地铁空间设计评估要形成体系、提高评价流程的全面性与评价结果的客观性，需要进一步完善评价模型体系。除了对设计流程的基本要求评价之外，还可以放入纵横两大轴线进行比较方式的评价。在横向地域性上，与国际城市地铁和国内城市地铁比较评价；同时在纵向地域性上，与已建成线路或同期建成线路进行比较评价。比较评价方式能有效推进中国城市地铁空间设计的发展。

（2）设计审定机制

设计审定，是通过全方位专业审查，判断该阶段设计工作是否合格，并能否进入下一阶段的设计工作。因此，设计审定能有效保证设计工作的规范实施，是设计管理的有效手段。

设计审定一般可以分为组织内部人员的审定与组织外部人员的审定。在上海地铁装修设计工作中的施工图设计阶段，就采用系统的审查会签制度，以加强设计管理力度，主要包括内部审定阶段和外部会签审定阶段。

内部审定阶段，即各装修设计分项单位院内审查和车站各设备专业会签。院内审查包括风水电及建筑初审、各系统运营维保资产初审、装修系统初审。初审后出图进行车站各设备专业会签，包括动力照明会签、给排水会签、环控会签、建筑会签。在外部会签审定阶段，会签单位包括各系统设计单位、运营维保单位、资产单位，审定单位包括装修咨询单位（负责系统审定）、工程项目总体院（负责总体审定）。

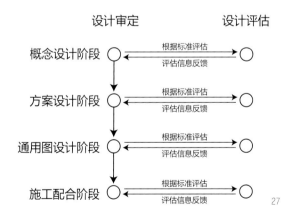

27 装修设计咨询单位的设计审定与评估流程示意图

---

① 李艳,曲振波主编.设计管理[M].北京：海洋出版社,2009.

表10-3 上海申通地铁图纸会签审定内容一览

会签审定项目		会签审定内容
内部审定（各装修设计分项单位院内会签）	动力照明会签	各层平面图、总平面图、平顶图、放大平面图、出入口通道平面、顶面图、相关公共区立面图
	给排水会签	各层平面图、总平面图、放大平面图、出入口通道平面、相关公共区立面图
	环控会签	各层平面图、平顶图、放大平面图、部分出入口通道平面、相关公共区立面图
	建筑会签	
系统会签	AFC系统会签	相关平面图、顶面图、相关公共区立面图
	屏蔽门系统会签	站台层平面图、顶面图、相关公共区立面图
	FAS/BAS系统会签	相关平面图、顶面图、相关公共区立面图
	信号系统会签	相关平面图、顶面图、相关公共区立面图
	通信系统会签	相关平面图、各层顶面图、相关公共区立面图
	PIS系统会签	相关平面图、顶面图、相关公共区立面图
	高压细水雾系统会签	相关平面图、顶面图、相关公共区立面图
	电梯自动扶梯系统会签	相关平面图、相关公共区剖面图
	导向系统会签	各层平面图、顶面图、总平面图、出入口通道平面、平顶图、相关公共区立面图
运营、维保会签	运营会签	
	维保会签	
资产会签	广告会签	各层平面图、出入口通道平面、相关公共区立面图
	商业会签	各层平面图、相关公共区立面图
	民用通信会签	相关平面图、顶面图、相关公共区立面图
装修系统审定	装修总体单位签署	所有装修图纸
总体审定	工程项目总体院签署	设计说明、各层平面图、总平面图、出入口通道平面图
施工图审查	隧道院审图中心负责	所有装修图纸，审查施工图是否符合装修技术要求、标准和通用图

参考自：上海申通地铁集团有限公司编制. 关于发布《"新五线"装修施工图会签及审定管理办法》的请示[R].2008.

此外，设计考核是加强设计工作质量的有效方法，通过一定经济方式，对于设计工作进行鼓励或惩罚。比如，上海申通地铁在新五线建设中，对于装修设计咨询单位的考核办法，就是将设计咨询费的30%作为考核费用，根据其设计考核等级发放费用。考核过程包括设计单位自评、项目公司考核、集团公司考核三方面。

10.4 地铁空间设计的运作

地铁空间设计与一般意义上的地铁工程设计是有区别的。前者主要研究与乘客直接相关的车站空间设计及其视觉效果；后者主要研究地铁线路的走向、车站选位、车站结构等工程性设计内容。关于地铁工程设计管理，目前国内已有成熟的研究成果，主要分为设计总承包管理模式和设计总体管理模式。[1] 但是对于地铁公共空间设计管理，目前国内尚无相关系统性研究成果，只有部分地铁设计专业的研究总结。

国内外地铁空间设计，基本采用设计外包的运作模式，这与地铁业主方的核心业务有关。一般来讲，业主方将交通组织方案、管线搬迁方案、施工组织方案等作为核心业务范围，而地铁空间设计相对来讲不属于其核心业务，因此通常采用招投标等方式，选择设计单位，并通过设计外包模式进行操作。

中国城市地铁通常采用以线路为单位的横向外包模式，比较注重投资成本的控制；国外城市地铁已经发展到以车站为单位的外包模式，其中建筑师负责制较有代表性，因其重视空间视觉效果。不同的设计运作模式，会产生组织运作的不同构成方式，最终形成完全不同的地铁空间视觉效果。

10.4.1 国外地铁以车站为单位的纵向外包运作模式

国外发展较为成熟的城市地铁，其新建的地铁线路相当有限，因此基本采用以车站为单位的纵向外包模式，更有利于车站空间的个性化与精细化设计。

建筑师负责制是纵向外包模式的典型运作方式，通常由建筑师领衔的建筑师事务所及其相关设计团队组成。建筑师对车站公共空间的整体视觉形象负责，不仅对车站建筑设计和装修设计全权负责，还对车站其他要素具有指导权，包括各类设施、照明灯具、导向和广告等设计。

建筑师负责制的雏形是伦敦地铁首席执行官弗兰克.皮克（Frank Pick）和他钟爱的建筑师查尔斯.霍尔顿（Charles Holden）在20世纪早中期携手进行伦敦地铁车站设计探索中逐步形成的。有一次当皮克视察新车站时，发现车站的各类设施与建筑之间的关

表10-4 中外地铁公共空间设计外包模式对比表

	外包模式	基本特征	总体设计单位	最终视觉效果	优势
中国	以线路为单位的横向外包模式	重视工程设计，装修设计咨询单位承担部分设计管理	各大设计院	强调线路统一形象，各站之间较为雷同	保证设计周期，与中国大规模地铁建设目标相适应
国外	以车站为单位的纵向外包模式	重视建筑设计，建筑师负责制较为典型	各大建筑师事务所	车站个性鲜明，识别力强，与地面关系紧密	责任明确，充分发挥了设计方的积极性；对车站空间设计的突破具有重要意义

---

[1] 地铁铁道第二勘察设计院主编.地铁工程设计指南[M].北京：中国铁道出版社,2002.

系十分粗劣，因此要求建筑师要将设施设计一并考虑在内。在北线莫尔顿延伸线中，霍尔敦的建筑设计仅限于扶手电梯为止，但是到了皮克迪利线，霍尔敦的职责范围已经拓展到站台的细部设计、照明灯具和座椅等设施设计了。①

建筑师负责制对车站公共空间设计的发展具有突破性意义。这个制度将建筑设计与装修设计有效地整合起来，避免了车站其他要素各自为政的情况。车站空间形成了建筑师风格的独特语言，因地制宜，识别力强，个性鲜明，与地面周边环境相呼应。由建筑师对车站空间效果全权负责，责任明确，因此充分发挥了设计方的积极主动性。相比之下，中国横向外包模式容易产生空间各要素之间的冲突，车站最终视觉效果是由多家单位合作产生，没有明确的责任主体，因此很难调动设计方的积极性。

建筑师负责制是将一个车站作为一个整体设计任务进行外包的，业主方通过竞赛和资格预审制度，来甄选应标的建筑事务所，最终为每个车站选择一个设计风格相适应的建筑师来全权负责。此外，线路总体视觉风格是由地铁业主方的总设计师来确立的，在对车站基本视觉风格做出明确要求的基础上，建筑师展开车站空间的具体设计工作。与国内不同的是，该阶段业主方干涉较少，建筑师创意发挥的空间相当大。

建筑师负责制最终形成了相互之间有联系的"一站一景"地铁设计战略。外包设计模式的不同，是导致中国与国外地铁车站设计差异性的重要原因之一。

10.4.2 伦敦朱比利延伸线的建筑师负责制运作模式

朱比利延伸线（The Jubilee Line Extension）是伦敦最新建设的一条地铁线路，从1990年开始动工，直至2000年新世纪才正式通车，因此也被称为"银禧延长线"。

在设计初期，朱比利延伸线的总设计师"十分期望遵照在香港的先例，在惯常市政工程的基础上，以一个统一的主题设计所有车站"①，但是经过进一步考虑，基于每座车站在地铁网络中的功能和特性不同，总设计师罗兰·鲍莱蒂最终决定，鼓励设计方案有所控制的丰富多彩，期望每座车站既独特又相辅相成。"延伸线上的11座车站每座都应该作为独立的个体进行设计，但相互之间以内在的理念和必要的元素进行关联。"①

因此，朱比利延伸线采用典型的建筑师负责制。在线路建设初期，伦敦运输局展开了建筑顾问工程委托的工作，此后又建立了一套小范围的竞赛和资格预审制度，为11座车站分别指定了建筑师，并赋予他们个人设计的自由，以适应伦敦高度多样化的社区。"在

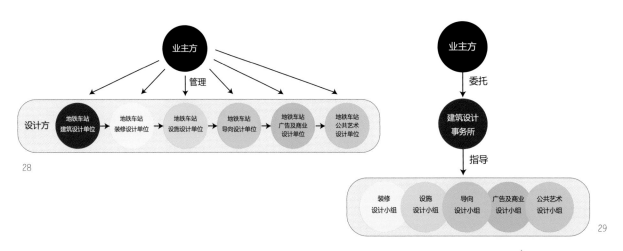

28 中国地铁早期的设计管理模式
业主方承担全部设计管理

29 国外采用建筑师负责制的设计管理模式
业主方承担战略设计管理，建筑师承担全局设计管理

① [英]肯尼斯·鲍威尔著.伦敦地铁——银禧延长线[M].北京：中国建筑工业出版社,2008.

延伸线项目中，开放式的策略，允许这个国家最优秀的建筑师完全由自己掌握设计，从街道空间到站台各层，取得了一系列大胆而智慧，同时高度实用的设计作品。"[1] 在这些建筑师领衔的建筑事务所中，有些是著名的交通建筑设计事务所，比如设计西班牙毕尔巴鄂地铁站的福斯特事务所，也有一些是规模较小的事务所，但仍然颇具实力。

朱比利延伸线采取的建筑师负责制，开辟了建筑师与工程师全面合作的设计组织结构，并采用建筑师领衔的车站设计策略，打破了长期以来工程师主导地下建筑设计的局面，实现了建筑与工程全面合作的创意模式。"好几代人以来，地铁基础设施工程被锁定在了一个牢不可破的方案模式中，未曾改变也不可改变。"[1] 朱比利延伸线的建筑师们，在工程师设定的空间功能和承重结构范围内，拥有在空间结构造型上进行再创造的权利，而不仅仅是在原有的结构中设计。

从总体上说，近期国际上采用建筑师负责制的城市地铁较多。除了朱比利延伸线以外，还有同期建设的巴黎地铁14号线，其9座车站选择了两家建筑事务所承担设计，其中Antoino Grumbach和Pierre Schall设计了密特朗图书馆站，Bernard Kohn和Jean-pierre Vaysse设计了其他六个车站。[2] 其中，里昂火车站仿佛热带植物园，密特朗图书馆站仿佛一个市民广场。建筑师负责制下产生的车站风格强烈，车站各要素形成统一关系，展现了建筑师既定的视觉风格特色。

总而言之，地铁公共空间设计的最终效果与运作模式紧密相连，正因如此，国外的整体外包模式与中国的流程外包模式才产生了截然不同的车站视觉效果。

10.4.3 中国地铁以线路为单位的横向外包运作模式

中国地铁采用以线路为单位的横向外包运作模式，与当前中国大规模地铁建设的目标是相适应的，对于提高设计效率和保证设计周期具有积极意义。

表10-5 负责伦敦地铁朱比利延伸线的11个建筑事务所

车站	被委托的建筑师事务所
威斯敏斯特站	迈克尔·霍普金斯事务所（Michael Hopkins and Partners）
滑铁卢站	Sui Te Wu，室内设计：迈克尔·曼瑟（Michael Manser）和奥雅纳事务所（Arup Associates）
绍斯沃克站	麦克科马克·贾米森·普里查德建筑公司设计所
伦敦塔桥站	威斯顿·威廉森设计事务所(Weston Williamson)
伯蒙德希站	伊恩·里奇（Lan Ritchiel）
加拿大.沃特站	海罗恩事务所（Herron Associates）
加那利码头站	诺曼·福斯特（Norman Foster）领衔的福斯特事务所（Foster & Parnters）
北格林威治站	阿索普·莱尔·斯托莫事务所（Alsop, Lyall & Stormer）
坎宁镇站	特罗敦·麦克阿斯兰
西汉姆站	凡赫宁根和霍厄德事务所
斯特拉特福站	克里斯·威尔金森建筑事务所（Chris Wilkinson）

信息来源：[英]肯尼斯·鲍威尔著.伦敦地铁——银禧延长线[M].北京：中国建筑工业出版社，2008.

---

① [英]肯尼斯·鲍威尔著.伦敦地铁——银禧延长线[M].北京：中国建筑工业出版社,2008.
② 庄荣.城市地铁车站设计[J].时代建筑,2000,4.

一般情况下，中国地铁空间设计主要划分为建筑设计和装修设计两个主要环节来进行发包管理。其中建筑设计涉及建筑总体设计单位、建筑分项设计单位；装修设计涉及装修设计总体单位、装修设计分项单位。此外还有导向设计、设施设计、壁画设计等多家设计外包单位。因此，一个地铁车站空间的视觉效果，是由多家设计单位合作的结果。

以线路为单位的横向外包模式，也可以理解为是流程外包模式，好比流水线方式，可以快速批量地进行车站空间设计。中国地铁建筑设计基本被大型设计院垄断，以线路为单位的建筑设计更偏重于车站结构工程设计，注重地下工程的安全性和投资预算，加上近年来推行"标准车站"的设计方式，建筑师在车站空间设计中的发挥余地相当有限。

国内地铁在建设早期采用过各车站相对独立的装修设计模式，但是由于视觉风格差异较大，车站材料各异，运营维护难度较大等因素，并没有沿用这种模式。当上海地铁进入网络化发展阶段，由装修设计总体单位负责概念设计和初步设计，各装修设计分项单位承担施工图设计的情况下，以线路为单位的横向外包模式显得相当有效率。

从总体上说，横向外包模式虽然有诸多优势，比如提高设计效率、保证线路车站统一的面貌，同时也限制了车站空间视觉风格的多样性，是造成中国地铁公共空间"特色危机"的原因之一。横向外包设计模式和工业化装修材料的运用，直接产生中国地铁车站面貌较为雷同的现象，车站中人文要素和艺术创造力相对欠缺，因此目前阶段的地铁建设被媒体称之为"功能地铁建设阶段"。

10.4.4 中国地铁运作模式的优化建议

综上所述，国外地铁以车站为单位的纵向外包模式，充分发挥了设计单位的责任感与积极性，有利于建设个性化、高品质的车站空间，但是车站设计管理的周期较长。而中国地铁以线路为单位的横向外包模式，有利于实现大规模、高速度建设的目标，但是不利于车站空间的个性化与艺术化塑造，是造成目前中国地铁特色危机的主要原因之一。因此，关于地铁公共空间设计的运作模式，建议业主方应当准确判断在何种历史阶段采取何种运作模式，以保证在地铁发展过程中顺利达成不同阶段的建设目标。

首先，中国部分已进入网络化建设的城市地铁，建设速度已经开始放缓，因而可以逐步放弃标准化车站的建设方式，转向车站个性化设计。新建线路可以尝试让设计方承担更多的设计管理任务，并参与到设计决策中来。选择一个设计单位作为总体单位，协调其他各专业单位，来发挥设计方更大的积极主动性。

其次，绝大部分正在迈进网络化的城市地铁，其一条线路上的关键车站可以考虑采用单独外包的模式运作，跳出整条线路批量化、标准车站的设计模式，关键车站包括线路上的重点站、换乘站和枢纽站，可借鉴目前国际上的建筑师负责制设计运作模式，同时在业主方的投资限额上可以适当放宽条件。

30

31

32

33

30~33 朱比利延伸线Southwark站建筑装修空间

30 售票大厅，玻璃圆形大厅具有很强的空间序列感

31 集散大厅，日光照明和蓝色玻璃幕墙营造了艺术氛围

32 自动扶梯空间，轻巧简洁的工程结构形成了安静舒适的通道

33 站台层中央空间，弧面结构和纵向模块形成了空间的速度感

34 上海地铁9号线松江南站站台空间设计

35 上海地铁13号线南京西路站站台空间设计

36、37 上海地铁13号线江宁站站厅空间设计

参考文献

参考书籍

[1] [英]肯尼斯·鲍威尔著.伦敦地铁——银禧延长线 [M].北京：中国建筑工业出版社，2008.

[2] [美]吉迪恩·S·格兰尼，[日]尾岛俊雄.城市地下空间设计 [M].北京：中国建筑工业出版社，2005.

[3] 陈湘生编著.深圳地铁5号线BT模式建设管理研究与实践 [M].北京：人民交通出版社，2011.

[4] 铁道第二勘察设计院主编.地铁工程设计指南 [M].北京：中国铁道出版社，2002.

[5] 刘易斯·芒福德著.城市发展史——起源、演变和前景 [M].北京：中国建筑工业出版社，2008.

[6] 汪民安，陈永国，马海良主编.城市文化读本 [M].北京：北京大学出版社，2008.

[7] [英]布赖恩·哈代著.巴黎地铁手册 [M].北京：中国铁道出版社，2010.

[8] 杨冰.地铁建筑室内设计 [M].北京：中国建筑工业出版社，2006.

[9] 郭晓阳，王占生著.地铁车站空间环境设计——程序·方法·实例 [M].北京：水利水电出版社，2014.

[10] 刘志义主编.地铁设计实践与探索 [M].北京：中国铁道出版社，2009.

[11] 毛保华主编.城市轨道交通规划与设计 [M].北京：人民交通出版社，2006.

[12] 孙章，蒲琪主编.城市轨道交通概论 [M].北京：人民交通出版社，2010.

[13] 李砚祖著.艺术设计概论 [M].武汉：湖北美术出版社，2009.

[14] 王受之.世界现代设计史 [M].北京：中国青年出版社，2002.

[15] 维克多·帕帕奈克.为真实的世界设计 [M].北京：中信出版社，2013.

[16] 王中著.公共艺术概论 [M].北京：北京大学出版社，2007.

[17] [美]凯文·林奇著.城市意象 [M].北京：华夏出版社，2001.

[18] [美]凯文·林奇著.城市形态 [M].北京：华夏出版社，2001.

[19] [美]罗伯特·瑟夫洛著.公交都市 [M].北京：中国建筑工业出版社，2007.

[20] 向德平主编.城市社会学 [M].北京：高等教育出版社，2005.

[21] [德]哈贝马斯.公共领域的结构转型 [M].上海：学林出版社，1999.

[22] 李增道编著.环境行为学概论 [M].北京：清华大学出版社，1999.

[23] 陈圻，刘曦卉等著.设计管理理论与实务 [M].北京：北京理工大学出版社，2010.

[24] 李艳编著.设计管理与设计创新——理论及应用案例 [M].北京：北京工业出版社，2009.

[25] [英]格里夫·波伊尔著.设计项目管理 [M].北京：清华大学出版社，2009.

[26] [美]斯蒂芬·P·罗宾斯、玛丽·库尔特著.管理学（第七版）[M].北京：中国人民大学出版社，2004.

[27]Tamsin Dillon. Platform for Art – Art on the Underground [M]. London: Black Dog Publishing,2007.

[28] David Long. London Underground Architecture, Design and History [M]. Stroud: The History Press,2011.

[29] Joseph Giovannini, Andrew Garn. Subway Style 100 Years of Architecture & Design in the New York City Subway [M]. New York: New York Transit Museum, 2004.

[30] Mark Ovenden. Paris Metro Style on map & station [M]. Harrow: Captical Transport Publishing, 2008.

[31] Poster Art 150 – Lodon Underground's Greatest Designs [M]. London: London Transport Museum,2013

期刊文章

[1] 庄荣.城市地铁车站设计[J].时代建筑，2000,4.

[2] 章明.巴黎地铁空间设计新理念[J].时代建筑，2000,4.

[3] 叶宁.北京地铁奥运支线空间设计[J].世界建筑，2008,8.

[4] 曹宗豪.北京轨道交通车站的过去、现在和未来[J].世界建筑，2008,8.

[5] 刘弘.北京地铁10号线地下公共空间及出入口设计[J].世界建筑，2008,8.

[6] 张志革.北京地铁5号线轨道交通空间的系统化设计[J].世界建筑，2008,8.

[7] 陈惠嫦.广州市地铁线网车站装修设计概念研究[J].南方建筑，2006,8.

[8] 李艳.地铁内部空间照明设计研究[J].山西建筑，2010,34.

[9] 章莉莉.地铁公共艺术的时空观[J].装饰，2011,1.

[10] 崔冬晖.北京地铁奥运支线、机场快线的公共艺术[J].美术观察，2008,11.

[11] 关雅明、关雅平、朱建国.以广州与深圳地铁站为例分析地铁站空间设计[J].山西建筑，2008,6.

[12] 朱小雷.地铁车站高效空间环境的导向性和易识别性设计初探[J].南方建筑，2002,3.

[13] 张荻帆.浅谈上海地铁乘客人流的导向作用[J].艺术与设计(理论)，2009,9.

[14] 章莉莉.跟着欧洲地铁走一走——寻探欧洲地铁公共导向之路[J].公共艺术，2009,3.

[15] 毛翠萍.广州地铁2号线车站装修的共性与个性[J].都市快轨交通，2005,2.

[16] 朱沪生.轨道交通网络化建设中大型换乘枢纽的探讨[J].都市快轨交通，2004,5.

[17] 曲淑玲.日本地下空间的利用对我国地铁建设的启示[J].都市快轨交通，2008,5.

[18] 贾凡、阙孜.迪拜的地铁系统[J].都市快轨交通，2010，2.

[19] 沙滨.城市轨道交通换乘方式对比分析[J].城市交通，2006,2.

[20] 李德胜.地铁车站装修细节设计探讨[J].铁路工程造价管理，2010,5.

[21] 顾硕.上海地铁10号线装修设计总结与反思[J].科技信息，2011,18.

[22] 蒋永康.城市轨道交通换乘方式探讨[J].铁道勘测与设计，2004,1.

[23] 胡章喜.城市轨道交通设计管理模式的探讨[J].城市轨道交通研究，2010,9.

[24] 罗玲玲、吴向阳、程皖宁.深圳地铁车站空间高度最优设计研究[J].地下空间与工程学报，2011,3.

[25] 刁伟轶.新形势下城市轨道交通项目设计咨询服务的内容与发展方向初探[J].地下工程与隧道，2011,4.

[26] 吴京华.地铁车站的装修与选材——从上海地铁2号线东方路站谈起[J].地下工程与隧道，2000,2.

[27] 夏延乐、周俊良.浅谈富丽堂皇的莫斯科地铁设计[J].艺术与设计，2009,9.

[28] 陈宇.艺术之旅 斯德哥尔摩地铁站巡航[J].室内设计与装修，2007,5.

[29] 刘弘、王彤亮.北京地铁10号线地下公共空间室内概念设计综述[J].铁道标准设计，2008,12.

[30] 方迎利.上海轨道交通8号线南二期高架车站设计[J].建设科技，2010,14.

[31] 李承来、赵欣.地铁车站内部空间装修与装饰设计初探[J].林业科技情报，2003,3.

[32] 娄文冰.城市地铁品牌识别的整合传播设计与人文价值积淀——从伦敦到东京、香港[J].装饰，2012,235.

[33] 顾伟华.上海轨道交通网络化建设与地下空间的开发利用[J].民防苑，2006,S1.

[34] 陈岩.伦敦地铁站的公共环境设计[J].艺术.生活，2007,6.

[35] 申力扬编译.日本新一代地铁系统的车站设计理念[J].中国安防产品信息，2004,2.

[36] 董玉香.俄罗斯地铁站地下空间人性化设计[J].建筑学报，2004,11.

[37] 高素娜.4号线美术馆，艺术地铁的新时代到来了吗[J].中国文化报，2009-11-06.

[38] 周博.维克多·帕帕奈克论设计伦理与设计的责任[J].设计艺术研究，2011,2.

学位论文

[1] 童皓.南京地铁一号线室内设计与施工研究[D].南京林业大学，2006.

[2] 田璐.北京地铁站内公共艺术的应用研究[D].北京林业大学，2011.

[3] 杜建平.深圳地铁建设项目管理研究[D].清华大学，2004.

[4] 黄选美.当代公共建筑空间的设计伦理探究[D].湖南师范大学，2004.

[5] 吴昕.城市地下公共空间设计方法研究[D].厦门大学，2006.

[6] 李海平.1933年伦敦地铁系统交通图的诞生及其版面形式[D].中国美术学院，2008.

[7] 孙伟.上海申通地铁集团可持续发展战略研究[D].上海交通大学，2010.

申通地铁内部资料

[1] 上海申通地铁集团有限公司编制.上海市轨道交通运营服务标志设置指导手册[R].上海城市交通管理局发布.2008.

[2] 上海申通地铁集团有限公司编制.上海轨道交通网络视觉形象规范指导手册[R].2008.

[3] 上海申通地铁集团有限公司研究编制.上海轨道交通网络服务信息化管理研究报告[R].2009.

[4] 上海申通地铁集团有限公司研究编制.2007至2009上海轨道交通车站装修工程工作总结报告[R].2011.

[5] 上海申通轨道交通技术研究中心，上海大学美术学院编制.上海轨道交通网络线路标志色研究课题报告[R].2011.

[6] 上海申通地铁集团有限公司编制.上海轨道交通新建线路装修管理工作要求[R].2008.

[7] 上海申通地铁集团有限公司编制.上海轨道交通建设项目前期和设计管理办法［沪地铁63号］[R].2011.

[8] 上海申通地铁集团有限公司编制.上海申通地铁集团有限公司轨道交通项目前期工作实施细则（试行）［沪地铁443号］[R].2011

[9] 上海申通地铁集团有限公司编制.上海轨道交通"新五线"装修施工图会签及审定管理办法[R].2011.

[10] 上海申通地铁集团有限公司编制.上海轨道交通12号线装修设计咨询合同[R].2011.

参考网络资料

[1] 世界地铁官网：http://mic-ro.com/metro/

[2] 伦敦交通局官网：http://www.tfl.gov.uk/

[3] 伦敦交通博物馆官网：http://www.ltmuseum.co.uk/

[4] 伦敦地铁公共艺术官网：http://art.tfl.gov.uk/

[5] 巴黎地铁公司官网：http://www.ratp.fr/

[6] 斯德哥尔摩地铁官网：http://www.sl.se/

[7] 迪拜地铁官网：http://dubaimetro.eu/

[8] 香港地铁官网：http://www.mtr.com.hk/

[9] 北京京港地铁有限公司官网：http://www.mtr.bj.cn

[10] 维基百科：http://zh.wikipedia.org/zh/

[11] 百度百科：http://baike.baidu.com/

相关规范标准文件

[1] GB 50157-2003.地铁设计规范[S].2003.

[2] GB 50157-2003.地下铁道设计规范[S].2003.

[3] GB 50016-2006.建筑设计防火规范[S].2006.

[4] GB 50229-95.建筑内部装修设计防火[S].1995.

[5] GB 50034-2004.建筑照明设计标准[S].2004.

[6] GB/T 16275-1996.地下铁道照明标准[S].1996.

[7] GB 15630-1995.消防安全标志设置要求[S].1995.

[8] GB 50325-2001.民用建筑工程室内环境污染控制规范[S].2001.

[9] JGJ50-2001.城市道路和建筑物无障碍设计规范[S].2001.

[10] DGJ08-109-2004.城市轨道交通设计规范[S].2004.

[11] DGJ08-103-2003.无障碍设施设计标准[S].2003.

[12] GA/T 579-2005.城市轨道交通消防安全管理[S].2005.

[13] DG/T J08-901-2004.城市轨道交通站台屏蔽门技术规程[S].2004.

后记

本书从2013年策划到2017年出版，断断续续经历了四年，终于在丁酉年集中精力顺利完成，颇多感慨，也心存感恩。本书是我从2005年起参与地铁建设研究课题和设计项目的一个总结，也是2010年至2013年期间完成的博士论文《地铁公共空间设计管理研究》的部分内容，更重要的是本书凝聚了上海美术学院设计研究团队十余年来的经验和感悟，也汇聚了我十年来行走世界各地所拍摄的地铁车站照片。书籍在策划、编辑、出版过程中得到了很多领导和朋友的帮助，在此表达感谢。

首先要感谢上海美术学院领导和相关部门给予的大力支持。特别要感谢的是上海美术学院汪大伟院长，他是我的博士生导师，多年来将宝贵经验无私的分享给我，对本书的框架提供了指导和建议，并为本书撰写了精彩的序言。十余年来他带领设计团队，还包括秦一峰、岑沫石、朱宏、胡建君、卓旻、邵均、张羽洁、纪家康等老师，以及设计师张盛、韩晓骏、于文欢等，完成上海地铁建设装修总体咨询项目8项、研究课题9项、公共艺术30余项，积极推动上海地铁空间设计的系统性和规范性，倡导人文地铁建设，用学术力量推动着城市发展。

感谢上海申通地铁集团有限公司的高级经理杨立兵与高级工程师何斌，为书籍提供的建议和指导。感谢青年插画师刘保伟在行走北欧时，帮助拍摄的瑞典斯德哥尔摩地铁车站照片；感谢青年平面设计师凌怡亮为本书所做的装帧设计令人耳目一新；感谢史论系青年书画研究学者孙婷和雒艳丽帮助搜集和整合的资料；感谢书籍的排版助理研究生梁鑫鑫、吴晓青和李晓翠的辛勤工作；以及设计师张盛、韩晓骏、于文欢为本书提供的资料；最后特别要感谢的是本书的责任编辑中国建筑工业出版社的李东禧主任和唐旭主任的悉心工作，给予本书所提出的宝贵建议和悉心审阅。

最后真诚的希望《地铁空间设计》这本书能为您带来一定参考和借鉴的价值，为中国地铁建设和发展提供学术支撑。

章莉莉

2017年2月

作者简介　章莉莉

上海美术学院副教授，公共艺术博士，公共艺术协同创新中心（PACC）运营总监，上海非物质文化遗产保护协会常务理事，上海市包装技术协会设计委员会副秘书长。

专注于视觉传达及公共艺术领域的研究实践，出版《公共导向设计》、《城市导向设计》、《视觉符号完全手册》、《标志设计·通向专业设计之路》、《大师艺术教育经典·袁运甫》等十余本书籍。

从2005年起从事地铁空间视觉设计研究，共承担上海地铁研究建设课题8项，成果投入上海地铁车站300个车站中，包括地铁导向系统设计、地铁标志色彩设计、地铁公共艺术设计、地铁运营信息设计等领域，多次获得优秀工程咨询奖，成果被纳入上海市科学技术成果，曾获上海设计展设计师奖。

目前同时致力于非遗传承保护的创新探索，推动非遗手工艺、当代艺术、现代设计之间的跨界设计实践。

图书在版编目（CIP）数据

地铁空间设计 / 章莉莉著. — 北京 ：中国建筑工业出版社，2017.5
ISBN 978-7-112-20595-0

Ⅰ．①地… Ⅱ．①章… Ⅲ．①地下铁道车站－建筑设计 Ⅳ．①U231

中国版本图书馆CIP数据核字 (2017) 第059681号

本书为中国地铁车站空间设计提供系统性指导和借鉴，从全球各城市地铁设计
的经典案例出发，结合中国地铁车站建设经验与得失，从地铁网络的设计战
略、设计模型、价值取向、组织运作的设计管理角度展开了论述，围绕地铁车
站的建筑设计、装修设计、导向设计、公共艺术、设施设计、广告及商业设计
提供详细介绍，为中国地铁建设助力。本书适用于建筑设计、城市设计、环境
设计、公共艺术设计等相关专业的从业人员及在校师生阅读。

责任编辑：唐　旭　李东禧
书籍设计：凌怡亮
排版助理：梁鑫鑫　吴晓青　李晓翠
责任校对：王宇枢　姜小莲

地铁空间设计
章莉莉　著
*
中国建筑工业出版社出版、发行（北京海淀三里河路9号）
各地新华书店、建筑书店经销
上海盛通时代印刷有限公司　印刷
*
开本：880×1230 毫米　1/16　印张：16¼　字数：510千字
2017年5月第一版　2017年5月第一次印刷
定价：135.00元
ISBN 978-7-112-20595-0
　　　（30269）